中國學術思想 研究輯刊

四十編
林慶彰 主編

第 2 冊

「隆禮貴義」：荀子禮義美學思想研究

王中棟 著

花木蘭文化事業有限公司

國家圖書館出版品預行編目資料

「隆禮貴義」：荀子禮義美學思想研究／王中棟 著 -- 初版 --
新北市：花木蘭文化事業有限公司，2024〔民 113〕
目 2+216 面；19×26 公分
（中國學術思想研究輯刊 四十編；第 2 冊）
ISBN 978-626-344-766-0（精裝）
1.CST：（周）荀況 2.CST：荀子 3.CST：學術思想
030.8   113009247

ISBN-978-626-344-766-0

中國學術思想研究輯刊
四十編 第 二 冊   ISBN：978-626-344-766-0

「隆禮貴義」：荀子禮義美學思想研究

作　　者　王中棟
主　　編　林慶彰
總 編 輯　杜潔祥
副總編輯　楊嘉樂
編輯主任　許郁翎
編　　輯　潘玟靜、蔡正宣　美術編輯　陳逸婷
出　　版　花木蘭文化事業有限公司
發 行 人　高小娟
聯絡地址　235 新北市中和區中安街七二號十三樓
　　　　　電話：02-2923-1455／傳真：02-2923-1452
網　　址　http://www.huamulan.tw 信箱 service@huamulans.com
印　　刷　普羅文化出版廣告事業
封面設計　劉開工作室
初　　版　2024 年 9 月
定　　價　四十編 15 冊（精裝）新台幣 40,000 元

「隆禮貴義」：荀子禮義美學思想研究

王中棟　著

作者簡介

王中棟，山東濰坊人，2022 年畢業於華東師範大學，獲文學博士學位，現為揚州大學文學院師資博士後。主要研究領域為中國古代美學、藝術學理論。主持江蘇省社科基金藝術學青年項目、中國博士後基金第 72 批面上資助項目，在《雲南師範大學學報》《深圳大學學報》《中國美學研究》《華中學術》《五臺山研究》《文藝評論》《上海文化》等核心刊物發表論文 10 餘篇，曾獲博士優秀畢業生、山東省優秀碩士學位論文等。

提　要

在儒家美學傳統中，荀子批判繼承了孔孟思想中「仁」的理念和「禮」的精神，同時融合了自己對於「禮」與「義」思想的體識和感悟，強調有「禮」無「義」則無內涵，有「義」無「禮」則無標準，形成了「隆禮貴義」的理論主張。「禮」作為一種強制性的法度，與作為道德本質的「義」互為體用關係，體現著內在道德修養和外在禮法制度的統一。從審美的角度看，禮義是一切價值理想的根源，既有約束人的意義，又有成全人的意義，可以達到「化性」「制欲」「治世」「求存」的社會教化效果。在荀子看來，文藝創作和批評必須借助於禮義規範才能表達人們積極向上的情感意志，才能充分地發揮詩文禮樂的政教功能，最終實現穩定社會秩序的目的。荀子持守禮義的核心要義成為其思想體系的內在依據，也是其追求至高人格境界的根本動力，這一點形成了對儒家倫理文化傳統的突破和超越。荀子關於人與自然關係的探討，蘊含著豐富的生態審美意識，為解決人類社會所面臨的生態危機提供了切實可行的理論依據。正因為荀子禮義美學思想具有獨特的理論意義與實用價值，所以能夠被廣泛地應用到於當下的審美教育、文藝實踐、生態建設的探究過程中，對於構建天地相參、萬物一統的倫理秩序，有著重要的啟示意義。

緒　論

　　荀子（約公元前 313～前 238），名況，子卿，是戰國末期偉大的思想家、教育家、政治家，同樣也是儒家學派的傑出代表。先秦儒家美學思想之所以能夠在中國美學史上佔有崇高的地位，不僅得益於孔子、孟子、荀子等思想家在美學思想方面的傳承與發展，更在於儒家的傳統美學觀念能夠真正地滲透到人與人、人與社會、人與自然的意識形態和審美活動當中，為解決諸多現實問題提供了理論依據。然而，同樣作為儒家大師，荀子學說卻在我國學術思想史中暗而不彰，未能像孔孟一樣得到後賢的推崇，這一現象與其學術貢獻是不相符的。事實上，荀子禮義思想在中國思想史和美學史上的確產生了深遠的影響，甚至在某種程度上超越了孔孟。在列國紛爭的戰國時期，荀子曾三次為稷下學宮祭酒，主張以儒家禮學為本位，博採百家學派之所長，並且自覺地在社會變革和實踐活動中驗證各種學說，充分表明了他的思想的現實性。荀子深刻認識到治理國家不能只依靠強權政治，還要注重倫理道德的教化，要本於禮義規範，才能達到正理平治、富國養民的目的。所以，荀子在「性本惡」的人性論基礎之上，大力提倡禮治與人治的結合，並且明確指出：「隆禮貴義者其國治，簡禮賤義者其國亂」〔註1〕。他認為和諧的社會秩序離不開禮法制度的約束，也離不開道德倫理的教化，更離不開文藝形式的調節，充分展現了禮法與人性之間的密切聯繫，對後世禮義之邦的制度建設奠定了理論基礎。對此，李澤厚先生就稱讚荀子「上承孔孟，下接易庸，旁收諸子，開啟漢儒，是中國思

〔註1〕　（清）王先謙撰，沈嘯寰，王星賢點校：《荀子集解》，北京：中華書局，1988年，第 319 頁。

想史從先秦到漢代的一個關鍵」〔註2〕。具體說來，荀子有別於傳統儒家重內在修為而輕外在約束的美學主張，他既重「禮」，又重「義」，強調「禮義」是由聖人總結出來的用於規範和指導主體言行的價值理念，故其曰：「故聖人化性而起偽，偽起而生禮義，禮義生而制法度」〔註3〕。「禮義」作為一種法度形式而存在，逐漸成為「化性而起偽」、緩解「欲多而物寡」矛盾、實現「天地與人相參」理想社會的核心要素。荀子將禮義視為成人和立國之本，不僅為處於動盪中的人們提供了一個安身立命的思想價值基礎，同時有助於推動社會歷史的發展和文化的進步。在這種情況下，荀子進而將禮義充分融入到人格理論、藝術理想、自然觀念等論述過程當中，強調道德素養和禮法建設的統一，最終建構起了一套由外而內、內外兼修的美學思想體系。這對於我們準確認識和全面把握儒家美學史的發展脈絡，及其豐富的審美內涵和美學價值具有深遠意義。因此，本文以荀子「隆禮貴義」的命題為立足點，並在先賢已有的研究成果基礎之上，運用新的視角與理論方法，重新論證和闡釋荀子美學思想的獨特魅力。

一、國內外研究現狀

在傳統儒家思想研究中，荀子無疑是一個頗受爭議的人物，雖然他的禮義思想對於中國傳統思想和美學思想的發展產生了極為重要的影響，但是，自隋唐以後隨著「抑荀而揚孟」觀念的日漸盛行，荀子思想也開始受到儒家學者的冷落與排擠。在宋明理學繁盛時期，「貶荀尊孟」思想也已成定論，荀子思想再次受到了儒學倡導者們的嚴厲批評。他們普遍認為荀子「性本惡」的思想與儒家講求性善的主張是相悖的，故稱其為離經叛道之說，也就全盤否定了荀子學說的價值意義。正因如此，牟宗三先生曾感慨道：「荀子之學，歷來無善解。宋明儒者，因其不識性，不予尊重，故其基本靈魂遂隱伏而不彰。民國以來，講荀子者，惟對其正名篇尚感興趣。至於其學術之大略與精神之大端，則根本不能及。近人根本不喜言禮義，故亦不識其所言之『禮義之統』之意義，亦不能知其言『禮義之統』所依據之基本精神與心思之形態。」〔註4〕直到學者章

〔註2〕 李澤厚：《中國古代思想史論》，北京；生活・讀書・新知三聯書店，2008年，第107頁。

〔註3〕 （清）王先謙撰，沈嘯寰，王星賢點校：《荀子集解》，北京：中華書局，1988年，第517～518頁。

〔註4〕 牟宗三：《名家與荀子》，臺北：臺灣學生書局，1979年，第193頁。

太炎出現，以他為代表的尊荀派充分借助時代變遷的良好契機，將荀子思想與西方理論進行融合創新，從而為荀學研究的復興創造了有力的條件。章太炎在《後聖》一文中提出：「自仲尼而後，孰為後聖？曰：水精既絕，制作不紹，浸尋二百年，以踵相接者，惟荀卿足以稱是。」〔註5〕這一鮮明的學術立場不僅是對康有為、梁啟超為代表的「絀荀」派的強烈反對，同時也為推動荀學研究從古代向近代的轉變產生了重要影響。近代以來，隨著荀子研究的不斷深入，以及研究成果的不斷豐富，荀子美學思想的研究也大體經歷了復興探索期（1891 年～1948 年）、穩步發展期（1949 年～1977 年）、體系建構期（1978 年～1989 年）和繁榮發展期（1990 年～2023 年）四個發展階段。本文以與荀子美學思想研究密切相關的文藝政策為基本依據，將其劃分為四個不同的階段，目的在於更加條理、明晰地把握荀子美學思想的特色和成果在不同時期的呈現。

（一）復興探索期（1891 年～1948 年）

《荀子》是研究荀子思想及先秦各派學說的重要材料，唐代楊倞在西漢劉向搜集整理而成的 32 卷的《孫卿書》基礎之上進行了重新編排與注解，開啟了《荀子》注解的先河。雖然，楊倞對《荀子》〔註6〕的分析較為精審，但是受到其所處時代久遠和思想觀念差異等因素的影響，他的一些解釋在今天看來也有不盡人意的地方。直到 1891 年，王先謙又對《荀子》進行了校勘詮釋，這不僅彌補了自楊倞之後荀子思想研究始終處於空白的遺憾，同時也為荀子思想研究注入了新的活力。作者在兼採各家學說的基礎之上，將自己獨特的見解融入到了《荀子集解》〔註7〕一書當中。而且，此書脈絡之清晰，注解之完善，觀點之明確，使其所取得的學術成就至今無人超越。與此同時，受到章太炎等國學大師倡導「尊荀」思想的影響，新文化運動之後荀學研究也開始進入開拓探索的新時期，學界關於《荀子》整理、荀學義理考究、荀子思想研究等方面的學術探討日益活躍起來。這一時期，胡適對於荀子思想研究作出了突出貢獻，他曾多次提到，荀子思想有別於傳統儒家學說，具有獨創性的一面，不

〔註5〕傅傑編校：《章太炎學術史論集》，北京：中國社會科學出版社，1997 年，第216 頁。

〔註6〕（戰國）荀況撰，（唐）楊倞注，耿芸校標：《荀子》，上海：上海古籍出版社，1996 年。

〔註7〕（清）王先謙撰，沈嘯寰，王星賢點校：《荀子集解》，北京：中華書局，1988 年。

能否定其豐富的現實價值。其次，胡適還運用新的思想和理論方法對荀子學說進行了評論，並對其人性論、理想社會觀、天人觀念等思想提出了新的看法。更為重要的是，胡適還嘗試從教育學的角度來闡釋荀子「知行合一」「化性起偽」以及禮樂思想的審美教化功能，並且明確指出：「荀子以為人性惡，故不能不用禮義音樂來涵養節制人的情慾」〔註8〕，對於本文研究具有很大的啟發意義。

除此之外，近代學界關於《荀子》文本整理和義理研究的著作也開始出現，主要有陶師承的《荀子研究》〔註9〕、陳登元的《荀子哲學》〔註10〕、楊筠如《荀子研究》〔註11〕、熊公哲的《荀卿學案》〔註12〕、劉師培的《荀子補釋》〔註13〕、楊大膺編著的《荀子學說研究》〔註14〕、鍾泰整理編著的《荀注訂補》〔註15〕、劉子靜的《荀子哲學綱要》〔註16〕、葉玉麟的《白話譯解〈荀子〉》〔註17〕等。其中具有代表性的是，劉師培重新整理修訂了《荀子》，並借助西方理論方法對荀子思想進行了較為準確地分析，取得了顯著的成就。還有梁啟雄在1936年整理出版的《荀子柬釋》〔註18〕，此書較為簡略地解釋了荀子思想。後因個別字句的解釋不夠盡善盡美，此書於1956年經作者修訂後更名為《荀子簡釋》〔註19〕再出版，並取得了一定的學術影響，然而關於兩本書中校勘的差異問題也引發了學界的熱議，在此不再展開論述。總而言之，這一時期關於荀子思想的研究，主要呈現出了復興與探索的特徵，學界對於荀子的評價也開始有別於傳統舊學觀念中全盤否定的傾向，這對於恢復荀子在儒家學說中的正統地位，為我們客觀地認識荀子美學思想奠定了基礎。

〔註8〕 胡適：《中國哲學史大綱》，北京：商務印書館，2011年，第257頁。
〔註9〕 陶師承：《荀子研究》，上海：大東書局，1926年。
〔註10〕 陳登元：《荀子哲學》，北京：商務印書館，1928年。
〔註11〕 楊筠如：《荀子研究》，上海：商務印書館，1931年。
〔註12〕 熊公哲：《荀卿學案》，上海：商務印書館，1931年。
〔註13〕 劉師培：《荀子補釋》，北京，寧武南氏校印，1934年。
〔註14〕 楊大膺：《荀子學說研究》，北京：中華書局，1936年。
〔註15〕 鍾泰：《荀注訂補》，上海：商務印書館，1936年。
〔註16〕 劉子靜：《荀子哲學綱要》，北京：商務印書館，1938年。
〔註17〕 葉玉麟：《白話譯解〈荀子〉》，上海：廣益書局，1947年。
〔註18〕 梁啟雄：《荀子柬釋》，上海：商務印書館，1936年。
〔註19〕 梁啟雄：《荀子簡釋》，北京：古籍出版社，1956年。

（二）穩步發展期（1949 年～1977 年）

　　新中國成立以來，隨著社會歷史的演進與現代思想的發展，我國的美學工作者研究隊伍也日益壯大起來，美學知識和理論方法也在西方美學思潮的影響下取得了很大進步。而且這一時期，學者們也深受馬克思主義方法論與世界觀思想的影響，對學界盛行的復古主義思潮和唯心主義立場進行了批判，開始注重運用歷史唯物主義的方法來重新闡釋荀子思想內涵和特徵，理論成果帶有較為明顯的時代性和進步性。如杜國庠在《先秦諸子思想概要》、《荀子對諸子的批評》〔註 20〕等文章中就曾明確提出，荀子思想具有濃厚的唯物主義色彩，而且始終貫徹著強烈的批判意識，所以稱他為中國古代思想的綜合者，這也是荀子思想的一個主要特徵。與此同時，杜國庠還結合具體的文本分析進一步論述了荀子禮學思想（禮樂、禮法）的基本內涵、發生機制，以及與傳統儒家禮學思想的異同等問題。侯外盧在《中國思想通史》〔註 21〕中將歷史唯物主義思想和方法加以引申，使其與中國古代社會的研究結合起來，形成了具有中國本土化的基本原則，從而啟發對中國古代思想的深入探究。基於此種認識，他對荀子的天地論、性惡論、認識論等思想進行了較為詳盡地辯析，並且提出荀子思想是對儒家傳統的樸素修正，具有濃厚的唯物主義傾向，這又為荀子思想的研究開闢了新的途徑。郭沫若在《荀子的批評》〔註 22〕一文中則指出，荀子雖然認識到人性必須要有禮義師法化導，然後才能知道辭讓，但是他的論證過於薄弱，而且存在自相矛盾的觀點。此外，陳大齊的《荀子學說》〔註 23〕傾向於通過文獻整理的方法來研究荀子思想，強調荀子的「禮義積學」觀點。方孝博整理校注的《荀子選》〔註 24〕選取了 16 篇能夠反映《荀子》原著思想內容和荀子寫作風格的文章，進行注釋和語譯。值得一提的是，韋政通的《荀子與古代哲學》〔註 25〕更明確提出「禮義」是荀子系統中獨一的標準，並對禮義的精神內涵，及其表現的幾個面相作了系統的解析，此書論述多有獨到之處。在「批法評儒」時期，章詩同用

〔註 20〕杜國庠：《杜國庠文集》，北京：人民出版社，1962 年。

〔註 21〕侯外盧，趙紀彬，杜國庠著：《中國思想通史（第一卷）》，北京：人民出版社，1957 年。

〔註 22〕郭沫若：《十批判書》，北京：人民出版社，1954 年。

〔註 23〕陳大齊：《荀子學說》，臺北：中華文化出版社，1954 年。

〔註 24〕方孝博選注：《荀子選》，北京：人民文學出版社，1958 年。

〔註 25〕韋政通：《荀子與古代哲學》，臺北：臺灣商務印書館，1966 年。

現代漢語注釋的《荀子簡注》〔註26〕，此書語言淺顯、注解簡明，又因政治因素的限制，因而學術價值並不高。總的來說，這一時期學界對荀子思想的研究仍舊以《荀子》文本校注，義理考究為主，也出現了一批關於荀子思想研究的學者，但是受到美學理論不夠完善、美學思考不夠充分，以及時代政治等因素的影響，他們的研究視角和研究方法多有局限，並且較多關注荀子的倫理觀、政治觀、宇宙觀等命題，關於荀子美學思想的研究成果並不突出。

（三）體系建構期（1978 年～1989 年）

從 70 年代後期、80 年代初期開始，我國進入了改革開放的新的歷史時期，同時受到第二次美學熱潮的影響，我國的美學思想理論研究進入了蓬勃發展的新階段，這也為我們重新認識中國傳統文化中所蘊含的豐富內涵提供了新思路與新方法，進而促進了學界對於荀子美學思想的再思考與再討論。這一階段主要出現了以下幾部關於荀子學說研究的著作，首先是北京大學《荀子》注釋組重新校勘出版的《荀子新注》〔註27〕，該書是在王先謙《荀子集解》的基礎之上又廣泛吸收了最新的理論成果後整理而成的，批註較為詳盡細緻，使用比較方便。另一部是夏甄陶編著的《論荀子的哲學思想》〔註28〕，該書重新闡釋了荀子哲學思想的功能價值與歷史地位，但是受到唯物主義和辯證法思想的影響，作者的創作觀念有所束縛。牟宗三在《荀子大略》〔註29〕中採取文本解讀的方式，著重疏解了荀子「禮義之統」主張與其性惡論和隆禮重法思想的內在關係，為本文寫作提供了理論參照。此外，還有楊鴻銘的《荀子文論研究》〔註30〕、胡玉衡、李育安整理出版的論文合集《荀子思想研究》〔註31〕、龍宇純的《荀子論集》〔註32〕、何淑靜的《孟荀道德實踐理論之研究》〔註33〕，以及楊柳橋的《荀子詁譯》〔註34〕、向仍旦的《荀子通論》〔註35〕等新的譯注版本，都對荀子的禮義思想進行了探討，並且提出了卓有成效的見解。

〔註26〕章詩同注：《荀子簡注》，上海：上海人民出版社，1974 年。
〔註27〕北京大學《荀子》注釋組注釋：《荀子新注》，上海：中華書局，1979 年。
〔註28〕夏甄陶：《論荀子的哲學思想》，上海：上海人民出版社，1979 年。
〔註29〕牟宗三：《名家與荀子》，臺北：臺灣學生書局，1979 年。
〔註30〕楊鴻銘：《荀子文論研究》，臺北：文史哲出版社，1981 年。
〔註31〕胡玉衡、李育安：《荀況思想研究》，鄭州：中州古籍出版社，1983 年。
〔註32〕龍宇純：《荀子論集》，臺北：臺灣學生書局，1987 年。
〔註33〕何淑靜：《孟荀道德實踐理論之研究》，臺北：文津出版社，1988 年。
〔註34〕楊柳橋：《荀子詁譯》，濟南：齊魯書社，1985 年。
〔註35〕向仍旦：《荀子通論》，福州：福建教育出版社，1987 年。

　　這一時期關於荀子美學思想研究多以期刊論文為主，並未出現專門性的理論著作。就目前搜集到的材料來看，為數不多的文章中大都是對荀子音樂美學思想的初步介紹和論述，並沒有對其美學思想展開詳盡地分析，主要有吳毓清的《荀況與中國古代音樂美學思想——荀況音樂思想散論》〔註36〕、杜寒風的《荀子的「美善同一」觀》〔註37〕等，其中影響力較為突出的是胡雪岡在1987年發表的一篇以荀子美學思想為題的學術性文章《荀子美學思想管窺》〔註38〕，他在文中明確肯定了荀子美學思想的價值，並對荀子思想中美和真善的關係、美和美感的特徵，及其文學藝術美學特徵的認識進行了較為細緻的論述。另外，王長華和張文書發表的《荀子美學思想述評》〔註39〕一文，則指出荀子的美學思想較之於孔孟具有更加具體和廣泛的視野，理性而又實用，認為荀子批評繼承了傳統儒家和道家思想中的某些觀點，使其美學體系顯得更加豐富和多元化。文章主要圍繞荀子在美的本質問題上的看法展開論述，並且結合「無性則不能自美」「虛壹而靜」「美善相樂」等幾個方面來突出荀子美學思想的獨特價值和深遠影響。

　　與此同時，在文藝批評和美學史研究方面，也出現了幾本提綱挈領式的介紹荀子美學思想的理論著作，雖然此類研究尚未達到深化和細化的程度，但是同樣取得了較為明顯的進步，比如李澤厚與劉綱紀主編的《中國美學史》〔註40〕從荀子美學的特徵、荀子論美感的實質和藝術的社會功能、荀子論「美」與「偽」、荀子美學與孔孟老莊美學的比較等四個方面作出了詳盡的論述，從而引起了學界對於荀子美學思想研究的廣泛關注。隨後，葉朗的《中國美學史大綱》〔註41〕主要從「荀子的哲學與美學」「荀子論化性起偽而成美」「荀子對墨子『非樂』的批判」等三個方面闡釋了荀子的美學思想，對於當下的荀子美學思想研究提出了新的視角和方向。此外，蔣孔陽的《先秦音樂美學思想論稿》〔註42〕、敏澤的《中國美學思想史》〔註43〕等美學史著作都表現出了對荀子的美學思想研

〔註36〕吳毓清：《荀況與中國古代音樂美學思想——荀況音樂思想散論》，《星海音樂學院學報》1982年第3期。

〔註37〕杜寒風：《荀子的「美善同一」觀》，《道德與文明》1986年第3期。

〔註38〕胡雪岡：《荀子美學思想管窺》，《學術月刊》1987年第11期。

〔註39〕王長華，張文書：《荀子美學思想述評》，《河北學刊》1989年第6期。

〔註40〕李澤厚，劉綱紀：《中國美學史》，北京：中國社會科學出版社，1984年。

〔註41〕葉朗：《中國美學史大綱》，上海：上海人民出版社，1985年。

〔註42〕蔣孔陽：《先秦音樂美學思想論稿》，北京：人民文學出版社，1986年。

〔註43〕敏澤：《中國美學思想史》，濟南：齊魯書社，1987年。

究的開創性和啟發性特點，為今後的學術研究奠定了堅實的理論基礎。總的來說，這一時期的學者在前人研究成果的基礎之上，為實現荀子美學思想研究做出了初步探討和嘗試性的體系構建。雖然，學術研究尚處於理論分析和思想梳理的初級階段，但在荀子美學思想研究進程當中起到了起承轉合的重要作用。

（四）繁榮發展期（1990 年～2023 年）

在經歷了前三個階段的發展之後，荀子美學思想研究的重要性與必要性逐漸被學界所重視，這使荀子美學思想研究在理論廣度和思想深度方面都取得了很大的突破。或者說，隨著中國特色的美學理論體系的日漸完善，我國學者開始對中國傳統文化的思想根基以及中華民族的美學精神進行重新思考，並致力於參照具有獨創性、本源性、適用性的中國美學理論方法進行審美研究，這對於實現我國傳統文化中所蘊含的思想價值和豐富內涵的創新與發展具有深遠的影響。傳統儒家文化之根基和中華美學之精神都是中華民族賴以維繫的精神紐帶與思想基礎，並與我國特有的審美風範和美學傳統密切相關，這也為荀子美學思想的學術研究帶來了新的發展機遇。

在此背景之下，1990 年 10 月在山東臨沂成功舉辦了首屆全國荀子學術研討會，來自全國各地區的 80 餘名專家學者出席了本次會議。期間，學界就荀學的形成與特點、荀子的政治哲學思想、倫理道德思想、美學思想等問題進行了詳細而熱烈的討論。此次會議的舉辦對於荀子思想的研究與發展無疑是意義重大的，而且越來越多的海外學者也積極地參與到思想交流的過程當中，不僅為荀子思想研究帶來了新活力和新氣象，同時對於提升荀子思想的國際影響力也作出了重要貢獻。此階段，關於荀子美學思想的研究開始趨向專門化、多元化，而不再局限於哲學層面的思考。具有代表性的文章，如卓支中的《荀子文藝美學思想管窺》[註44]綜合分析了荀子文藝美學的性質特點，並將其與先秦儒家美學思想進行比較分析，對於我們瞭解荀子文藝美學思想具有參考價值。郝強的《荀子「美善相樂」的「樂教」理論》[註45]、范明華的《荀子「性偽論」的美學意蘊》[註46]、張文勳的《孟子與荀子美學思想之比較》[註47]、陳泳

〔註44〕卓支中：《荀子文藝美學思想管窺》，《暨南學報（哲學社會科學）》1990 年第 2 期。

〔註45〕郝強：《荀子「美善相樂」的「樂教」理論》，《道德與文明》1993 年第 3 期。

〔註46〕范明華：《荀子「性偽論」的美學意蘊》，《求是學刊》1995 年第 4 期。

〔註47〕張文勳：《孟子與荀子美學思想之比較》，《社會科學戰線》1995 年第 5 期。

超的《荀子「貴文」思想及其美學意義》〔註48〕等論文提出的觀點同樣值得關注。除此之外，關於荀學思想研究具有代表性的著作還有郭志坤的《荀學論稿》〔註49〕、方爾加的《荀子新論》〔註50〕、吳文璋的《荀子的音樂哲學》〔註51〕等，都對荀子思想的內涵、功能與價值，及其發展歷程進行了深入的探討，提出了許多新說，為荀子思想在新時期的發展提供了新思路和新方法。其中，廖名春的《荀子新探》〔註52〕對荀子學說作出了全面細緻的探究，包括人性論、群論、天人論、解蔽論、正名論等，富有創見而要言不繁，影響較為深遠。張曙光的《外王之學——〈荀子〉與中國文化》〔註53〕、惠吉星的《荀子與中國文化》〔註54〕、孔繁的《荀子評傳》〔註55〕等也分別在其著作中以獨立章節對荀子詩教與樂教為代表的文藝觀作出了理論闡述，對本文寫作具有啟發意義。

　　21 世紀以來，荀子美學思想研究的學術成果更為可觀，在研究範圍和角度等方面都有所創新與突破，並且理論研究也不再局限於禮樂思想，而是開始進行多元視角的探索，為實現荀子美學思想研究的全面發展奠定了基礎。鄭炳堅出版了《荀子文學與美學》〔註56〕，此書的發表彌補了學界關於荀子美學研究專著空缺的遺憾，但是作者更側重於荀子文學觀念的闡釋，未能對其美學思想進行全面、系統地論述。高春花的《荀子禮學思想及其現代價值》〔註57〕將「禮」作為荀子思想的核心概念，並且強調深入挖掘荀子禮學思想的當代價值，有助於實現傳統文化與現代文明的交流，對於加強社會主義道德建設和法制建設，具有重要的現實意義。路德斌在《荀子與儒家哲學》中指出，對於荀子而言，「禮義在邏輯上居先以統轄功利，統轄人人關係、人物關係的人道人學原理。它釋一個以人的理性為中介而表現人的社會

〔註48〕陳泳超：《荀子「貴文」思想及其美學意義》，《江海學刊》1997 年第 6 期。
〔註49〕郭志坤：《荀學論稿》，上海：上海三聯書店，1991 年。
〔註50〕方爾加：《荀子新論》，北京：中國和平出版社，1993 年。
〔註51〕吳文璋：《荀子的音樂哲學》，臺北：文津出版社，1994 年。
〔註52〕廖名春：《荀子新探》，臺北：文津出版社，1994 年。
〔註53〕張曙光：《外王之學——〈荀子〉與中國文化》，開封：河南大學出版社，1995年。
〔註54〕惠吉星：《荀子與中國文化》，貴陽：貴州人民出版社，1996 年。
〔註55〕孔繁：《荀子評傳》，南京：南京大學出版社，1997 年。
〔註56〕鄭炳堅：《荀子文學與美學》，香港：科華圖書出版公司，2001 年。
〔註57〕高春花：《荀子禮學思想及其現代價值》，北京：人民出版社，2004 年。

存在規律的規範系統」〔註58〕。宋寧寧的《荀子禮樂思想研究——從禮宜樂
和看荀子哲學的道德之維》一書認為荀子「從孔子的『仁』經由孟子的『仁
政』而轉向『禮義』，完成了早期儒學的自我調適」〔註59〕。劉延福的《荀
子文藝思想研究》〔註60〕從荀子的哲學思想出發，主要對荀子文藝思想的生
成、文藝的審美理想及文藝的特徵與功能等方面展開論述，較為全面地闡釋
了荀子文藝思想的理論特質與藝術價值，對本文研究具有一定的啟發作用。
彭歲楓的《禮義、禮法與君子——荀子「群居和一」理解社會的構建》以荀
子的禮法思想為核心，系統地闡釋了禮義、禮法和君子之間的邏輯關係，並
且強調荀子把禮義與法度結合起來，「有利於保證禮義的實施，同時保證法
的健康發展，為實現『群居和一』理想社會開闢了現實路徑」〔註61〕。但是，
作者更側重於禮義制度層面的分析，缺少對其審美功能和價值的相關論述。
除此之外，影響較為深遠的專著還有馬積高的《荀學源流》〔註62〕、韓德民
的《荀子與儒家的社會理想》〔註63〕、江心力的《20世紀前期的荀學研究》
〔註64〕、胡可濤的《「禮義之統」：荀子政治哲學研究》〔註65〕、楊艾璐的
《解蔽與重構：多維視界下的荀子思想研究》〔註66〕、金妍妍的《「群居和
一」：荀子社會倫理思想研究》〔註67〕、王楷的《天生人成：荀子工夫論的
旨趣》〔註68〕、魏承思的《荀子解讀：人生修養的儒家寶典》〔註69〕、唐端

〔註58〕路德斌：《荀子與儒家哲學》，濟南：齊魯書社，2010年，第96頁。
〔註59〕宋寧寧：《荀子禮樂思想研究——從禮宜樂和看荀子哲學的道德之維》，臺北：
花木蘭文化出版社，2013年，第6頁。
〔註60〕劉延福：《荀子文藝思想研究》，濟南：山東大學出版社，2015年。
〔註61〕彭歲楓：《禮義、禮法與君子——荀子「群居和一」理解社會的構建》，長沙：
湖南大學出版社，2017年，第68頁。
〔註62〕馬積高：《荀學源流》，上海：上海古籍出版社，2000年。
〔註63〕韓德民：《荀子與儒家的社會理想》，濟南：齊魯書社，2001年。
〔註64〕江心力：《20世紀前期的荀學研究》，北京：中國社會科學出版社，2005年。
〔註65〕胡可濤：《「禮義之統」：荀子政治哲學研究》，臺北：花木蘭文化出版社，2013
年。
〔註66〕楊艾璐：《解蔽與重構：多維視界下的荀子思想研究》，北京：中國社會科學出
版社，2015年。
〔註67〕金妍妍：《「群居和一」：荀子社會倫理思想研究》，長沙：中南大學出版社，
2016年。
〔註68〕王楷：《天生人成：荀子工夫論的旨趣》，北京：中國社會科學出版社，2018
年。
〔註69〕魏承思：《荀子解讀：人生修養的儒家寶典》，上海：上海人民出版社，2019
年。

正的《荀學探微》〔註70〕、鄭治文的《道德理想主義與政治現實主義的統一：荀子政治哲學思想特質研究》〔註71〕、牟鍾鑒的《荀學新論》〔註72〕、吳祖剛的《荀子心論研究》〔註73〕等，也都對荀子的美學思想作出了頗具啟發性的探究。

　　隨著荀子美學思想研究的不斷深化，相關期刊論文和碩博論文數量也有所增加，呈現出了百花齊放、百家爭鳴的繁榮景象。其中，代表性的論文成果如馬征的《荀子美學思想研究》〔註74〕、王志成的《荀子音樂美學思想辨析》〔註75〕、朱志榮的《論荀子的美學思想》〔註76〕《荀子的性情論美育觀》〔註77〕、張宏亮的《荀子的天人觀及其生態美學價值》〔註78〕、張越的《荀子音樂美學思想探析》〔註79〕、韓星的《荀子：以仁為基礎的禮義建構》〔註80〕、張革華、王慧敏的《荀子道德教育思想的內涵及當代價值》〔註81〕、石征宇的《荀子哲學與美學的邏輯關聯》〔註82〕、馮達文的《荀子的知識論與禮義觀》〔註83〕、王楷的《禮義教化：荀子倫理—政治共同體文化理想的精神》〔註84〕等，都為當下的荀子美學思想研究提供了可資借鑒的新材料和新方法。

　　另外，碩博論文有鄭州大學王偉的碩士論文《荀子性惡論人學與美學》

〔註70〕唐端正：《荀學探微》，北京：中國人民大學出版社，2019 年。
〔註71〕鄭治文：《道德理想主義與政治現實主義的統一：荀子政治哲學思想特質研究》，濟南：山東大學出版社，2020 年。
〔註72〕牟鍾鑒：《荀學新論》，北京：商務印書館，2021 年。
〔註73〕吳祖剛：《荀子心論研究》，北京：中國社會科學出版社，2021 年。
〔註74〕馬征：《荀子美學思想研究》，《孔子研究》2001 年第 6 期。
〔註75〕王志成：《荀子音樂美學思想辨析》，《藝術百家》2004 第 3 期。
〔註76〕朱志榮：《論荀子的美學思想》，《社會科學家》2009 年第 4 期。
〔註77〕朱志榮：《荀子的性情論美育觀》，《美術研究》2020 年第 1 期。
〔註78〕張宏亮：《荀子的天人觀及其生態美學價值》，《中南民族大學學報（人文社會科學版）》2012 年第 1 期。
〔註79〕張越：《荀子音樂美學思想探析》，《東嶽論叢》2015 年第 5 期。
〔註80〕韓星：《荀子：以仁為基礎的禮義構建》，《黑龍江社會科學》2015 年第 1 期。
〔註81〕張革華，王慧敏：《荀子道德教育思想的內涵及當代價值》，《深圳社會科學》2023 年第 2 期。
〔註82〕石征宇：《荀子哲學與美學的邏輯關聯》，《學術交流》2018 年第 7 期。
〔註83〕馮達文：《荀子的知識論與禮義觀》，《中山大學學報（社會科學版）》2023 年第 4 期。
〔註84〕王楷：《禮義教化：荀子倫理—政治共同體文化理想的精神》，《哲學研究》2023 年第 9 期。

（2000 年）、蘇州大學袁世傑的博士論文《禮學重構中的荀子性惡論文藝觀》（2003 年）、揚州大學張源旺的碩士論文《荀子〈樂論〉的美學思想》（2003 年）、鄭州大學朱建鋒的碩士論文《禮之「文」化——論荀子「文」的美學思想》（2005 年）、安徽大學洪永穩的碩士論文《論荀子的文藝思想》（2005 年）、新疆大學雷瓊芳的碩士論文《論荀子禮學思想的美學訴求》（2007 年）、山東大學付曉青的博士論文《荀子「樂論」美學思想研究》（2008 年）、吉林大學劉海波的碩士論文《〈荀子〉的文藝思想研究》（2008 年）、重慶師範大學李剛林的碩士論文《論荀子〈樂論〉的音樂美學》（2010 年）、西北大學宮世峰的碩士論文《荀子美學思想研究》（2010 年）、河北師範大學張紅梅的碩士論文《荀子「樂論」美學思想研究》（2012 年）、西北師範大學張麗華的碩士論文《荀子的美育思想及時代意義》（2012 年）、湖南師範大學陳中山的碩士論文《荀子音樂哲學思想研究》（2014 年）、山東藝術學院董玲玉的碩士論文《荀子藝術教育思想研究》（2014 年）、山東大學李慧子的博士論文《樂與道：荀子樂論研究》（2015 年）、中國藝術研究院周博健的碩士論文《荀子樂舞思想研究》（2015 年）、華東師範大學方達的博士論文《「禮義之謂治」——荀子思想中「禮」與「人」關係重探》（2017 年）、廈門大學余夢奇的碩士論文《荀子樂政觀之初探》（2017 年）、青海師範大學趙盼的碩士論文《荀子〈樂論〉音樂美學思想研究》（2017 年）、武漢大學石征宇的博士論文《荀子哲學美學思想研究》（2018 年）、河北大學尹澤鈺的碩士論文《荀子樂論研究》（2018 年）、山東師範大學李丹陽的碩士論文《〈荀子〉語言藝術研究》（2018 年）、上海師範大學陳四雨的碩士論文《荀子音樂思想研究——以〈樂論〉為中心》（2019 年）、西南政法大學王慧的碩士論文《荀子樂教思想研究》（2019 年）、南京師範大學田忠的碩士論文《「稱情而立文」：荀子文藝思想研究》（2019 年）、中國政法大學田坤的碩士論文《荀子樂治思想研究》（2020 年）、遼寧大學李爽的碩士論文《禮樂重構視野下的荀子認識論思想研究》（2022 年）、華東師範大學陳蕾的碩士論文《制樂與樂治——試論荀子的樂文化構想》（2022 年）等，他們分別從不同的視角對荀子美學思想展開研究，揭示了荀子美學思想的獨特功能與歷史地位，為本文釐清荀子禮義美學思想的文化背景、深化學理研究提供了參照體系。

　　縱觀上述四個階段的分析，隨著荀子美學思想研究領域的不斷拓展和深化，荀子美學的獨特價值也逐漸被世人所熟知。學界對荀子美學思想的研究成

果雖然頗豐，但是相較於對孔孟美學思想的研究，無論在數量還是質量方面都無法比及，而且受到研究視野局限的影響，就不可避免地出現了荀子美學思想研究視角單一，抑或重校釋而輕義理等良莠不齊的現象。實際上，「隆禮貴義」作為荀子美學思想的核心命題，蘊含著豐富的文化思想和美學內涵，它不僅開啟了傳統儒家美學發展的新階段，也為當下的文藝活動和審美實踐奠定了理論基礎。目前學界關於荀子禮義美學思想的研究還非常薄弱，存在以下不足：

首先，學界更多關注的是對《荀子》文本的梳理和校注，並且側重於荀子的哲學、法學、倫理學等方面，缺乏專門探討以禮義為核心的荀子美學思想體系的學術成果，一些核心觀點只是散見於美學著作和論文當中，其獨特的性能和價值尚未得到充分的關注，還需進一步挖掘和論證。

其次，對荀子美學思想的研究存在模式化、程式化的問題，在研究思維、研究內容等方面未能取得實質性的進展，很多成果主要以荀子禮樂美學思想為研究重地，所以忽略了禮義在荀子美學思想和文藝實踐中的突出作用，自然無法全面深刻地揭示荀子美學思想的整體風貌和理論價值。此外，學界對荀子的生態美學思想、審美教育思想關注不夠，某種程度上也導致了荀子美學思想研究的片面性，這些問題都值得我們深刻反思。

最後，學界對於荀子核心美學思想的探討也始終沒能達成一致，學者多以「禮」作為荀子的主旨觀念，由此忽略了「義」在荀子美學思想中的重要意義，並且缺少對禮義與儒家美學思想發展之間脈絡關係的研究，這在一定程度上影響了我們對於荀子美學思想的理論特質與獨特魅力的準確理解，從而不利於荀子美學思想的現代闡釋。

基於此，本文在中國傳統儒家美學發展源流中對荀子禮義美學思想進行宏觀概覽與微觀精論，對荀子禮義美學思想的根源、內涵及其特質展開論述，並以此為線索來探究荀子在人格理論、藝術理想、自然觀念三個領域中的審美實踐和美學建構，拋磚引玉，希望能夠引起學者對荀子禮義美學思想的重視。

二、論題研究的思路

本文將從荀子「隆禮貴義」的觀點出發，在研讀《荀子》文本的基礎之上，通過新的理論視角和研究方法，對其禮義美學思想在人格理論、藝術理想、自然觀念三個方面的具體體現進行逐層梳理和細緻分析，力圖系統明晰地呈現荀子禮義美學思想的來龍去脈，並深入地探討其美學思想的現代價值。全文共

分為五章，具體內容如下：

第一章著重分析荀子禮義美學思想的理論基礎及其豐富內涵。在儒家美學傳統中，荀子批判繼承了孔孟思想中「仁」的理念和「禮」的精神。他將「義」的思想內涵歸置於「仁」的理論範疇，並與「禮」融為一體，共同構成了禮義思想的理論基礎。可以說，荀子重「義」，更重「禮」，他既延續了「義」的內在德化功能，又突出了「禮」的外在規範作用，主張從具體的審美活動和現實生活中去發現美的本質和規律。荀子「隆禮貴義」的理論主張，有利於促進人與人之間的和諧，有利於維護社會秩序的穩定，有利於實現其「群居和一」的政治理想。

第二章主要論述荀子禮義美學思想在其人格理論中的體現。荀子的「性惡論」是其學說的理論起點，也是其思想體系中最具創見的觀點。荀子認為人生來就有趨利避害的本性，表現出對美好事物的欲望，如果這種欲望不加約束和節制，就會導致利益紛爭，這不僅會影響理想人格的建構，也會使社會陷入動亂和窮困之中。所以，荀子提出「化性而起偽」，也就是重視後天學習和經驗積累，並且強調以禮制欲、以禮養情，注重禮義的審美教化作用。概言之，重師法，是君子修身養性之本源；守禮義，則是君子立身處世之根本。唯有如此，才能達到聖人至善至美的理想境界。

第三章集中闡釋荀子禮義美學思想在其藝術理想中的表現。荀子的禮樂思想延續了周禮的基本精神，實現了對儒家傳統禮樂文化的理性發展和思想重構。他認為強制性的「禮」與調和性的「樂」之間存在著巨大的張力，兩者的融合才能實現禮樂審美的價值轉向，才是符合先王之道的最高藝術。正因如此，荀子主張文藝創作和批評必須借助於禮義規範才能表達人們積極向上的情感意志，才能充分地發揮詩文禮樂的政教功能，最終實現穩定社會秩序的目的。應當說，荀子關於樂論、詩論、文論的藝術理想在思想內涵和價值取向方面具有高度的一致性，三者是相輔相成、混融一體的關係，共同構成了荀子以禮義為核心的文藝美學觀。

第四章主要分析荀子禮義美學思想在其自然觀念中的呈現。荀子批評繼承了先秦時期的自然觀念，並從實用功利性的角度對自然天道提出了新的解釋，自然萬物都有其客觀的發展規律，不會以人的主觀意志為轉移。在荀子眼中，天有天的職能，人有人的職能，天既不能主宰世間萬物，也不能決定人的凶吉禍福。但是，荀子又不否定人的主觀能動性，並且強調人只有在尊重自然

和認識自然的基礎之上，才能為人類的生存與發展創造有利的條件，如果違背了自然規律和禮義法則就會招致禍患、阻礙發展，這也是荀子所追求的「天地與人相參」理想目標的基本要求。因此，荀子禮義思想中蘊含著豐富的生態審美意識，這對於改善自然環境和提高人的生活質量具有實踐性、指導性的重要作用。

第五章著重闡述荀子禮義美學思想對當下的審美教育、文藝制度和生態建設等方面所產生的積極意義。首先，荀子從人的生理和心理需求出發，強調以禮法來克制欲求，以藝術來陶冶性情，實現真善美的統一，方能獲得「以美其身」的美育效果。其次，荀子認為文藝形式產生於人的內在情感，是人之本性的自然流露，具有存在的合理性與必要性。所以，在定制文藝制度時，必須要符合「禮義之統」的具體要求，既能夠使人感到愉悅，同時又能夠移風易俗，從而達到社會和諧的目的。最後，荀子主張人要充分發揮主觀能動性，更要遵循「萬物相合」的生態原則，將人與萬物視為一個有機整體，最終實現自然資源的可持續發展。應當說，荀子「隆禮貴義」的理論主張，不僅適用於古代，而且在當代仍有其借鑒價值。

三、論題研究的方法與意義

（一）研究方法

首先，文史互證的研究方法。關於荀子禮義思想的文獻資料較為豐富，但又散落於不同時期的歷史文本當中，部分字句略有差異。所以，本文嚴格篩選和考證各種歷史文獻，使用權威的影印本、校注本等原始文獻資料，對荀子禮義思想展開全面、細緻地考證，深刻揭示其美學思想的豐富義理。同時，本文還強調理論依據和話語空間的協助作用，然後進行充分地閱讀、鑒別，以求能夠最大限度地使用相關資料來支撐本文的核心觀點。在文本細讀過程中，我們要尊重古典文獻的本來含義，要在歷史語境中體悟荀子禮義思想的精深之處，對其進行客觀的理解與科學的解讀，而不能斷章取義，隨意引用，從根本上把握荀子禮義美學思想的精神實質及其特徵。

其次，學科交叉的研究方法。本文以孕育、生成荀子禮義思想的原生性知識形態為基礎，綜合使用美學、哲學、文學、藝術學、倫理學等不同學科的研究方法，重視實證研究和跨學科的廣闊視野，同時兼顧今人的荀子美學思想研究專著，以及海外研究成果，進而形成對荀子禮義美學思想的整體觀照。本文

從荀子美學思想資源的角度探討禮義思想的現代性問題，從方法論上具有現代性和當代視野，站在當代的立場對其進行繼承和創造性闡釋，融入到儒家美學理論建構中，使其具有當代價值和普遍性內涵。在目前人文社科研究中，多元化、包容性的跨學科交流不僅能夠提供更廣闊的理論視野，同時也有助於深化專業領域內的學術研究，能夠對荀子禮義美學思想範疇、話語體系作出更明確的界定和闡釋。

最後，比較分析的研究方法。荀子禮義美學思想有著特定的含義，有著特殊的貢獻，只有基於其生命精神和內在理路，進行橫向和縱向的論證，才能激活其本身的潛在價值。縱向研究的角度，比較分析荀子與孔子、孟子、董仲舒等傳統儒家美學思想之間的異同，力圖宏觀地把握荀子禮義美學思想的發展脈絡，從而重新理解荀子美學思想在中國美學發展史中的重要地位；橫向研究的角度，綜合論述荀子禮義美學思想在人格理論、藝術理想、自然觀念等方面的具體表現，以期更加明晰地提煉出荀子禮義美學思想的獨特性，能夠更加準確地、立體地把握其審美內涵，為本文研究奠定良好的理論基礎。

（二）研究意義

本文在融合與創新既有研究成果的基礎之上，對荀子「隆禮貴義」思想的基本內涵，審美特質和功能價值進行理論闡述，有助於揭示荀子禮義思想與其「性惡論」「樂論」「詩論」「文論」「人格論」「自然論」等觀念之間的內在邏輯關係，也有助於豐富中國傳統儒家美學理論體系，為儒家美學的深入研究提供更多的參照和探索路徑。禮義美學思想是荀子在長期的政治實踐和生活實踐中總結出來的智慧結晶，不僅為古代國家的禮法制度提供了可資借鑒的模式，同時也為文藝創作和文藝精神創新提供了思想資源和啟迪，這些都為儒家哲學寶庫帶來了新的生機。進一步說，荀子禮義美學思想包括人性教化和制度規範的雙重屬性，能夠為當代人提供道德依據、行為規範、生態智慧和精神動力，對於個人修養和國家治理都具有普遍的指導意義。本文將荀子禮義美學思想置於特定的時代背景和文化語境中進行重新審視和探討，旨在準確地把握其禮義美學思想的來龍去脈，更要深入地挖掘其禮義美學思想在新時代的理論價值，使其在當下的審美實踐和文明建設中發揮反思和指導功能，為建設具有中國特色的美學理論體系提供思想資源。

第一章　荀子禮義美學思想的形成及其內涵

　　縱觀儒家美學史，學界對於荀子及其學說的研究一直存在爭議，從而導致了部分學者對於荀子美學思想價值的忽略。事實上，荀子作為儒家傳統思想的重要代表，批判繼承了孔孟的「仁」之理念和「禮」之精神。他將「義」的思想內涵歸置於「仁」的理論範疇，使「義」與「禮」融為一體，形成了「隆禮貴義」的理論主張。荀子重「禮義」與孔子重「仁禮」、孟子重「仁義」並不相悖，由「仁禮」向「禮義」、「仁義」向「禮義」的轉變，也就是從理念層面向實踐層面的演變歷程。〔註1〕荀子主張從現實的層面來探討倫理教化問題，使禮義既具有對內在道德素養的審美追求，又具有外在禮法制度的規範作用，是構建人類生命的理想目標。可以說，荀子將「禮義」連稱，「是欲以義來規定禮、限定禮的」〔註2〕。禮義作為最高的價值規範，是荀子建構和諧社會秩

〔註1〕關於這一問題，學者韓星也曾總結說：「孔子講仁義禮樂，一方面以仁釋禮，另一方面以禮落實仁；孟子主要發展了仁，偏重仁義構建；荀子更多地繼承了禮，荀子偏重禮義構建。」（參見韓星：《荀子：以仁為基礎的禮義構建》，《黑龍江社會科學》2015年第1期。）

〔註2〕韋政通先生認為「荀書凡言義者，多屬客觀義，與孔孟就理性之當然表現處言義者異。荀子即以客觀義之『義』，規定其所隆之禮。蓋禮在孔孟，主要是在修身上說的；荀子雖亦具備這一面，如說『禮及身而行修』（致士篇），但當言『禮義之統』時，則禮純是代表客觀性的。荀子因不滿孟子之內轉，而要自覺向外轉，自覺地要表現客觀精神，重客觀性，故以具有客觀功能之『義』來規定『禮』；同時亦即欲以『禮』來完成『義』的表現，然後就『禮義』而言其統類，使『禮』與『義』這兩個概念連稱的意義，與孔孟以『仁義』連言的意義，有了明顯的區分，這區分，使荀子人文思想的特色凸顯出來。」（參見韋政通：《荀子與古代哲學》，臺北：臺灣商務印書館，1966年，第8頁。）

序的理論依據，「代表了一種倫理的規約與文化的準則，其詮釋了荀子在文化想像中追求的最高標準與終極目標」〔註3〕，同時奠定了荀子美學思想的理論依據。所以，荀子推崇禮義之統的精神，實是傳統儒家人文思想發展的必由之路，是深刻理解荀子美學思想內涵的關鍵。

第一節　荀子禮義美學思想的背景

一、從「仁禮」到「禮義」：荀子對孔子思想的繼承

　　先秦儒家思想在中國古代思想史上佔有極為重要的地位，其思想中濃厚的倫理色彩，共同構成了儒家美學思想的獨特之處。孔子在夏商周三代的美學傳統之上提出了以「仁」為核心的一系列的道德觀念，並以振拔周禮為己任，試圖通過宗法血緣關係來重建人的心靈秩序和行為規範，以此實現「天下歸仁焉」的政治理想。就個人而言，「仁」是一種德性意願，能夠發揮對人的指導作用，使其成為具有人格美的君子；就社會而言，「仁」是一種尺度原則，能夠調解人際關係，約束人的言行，構成了「禮」的基礎和維護「禮」的手段，故《八佾》篇曰：「人而不仁，如禮何？人而不仁，如樂何？」〔註4〕孔子認為，「仁」是「禮」之本，離開了「仁」的支撐，「禮」便成了無源之水，而禮樂也將成為空洞的形式，無法發揮教化民眾的功能。概言之，「仁」是人的內心的道德約束，是「禮」的內在依據。孔子在對「仁」進行創造性闡發時，也凸顯了「禮」的重要作用，「仁」和「禮」的統一，構成了儒學的原初觀念。〔註5〕在孔子的觀念體系裏，「仁」被賦予了一種超越性的價值內涵，它不僅是人之為人的本質，同時也是實現這一本質在人際交往和社會實踐過程中得以呈現的必要條件，從而為身處亂世中的生命個體的精神超越提供了理論依據。如何做到這一切，關鍵是要處理好「仁」與「禮」的關係：

　　　　顏淵問仁。子曰：「克己復禮為仁。一日克己復禮，天下歸仁焉。

　　　為仁由己，而由人乎哉？」顏淵曰：「請問其目。」子曰：「非禮勿

　　　視，非禮勿聽，非禮勿言，非禮勿動。」〔註6〕（《論語·顏淵》）

〔註3〕楊艾璐：《解蔽與重構：多維視界下的荀子思想研究》，北京：中國社會科學出版社，2015年，第70頁。

〔註4〕楊伯峻：《論語譯注》，北京：中華書局，1980年，第24頁。

〔註5〕參見楊國榮：《儒學：回歸「仁」和「禮」的統一》，《中國儒學》2016年第11輯。

〔註6〕楊伯峻：《論語譯注》，北京：中華書局，1980年，第123頁。

　　對此，勞思光先生則總結道：「孔子為釋『禮』之『本』，故由義溯仁，立『仁、義、禮』之統。其意義即在於以價值自覺為制度之基礎。」〔註7〕學者祝東也解釋說：「禮崩樂壞之後，孔子以仁注禮，禮只有傳達出仁的意義才符合孔子的仁禮關係。」〔註8〕可見，孔子強調仁禮合一，是從真實的生活經驗和文化底蘊出發，以「禮」為法度，最終將「仁」的理念轉化成具有普遍性、個人性的高尚美德，旨在更好地解決統治階級內部的矛盾。事實上，這種「由『禮』而『仁』，或者說『仁』的自覺與發現，標誌著儒家作為一獨立學派的產生和形成，而『仁——禮』結構以及兩者之間的緊張與互動構成了孔子儒學體系的核心與主脈」〔註9〕。

　　從現有材料看，孔子主張以「仁」釋「禮」，「用『仁』來充實『禮』，使『禮』獲得了內在的道德依據和精神支撐」〔註10〕。他通過對人的精神世界的探索和對禮法的意識形態功能的強調，說明了「政治上的責任和道德上的發展是兩個不可分離、相互關聯的方面」〔註11〕，這在一定程度上也是對周禮的繼承和發展。在孔子看來，人類的一切行為都要遵循道德的規範，所以「禮」的制定也要以道德觀念為標準，凡是不符合「禮」的行為都是不道德的，亦是不美的。孔子的思想特點與貢獻，就是將「仁」的審美功用從對人生的指導作用上升到對社會國家建設的影響當中，有別於法家的政治功利性和墨家的實用功利性的美學觀，確立了具有審美功利性的美學思想。但是，孔子並沒有對「仁」與「禮」的關係問題作出詳盡的闡述，而對這一問題的追問和回答則是一個形而上的哲學問題。荀子對此問題進行了進一步的探索。

　　應當說，荀子充分繼承了孔子的仁禮學說，但著重點在「禮」而非「仁」。一方面，荀子強調人之所以有別於禽獸，不只是人能夠獨立行走、身體無毛的緣故，而在於人能夠依據禮法來進行辨別和分類，並且通過禮法來建構人與人之間的內在聯繫。「禮」既是實現人格精神獨立的重要標誌，也是人類進入文明社會的必然產物，《非相》篇曰：「故人之所以為人者，非特以其二足而無毛也，以其

〔註7〕　勞思光：《新編中國哲學史（一）》，北京：生活・讀書・新知三聯書店，2015年，第253頁。

〔註8〕　祝東：《論儒家仁、禮關係：基於符號學的考察》，《孔子研究》2020年第6期。

〔註9〕　路德斌：《荀子與儒家哲學》，濟南：齊魯書社，2010年，第81頁。

〔註10〕　參見白奚：《援仁入禮　仁禮互動——對「克己復禮為仁」的再考察》，《中國哲學史》2008年第1期。

〔註11〕　（美）郝大維，安樂哲著：《漢哲學思維的文化探源》，施忠連譯，南京：江蘇人民出版社，1999年，第163頁。

有辨也。夫禽獸有父子而無父子之親，有牝牡而無男女之別，故人道莫不有辨。辨莫大於分，分莫大於禮」〔註12〕。因為荀子所處的時代，禮法等級制度已經崩壞，他要求建立新的禮法制度，其主要依據正是「以德行賢能而非血緣宗法」〔註13〕。所以，荀子十分重視「禮」在規範和制約人的言行等方面的教化作用，以避免人在生活實踐中所造成的禍亂，從而實現社會的穩定與和諧。另一方面，在荀子思想中，「仁不具有道德創造性，不能直接表現為道德行為，而只是對外在規範的持守、把持，所以說『唯仁之為守』；義是一個與禮密切相關的概念，同時又指出主體的實踐原則」〔註14〕。故《不苟》篇曰：「唯仁之為守，唯義之為行。誠心守仁則形，形則神，神則能化矣；誠心行義則理，理則明，明則能變矣」〔註15〕。荀子認為，「仁」內求於心，旨在以自律的方式來修養身心，而「義」則兼對內外，既節於人又節於物，強調以他律的方式來提升自身的道德素養，最終達到「至誠」的理想境界，故又曰：「夫義者，內節於人而外節於萬物者也，上安於主而下調於民者也。內外上下節者，義之情也」〔註16〕。

　　不難發現，荀子在改造「仁禮」學說的過程中，不僅穩固了「禮」的主導地位，同時融入了「義」的思想內涵，突出了道德實踐的能動性與自主性，進而提出了「禮義」為核心的理論主張。「禮義」就是禮之義，是禮法制度存在的內在依據，具有普遍有效性。關於這一點，韋政通先生曾解釋說：「孔子尊周文，是重視它維繫社會秩序的價值，禮壞樂崩，社會失序，使孔子感到很悲傷，拯救之道，是要從人性中建立起禮的根據，然後達到重振社會秩序的目的。荀子的目的與孔子相同，而手段有異，他是從理智主義的觀點，希望發現周文之理，禮的內容很難適應多變的現實，但禮的理卻是不變的。」〔註17〕這些都表明荀子認識到了傳統儒家禮論的不足，他試圖以「義」的原則和精神來改造「禮」，使「禮」的內涵得以拓展，從而克服了儒家重「仁」而輕「禮」的傾

〔註12〕（清）王先謙撰，沈嘯寰，王星賢點校：《荀子集解》，北京：中華書局，1988年，第 93 頁。

〔註13〕陳來：《孔子・孟子・荀子：先秦儒家講稿》，北京：生活・讀書・新知三聯書店，2017 年，第 221 頁。

〔註14〕參見梁濤：《荀子與〈中庸〉》，《中國社會科學院研究生院學報》2002 年第 5 期。

〔註15〕（清）王先謙撰，沈嘯寰，王星賢點校：《荀子集解》，北京：中華書局，1988年，第 54 頁。

〔註16〕（清）王先謙撰，沈嘯寰，王星賢點校：《荀子集解》，北京：中華書局，1988年，第 361 頁。

〔註17〕韋政通：《中國思想史》，上海：上海書店出版社，2004 年，第 209 頁。

向，故其曰：「禮義之謂治，非禮義之謂亂也。故君子者，治禮義者也，非治非禮義者也」〔註18〕。在此意義上，荀子思想的重心逐漸由自覺的道德訴求轉向被動的政治約束，開始強調內在道德與外在禮治的互補，以此來解決人類社會的矛盾衝突，這不能不說是荀子對儒家思想主張的重大變革。

相較於孔子唯心主義的立場，荀子則是從社會生活的實踐層面出發來解釋禮義，並且強調倫理道德是聖人通過「偽」的方式而獲得的，由此確立了自己獨特的思想體系。如《性惡》篇曰：「今人之性惡，必將待聖王之治、禮義之化，然後皆出於治、合於善。用此觀之，然則人之性惡明矣，其善者偽也。」〔註19〕荀子主張發揮人的主觀能動性，不斷接受禮義規範的教化，以此來約束個體的言行，方能成為文質彬彬的君子。關於禮義的功能，荀子也提出了自己的看法：

其一，禮義是人立身處世的基本原則，更是國家治理的根本原則，體現了君子之道的思想，故曰：

> 禮之於正國家也，如權衡之於輕重也，如繩墨之於曲直也。故人無禮不生，事無禮不成，國家無禮不寧。〔註20〕（《荀子・大略》）

其二，禮義是建構倫理道德秩序的重要標準，能夠實現人與人、人與社會、人與自然的和諧統一，故曰：

> 夫行也者，行禮之謂也。禮也者，貴者敬焉，老者孝焉，長者弟焉，幼者慈焉，賤者惠焉。〔註21〕（《荀子・大略》）

其三，禮義是強化群體意識和國家意識的關鍵因素，反映了荀子愛民、重民的治國思想，故曰：

> 循其道，行其義，與天下同利，除天下同害，天下歸之。故厚德音以先之，明禮義以道之，致忠信以愛之，賞賢使能以次之。〔註22〕（《荀子・王霸》）

〔註18〕 （清）王先謙撰，沈嘯寰，王星賢點校：《荀子集解》，北京：中華書局，1988年，第52頁。

〔註19〕 （清）王先謙撰，沈嘯寰，王星賢點校：《荀子集解》，北京：中華書局，1988年，第521頁。

〔註20〕 （清）王先謙撰，沈嘯寰，王星賢點校：《荀子集解》，北京：中華書局，1988年，第585頁。

〔註21〕 （清）王先謙撰，沈嘯寰，王星賢點校：《荀子集解》，北京：中華書局，1988年，第579頁。

〔註22〕 （清）王先謙撰，沈嘯寰，王星賢點校：《荀子集解》，北京：中華書局，1988年，第266頁。

顯然，這種由上及下，由個體到群體的論證過程，構成了荀子思想的基本邏輯。荀子十分注重禮義的規範意義，可以使人性得到有效的約束和教化，從而祛惡向善、守仁行禮，成為人們在現實生活中的道德標準與行為規範。這個思想與他的「隆禮貴義者其國治」的觀點相聯繫，其實質就是禮義，百姓按照禮義行事，才能實現道德的昇華；君主遵循禮義辦事，國家才能得到治理，最終建立起一個嶄新的社會倫理秩序。

需要注意的是，孔子所提出的「仁」之道德品質，主要針對封建奴隸主階層而言，並不包括普通勞動者，故其曰：「君子而不仁者有矣夫，未有小人而仁者也」〔註23〕。孔子將成「仁」的希望寄託於「和而不同」的君子身上，並傾向於通過君子的道德自律和自我約束來促進自我品性的打磨與完善，以此實現自我與他人的相互接納、相互包容，達到人及社會的和諧統一。孔子說：「志士仁人，無求生以害仁，有殺身以成仁」〔註24〕，「仁」作為最高的道德原則，唯有有志向的君子才會以生命保衛它。統治者施行仁政，自然會受到勞動者的支持。然而，荀子作為新興地主階級思想上的代表人物，他認為聖人、君子和勞動者本無差別，每個人的起點都是一樣的，只是在後天學習和經驗積累方面各有不同。荀子主張對「親親」「世卿世祿」的等級制度進行改革，建立同禮義相適應的新的社會等級制度。故其曰：

> 雖王公士大夫之子孫，不能屬於禮義，則歸之庶人。雖庶人之子孫也，積文學，正身行，能屬於禮義，則歸之卿相士大夫。〔註25〕
> （《荀子·王制》）

> 凡所貴堯、禹，君子者，能化性，能起偽，偽起而生禮義。〔註26〕
> （《荀子·性惡》）

在荀子看來，如果王公士大夫不懂禮義，就降為普通百姓；普通百姓只要努力學習，保持修身養性，按照禮義行事，依然有成為卿相士大夫的機會。所以，無論身份等級貴賤，每個人都具有掌握和實踐禮義的潛質，自然可以憑藉自身的努力而成為堯禹。應當說，「社會成員的這種上下流動，並非取決於君

〔註23〕楊伯峻：《論語譯注》，北京：中華書局，1980年，第147頁。
〔註24〕楊伯峻：《論語譯注》，北京：中華書局，1980年，第163頁。
〔註25〕（清）王先謙撰，沈嘯寰，王星賢點校：《荀子集解》，北京：中華書局，1988年，第175～176頁。
〔註26〕（清）王先謙撰，沈嘯寰，王星賢點校：《荀子集解》，北京：中華書局，1988年，第522頁。

主個人的好惡，而是基於其行為是否合乎禮義」〔註27〕，這種上下階層的互動，在一定程度上也保證了政治集團內部的活力。一方面，荀子強調官爵的高低應當與其德行、能力相對應，其實也是對奴隸等級制度的無聲批判。他不僅肯定了禮義的道德價值和社會價值，同時也打破了貴族與庶民之間等級不可逾越的界限，在當時是符合歷史發展需求的。另一方面，與孔子注重盡心、知性的認識路徑不同，荀子則主張從外在規範層面來實現約束和美化性情的功能。唯有充分發揮人的主觀能動性，不斷提升自身道德素養，積極踐行和維繫禮義法度，方能達到理想的人格境界。相反，如果百姓學習「禮義法度而不去身體力行，或只將禮義法度入乎耳，出乎口，口耳之間，只有四寸，這便不足以美其身」〔註28〕。在此意義上，我們可以說荀子以人性惡為背景、以禮義為主體的學說，恰好為身處亂世的生命個體提出了一套行之有效的理論體系。

二、從「仁義」到「禮義」：荀子對孟子思想的發展

　　春秋戰國時期關於人性本質問題的探討，主要有孟子的「性善論」和荀子的「性惡論」。孟子認為「善」是人之本質的根本表現，人之不為善，則是違背了其本性。所謂「性善」之「性」，指的是人的道德本性，它本身就是善的，是人類道德情感與道德判斷的根源。〔註29〕孟子發展了傳統儒家的仁學思想，主張將人性中的「仁」和道德中的「義」結合在一起。在他看來，「仁」與「義」是人性固有的一種本然狀態，說明人有足以為善的能力，故曰：「言非禮義，謂之自暴也；吾身不能居仁由義，謂之自棄也。仁，人之安宅也；義，人之正路也」〔註30〕。所謂「仁」是人類最安逸的住所，「義」是人類最正確的道路。如果人類不遵守仁義，不能以仁居心，不能以義而行，那就是自暴自棄的行為。孟子認為，人只要充分地體現仁義於自己生命中，就可以成全自己，彰顯出生命之價值與意義，希望以此構建井然有序的社會生活，故《離婁下》篇曰：「舜明於庶物，察於人倫，由仁義行，非行仁義也」〔註31〕。所謂「由仁義行，非行仁義也」，即君子是按照內存於心的仁義來主動做事，而不是按照外在的仁

〔註27〕楊國榮：《合群之道——〈荀子·王制〉中的政治哲學取向》，《孔子研究》2018年第2期。

〔註28〕唐端正：《荀學探微》，北京：中國人民大學出版社，2019年，第20頁。

〔註29〕參見何淑靜：《孟荀道德實踐理論之研究》，臺北：文津出版社，1988年，第201頁。

〔註30〕楊伯峻：《孟子譯注》，北京：中華書局，1960年，第172頁。

〔註31〕楊伯峻：《孟子譯注》，北京：中華書局，1960年，第191頁。

義規範來被動做事，也就是強調道德行為的自發性。不難發現，孟子以「仁義」為核心的觀念，既可以說是把西周政治思想放在仁學中發展，又可說是把仁的德行和精神拓展到政治思想，〔註32〕從而使孔子的仁學思想得到了進一步的完善，成為維護封建倫理秩序和鞏固封建統治的重要思想工具。

關於人格修養的方法，孟子認為仁義潛藏在人性當中，需要通過「心」去激發和喚醒它們，屬於人自身一種自覺的行為，而不是附加的約束力。其中，惻隱之心、羞惡之心、恭敬之心、是非之心都是一種發自內心的與本性同一的精神力量，是人性善端的不斷擴充。顯然，孟子在生活實踐中「發現了心獨立而自主的活動，乃是人的道德主體之所在，這才能作為建立性善說的根據」〔註33〕。也就是說，人只要有仁、義、禮、智的基因，自然就有為善的能力。故其曰：

> 惻隱之心，人皆有之；羞惡之心，人皆有之；恭敬之心，人皆有之；是非之心，人皆有之。惻隱之心，仁也；羞惡之心，義也；恭敬之心，禮也；是非之心，智也。仁義禮智，非由外鑠我也，我固有之也，弗思耳矣。〔註34〕（《孟子·告子上》）

孟子強調人天生就具有仁、義、禮、智的道德意識，如同人的四肢一樣是與生俱來的，不需要外在規則的約束就能夠自覺地學習和完善。實現仁、義、禮、智的圓滿是達到「天人合德」精神境界的必要條件，也就是理想的人格境界。孟子主張通過激發和培養人之性善的本質，使民心得到凝聚，方能獲得百姓的支持，進而達到統一天下的目的，故又曰：「得天下有道：得其民，斯得天下矣；得其民有道：得其心，斯得民矣；得其心有道：所欲與之聚之，所惡勿施，爾也」〔註35〕。在這裡，孟子將仁義與治國安邦相聯繫，旨在呼籲統治者能夠善待民眾，避免引發矛盾或衝突，以此來構築穩定的社會秩序。所以，「孟子仁政論的政治哲學代表著一種以主觀之『仁心』（仁義內在）為本來建構秩序的內向化、主觀化路徑。」〔註36〕事實上，荀子並不否認仁義的重要性，而是從「性本惡」的理論出發，強調後天學習的重要性，必須借由主觀能動作用來抑制欲望，積累理性的東西。或者說，人只有通過禮義來律己或克己，

〔註32〕參見陳來：《孔子·孟子·荀子：先秦儒家講稿》，北京：生活·讀書·新知三聯書店，2017年，第115頁。

〔註33〕徐復觀：《中國人性論史》，上海：華東師範大學出版社，2005年，第106頁。

〔註34〕楊伯峻：《孟子譯注》，北京：中華書局，1960年，第259頁。

〔註35〕楊伯峻：《孟子譯注》，北京：中華書局，1960年，第171頁。

〔註36〕鄭治文：《道德理想主義與政治現實主義的統一：荀子政治哲學思想特質研究》，濟南：山東大學出版社，2020年，第66頁。

才能實現人性向善的轉變。誠如張岱年先生所言：「孟子言性善，乃謂人之所以為人的特質是仁義禮智四端。荀子言性惡，是說人生而完具的本能行為中並無禮義；道德的行為皆必待訓練方能成功。」〔註37〕荀子主張從認知能力的角度來談善，其「目的不在於對萬物的主觀意願寄予同情，而在於對萬物的客觀規律加以認識，因而所謂善，不能只就主觀的意願講，而是必須從通過客觀的認識建立起實踐主觀價值的正確途徑或正確方法上講」〔註38〕。故而，荀子在《大略》篇中提出：

> 親親、故故、庸庸、勞勞，仁之殺也。貴貴、尊尊、賢賢、老老、長長，義之倫也。行之得其節，禮之序也。仁，愛也，故親。義，理也，故行。禮，節也，故成。仁有里，義有門。仁非其里而虛之，非禮也。義非其門而由之，非義也。推恩而不理，不成仁；遂理而不敢，不成義；審節而不知，不成禮；和而不發，不成樂。〔註39〕

按其意，「仁」就是愛人，所以親近別人；「義」就是合理，所以能夠實行；「禮」就是適當，所以能成功。「義」是踐行「仁」的內在標準，「禮」是踐行「義」的外在保障。只有遵循「禮」的要求，才能成為真正的「義」，進而建構起理想的社會秩序。所以，荀子批評思孟學派「略法先王而不知其統」〔註40〕，認為先王之道的根本精神在於禮義，故其曰：「先王之道，仁之隆也，比中而行之。曷謂中？曰：禮義是也」〔註41〕。這也意味著，先王所希冀的理想社會秩序，其本質是以禮義為基礎建構起來的，進而將禮義上升到了「道」的高度。荀子認為，人格修養的提升絕非如孟子那樣只需反省即可實現，而是一個內外相合的實踐過程，也就是融合內在人性的道德自律和外在規範的禮法約束的過程。誠如李澤厚所說：「內在的仁義道德必須通過這種外在的規範才有可能存在。所以『禮』才是『仁義』的『經緯蹊徑』和『人道』準則」〔註42〕。或者說，

〔註37〕張岱年：《中國哲學大綱》，北京：商務印書館，2015年，第312頁。

〔註38〕唐端正：《荀學探微》，北京：中國人民大學出版社，2019年，第48頁。

〔註39〕（清）王先謙撰，沈嘯寰，王星賢點校：《荀子集解》，北京：中華書局，1988年，第579～581頁。

〔註40〕（清）王先謙撰，沈嘯寰，王星賢點校：《荀子集解》，北京：中華書局，1988年，第110頁。

〔註41〕（清）王先謙撰，沈嘯寰，王星賢點校：《荀子集解》，北京：中華書局，1988年，第144頁。

〔註42〕李澤厚：《中國古代思想史論》，北京；生活‧讀書‧新知三聯書店，2008年，第113頁。

「較之仁，禮無疑具有更強的客觀性、公共性和可操作性，從而為制度倫理的建構提供了更大的理論空間。」〔註43〕

在荀子眼中，「禮」和「義」互為基礎，保持著一種更為密切的對應關係，二者共同構成了其學說的基本內涵。正因為禮義在起源上關乎人性，是實現群居和一的關鍵，故荀子從禮義的角度拓展和深化了孟子的仁學思想。對此，學者魏承思也總結說：「仁，如不安頓在應處的地方，不符合義，做得過分或不到位，都不叫做仁。義，如不在應該進出的門徑進出，不符合禮，就不是義。」〔註44〕也就是說，唯有將「禮」（規範）與「義」（德性）結合起來，一方面用規範作為道德的有力支撐，另一方面用道德來彌補規範的局限性，才能保證人自覺地踐行禮義規範。荀子深刻認識到遵循理而不付諸於實際行動，則不成「義」；雖能察明禮節而不知其深層的含義，則不成「禮」，即「禮」以「義」為本，「義」以「禮」為用。在這裡，荀子主張「以具有客觀功能之『義』來規定『禮』；同時亦即欲以『禮』來完成『義』的表現，然後就『禮義』而言其統類，使『禮』與『義』這兩個概念連稱的意義，與孔孟以『仁義』連言的意義，有了顯明的區分」〔註45〕，從而彰顯了荀子注重客觀精神的人文思想。也正因如此，從孟子到荀子，傳統儒家的政教觀實現了由仁政到禮政的轉向。

由上可知，荀子強調禮義之善的形成是對人性本惡的遏制，就是要通過人為地學習禮義規範，才能使人獲得對現實生活的超越，從而達到理想的精神境界。這就使得一切實踐活動具有了社會屬性，無論是感官上的審美享受，還是精神上的審美快感，都是在被賦予了社會性的內容之後才能形成真正的美感。孟子傾向於從唯心主義的層面對主體審美意識進行理論建構，而荀子則強調從客觀現實的層面對禮義法度和人的實踐行為進行論述。孟子的「性善說」在實踐方面，更適合天賦異稟的學者，而不具有普遍性，在理論層面無法解決所有的社會問題。不難發現，「孟子把禮、義等道德範疇說成是先天賦予的『善端』，是唯心的道德起源論。荀子不僅論述了規定人們貧富貴賤等級的『禮』的起源，而且公開地把『禮義』（或『義』）作為調節人們物

〔註43〕王楷：《禮義教化：荀子倫理──政治共同體文化理想的精神》，《哲學研究》2023年第9期。

〔註44〕魏承思：《荀子解讀：人生修養的儒家寶典》，上海：上海人民出版社，2019年，第417頁。

〔註45〕韋政通：《荀子與古代哲學》，臺北：臺灣商務印書館，1966年，第8頁。

質利益的『度量分界』，從而把經濟行為視為決定社會面貌的根本原因。」
〔註46〕所以，我們可以說相較於孟子空泛的理想主義，荀子將思考的重心轉
移到倫理道德的建設層面，對於保持人格理想與社會現實之間的平衡，對於
實現國家政治秩序的穩定，都是十分重要的。

　　綜上所述，孟子和荀子繼承了孔子學說中的「仁」和「禮」，分別建構了
以「仁義」為本和以「禮義」為本的思想體系。孟荀在奠基性觀念方面的差異，
決定了兩者在思想旨趣、學術形態等方面的不同。孟子主張人人都有仁、義、
禮、智之善端，如果不注意發掘和培養，那麼就會產生惡。荀子則強調人性本
惡，必須以禮義來調節才能產生善，並由此構成了論證其美學思想的邏輯起
點。荀子從社會現實出發，強調禮義在提升道德修養和建設社會秩序中的重要
性，呈現出了相較於孟子無法比擬的現實主義精神，這也反映了孟荀之政治理
想的不同實現路徑。對此，蔡仁厚先生曾總結說：「孟子『仁義』連言，荀子
則『禮義』連言。二人所說的『義』，內涵意指並不相同。孟子的『義』是主
觀內在的（仁義內在），故義與仁相通，而荀子言『義』則重客觀義，故義與
禮連稱。講仁義，是以修養成德為問題的核心；隆禮義，則著重於政治社會方
面的效用。二者雖不同，但絕不相斥。」〔註47〕梁啟雄先生在《荀子簡釋・自
敘》中也總結到：「孟子言性善，荀子言性惡；孟子重義輕利，荀子重義而不
輕利；孟子專法先王，荀子兼法後王；孟子專尚王道，荀子兼尚霸道；二子持
義雖殊，而同為儒家宗師，初無判軒輊也。」〔註48〕所以說，儘管孟荀對人性
的界定方面有所不同，但是他們的最終目的卻是相同的，旨在弘揚傳統儒家的
道德理想，構建和諧統一的社會秩序。

第二節　荀子禮義美學思想的起點

一、「人性之惡」的具體內容

　　荀子所處的戰國末期，傳統儒家道德內化的思想主張逐漸失去了對於個
體性情的約束力，人們開始不加克制地爭奪利益和滿足私欲，從而加劇了混亂
無序的社會局勢。所以，荀子提出要通過學習禮義法度來矯正「性惡」，同時

〔註46〕向仍旦：《荀子通論》，福州：福建教育出版社，1987 年，第 85 頁。
〔註47〕蔡仁厚：《孔孟荀哲學》，臺北：臺灣學生書局，1984 年，第 456 頁。
〔註48〕梁啟雄：《荀子簡釋》，北京：中華書局，1983 年，第 9 頁。

強調孟子的「性本善」說並無合理的依據，是沒有經過證實的錯誤觀點。故如王先謙所說：「當戰國時，競為貪亂，不修仁義，而荀卿明於治道，知其可化，無勢位以臨之，故激憤而著此論。」〔註49〕在荀子看來，惡是出於人性自然。人性從出生時就離開了它的原始質材，情感和欲望正是性的不同表現，如《性惡》篇所說：「孟子曰：『今人之性善，將皆失喪其性故也。』曰：若是，則過矣。今人之性，生而離其樸，離其資，必失而喪之。用此觀之，然則人之性惡明矣」〔註50〕。荀子認為，凡人都是生而有欲的，其自然本性也是惡的，故又曰：「今人之性，生而有好利焉，順是，故爭奪生而辭讓亡焉」〔註51〕。如果順應人的性情、放肆其情慾而不加以節制，就會出現「爭奪」「淫亂」等不良行為，最後導致暴亂事件的發生。所以，人之本性是惡的，道理非常明顯。唯有建立禮義規範，才能將人的自然屬性控制在合理的範圍之內，才能改造人性中的惡，達到教化人性、穩定社會的目的。具體說來，荀子關於人性內容的討論可以概括為以下三個方面〔註52〕：

感官能力的層面。荀子從現實生活經驗中發現，人對客觀萬物具有本能的感官反應。耳、目、鼻、口、形等五官可以感知聲、色、臭、味等事物感性的一面，成為人類認識客觀世界的源泉，故曰：「耳目鼻口形能，各有接而不相能也，夫是之謂天官」〔註53〕，「今人之性，目可以見，耳可以聽。夫可以見之明不離目，可以聽之聰不離耳，目明而耳聰，不可學明矣」〔註54〕。依荀子之見，人的眼睛看見明亮的事物就不能移動，耳朵聽到悅耳的聲音就不能離開，這種感官能力並不是通過學習而獲得的，而是人的一種天然本能。事實上，這種天然本能不僅包括人的形體器官，還包括形體的各種應激活動，

〔註49〕（清）王先謙撰，沈嘯寰，王星賢點校：《荀子集解》，北京：中華書局，1988年，第 513 頁。

〔註50〕（清）王先謙撰，沈嘯寰，王星賢點校：《荀子集解》，北京：中華書局，1988年，第 515～516 頁。

〔註51〕（清）王先謙撰，沈嘯寰，王星賢點校：《荀子集解》，北京：中華書局，1988年，第 513 頁。

〔註52〕關於荀子所言之「性」，蔡仁厚將其分為「感官的本能」「生理的欲望」「心理的反應」三個方面。受此啟發，筆者作了進一步的論述。（參見蔡仁厚：《孔孟荀哲學》，臺北：臺灣學生書局，1984 年，第 389 頁。）

〔註53〕（清）王先謙撰，沈嘯寰，王星賢點校：《荀子集解》，北京：中華書局，1988年，第 365 頁。

〔註54〕（清）王先謙撰，沈嘯寰，王星賢點校：《荀子集解》，北京：中華書局，1988年，第 515 頁。

也就是生理現象上的性。荀子強調性之於善則不同於目之於明、耳之於聰，它不屬於人的天生的感官能力，必須接受禮義法度的教化，才能在後天學習中逐漸形成。

　　生理欲望的層面。荀子認為，人之本性是好利多欲的，具有極強的求生欲望，故曰：「人之情，食欲有芻豢，衣欲有文繡，行欲有輿馬，又欲夫餘財蓄積之富也」〔註55〕，「今人之性，饑而欲飽，寒而欲暖，勞而欲休，此人之情性也」〔註56〕。人在飢餓的時候想吃飯，寒冷的時候想取暖，勞累的時候想休息，這些都是人想要維繫生存的基本欲求，而且對身外之物也充滿了欲望，表明人具有利己、貪婪的自然屬性。《榮辱》篇又曰：「材性知能，君子小人一也。好榮惡辱，好利惡害，是君子小人之所同也，若其所以求之之道則異矣。」〔註57〕無論是君子還是小人，都有「好榮惡辱」「好利惡害」的共同的性質，乃是對生理感官推進一層的說法，這是我們無法避免、不可改變的事實。

　　心理反應的層面。荀子認識到人的欲望不僅包括現實方面對物質的享用，還體現在精神方面對美的追求。這種審美感知的欲望源自人的內在心性，是人與生俱來的一種感性思維活動，即「性者，天之就也；情者，性之質也；欲者，情之應也」〔註58〕。在荀子看來，「情」「欲」與「性」實際上是一致的，都是人性所固有的基本屬性，因而對此不能一味地排斥，甚至消除，其實也無法從根本上根除人的欲求。故曰：「有欲無欲，異類也，生死也，非治亂。欲之多寡，異類也，情之數也，非治亂也。」〔註59〕所謂「異類」，是指不同的種類。荀子認為，當人擺脫了欲望，也就不能成其為人，這也意味著人總是生活在欲望當中。並且，欲望的多少與人之性情有關，而與國家治亂沒有關係。或者說，情感與欲望的聯繫是天生的，欲望在某種程度上可以被看作是不同情感

〔註55〕　（清）王先謙撰，沈嘯寰，王星賢點校：《荀子集解》，北京：中華書局，1988年，第78頁。
〔註56〕　（清）王先謙撰，沈嘯寰，王星賢點校：《荀子集解》，北京：中華書局，1988年，第516頁。
〔註57〕　（清）王先謙撰，沈嘯寰，王星賢點校：《荀子集解》，北京：中華書局，1988年，第71頁。
〔註58〕　（清）王先謙撰，沈嘯寰，王星賢點校：《荀子集解》，北京：中華書局，1988年，第506頁。
〔註59〕　（清）王先謙撰，沈嘯寰，王星賢點校：《荀子集解》，北京：中華書局，1988年，第504～505頁。

反應的體現。對此，徐復觀先生就將「性」「情」「欲」視為「一個東西的三個名稱」〔註60〕。荀子曰：

> 夫人之情，目欲綦色，耳欲綦聲，口欲綦味，鼻欲綦臭，心欲綦佚。此五綦者，人情之所必不免也。〔註61〕（《荀子·王霸》）

> 目好色，耳好聲，口好味，心好利，骨體膚理好愉佚，是皆生於人之情性者也。〔註62〕（《荀子·性惡》）

荀子認為，人具有同樣的自然本性，都會對美好的事物產生欲望和衝動。人的本性中不僅有好色、好聲、好利的本能欲望，還會主動追求最悅目的景色，最悅耳的聲音，最可口的美味，這些都是人之心理反應的直接表現。從審美的視角來看，審美個體會依據自身的性情偏好，對感性對象作出判斷和取捨，以此獲得心理上的審美快感。如李澤厚、劉綱紀說荀子是「把美的要求和審美感知能力看作是人的不可避免的自然本性，這又從根本上肯定了人對美的要求的合理性，並且具有人類的普遍性」〔註63〕。由此可見，荀子並不排斥人的情感欲望，而是主張養欲、養情，並且反對縱慾。在他看來，欲望本身並不是惡的，但是缺乏禮義的限制和約束，就必然會導致惡，故曰：「欲惡同物，欲多而物寡，寡則必爭矣」〔註64〕。這不僅說明了情感欲望與人類活動的內在關聯，同時也解釋了禮義的起源，形成了荀子美學思想中具有進步意義的部分。

相較於孟子高談仁義道德，並對追求功名利祿採取鄙夷、否定的態度。荀子則毫不掩飾地指出善並不是與生俱來的。人的本性當中沒有善，更沒有禮義，是其後天努力的結果，是一種社會的產物。荀子強調禮義法度「正是在性惡論的前提下對『國家何以必需』的最確切的注腳，而孟子的性善論卻會導致對政治國家的否定」〔註65〕，事實上，「無論是秩序的重建還是道德

〔註60〕參見徐復觀：《中國人性論史》，上海：華東師範大學出版社，2005 年，第 143 頁。

〔註61〕（清）王先謙撰，沈嘯寰，王星賢點校：《荀子集解》，北京：中華書局，1988 年，第 249 頁。

〔註62〕（清）王先謙撰，沈嘯寰，王星賢點校：《荀子集解》，北京：中華書局，1988 年，第 517 頁。

〔註63〕李澤厚，劉綱紀：《中國美學史（第一卷）》，北京：中國社會科學出版社，1984 年，第 321 頁。

〔註64〕（清）王先謙撰，沈嘯寰，王星賢點校：《荀子集解》，北京：中華書局，1988 年，第 208 頁。

〔註65〕東方朔：《權威與秩序：荀子政治哲學研究》，北京：生活·讀書·新知三聯書店，2023 年，第 447 頁。

的實現都離不開政治國家，因而性善論並不能充當秩序重建和道德實現的理論前提」〔註66〕。由此可見，荀子主張性惡，其目的是為了提醒人要向善，從而驗證自己的理論主張，故其曰：

「塗之人可以為禹」，曷謂也？曰：凡禹之所以為禹者，以其為仁義法正也。然則仁義法正有可知可能之理，然而塗之人也，皆有可以知仁義法正之質，皆有可以能仁義法正之具，然則其可以為禹明矣。〔註67〕（《荀子・性惡》）

意思是說，「仁義法正」並非禹的本性中所固有的，而是在社會實踐中逐漸獲得的品性道德。所謂「知」，也就是學習「仁義法正」的能力，是人的生命結構中的重要組成部分。在荀子看來，人能夠認識客觀物質世界，那麼，當然也能夠認識和踐行禮義法度。按照他的理解，要想成為禹這樣的聖人，就必須要通過後天的學習使原來的本性得到改造，也就是荀子所說的聖人「所以異而過眾者，偽也」〔註68〕。這種說法，把以往高不可及的聖人還原為現實的人，從而消解了聖人形象的神秘性，有鼓勵人們學習向上的積極作用。〔註69〕這種由性惡向性善的轉換關係，構成了荀子人性論的立論根據。

二、「性惡論」與「性樸論」的論辯

眾所周知，人性是儒家哲學研究中的一個重要問題，荀子「性惡論」也已成定論。劉向曰：「孫卿以為人性惡，故作性惡一篇，以非孟子。」〔註70〕王充說：「孫卿有反孟子，作性惡之篇，以為人性惡，其善者偽也，性惡者，以為人生皆得惡性也，偽者，長大之後，勉使為善也。」〔註71〕張岱年先生則提出：「荀子主性惡，認為人之性是好利多欲的，性中並無禮義，一切善的行為都是後來勉強訓練而成。」〔註72〕勞思光先生認為：「性惡及師法之說，為荀子之心性論之基

〔註66〕　東方朔：《權威與秩序：荀子政治哲學研究》，北京：生活・讀書・新知三聯書店，2023年，第447頁。

〔註67〕　（清）王先謙撰，沈嘯寰，王星賢點校：《荀子集解》，北京：中華書局，1988年，第523頁。

〔註68〕　（清）王先謙撰，沈嘯寰，王星賢點校：《荀子集解》，北京：中華書局，1988年，第518頁。

〔註69〕　參見向仍旦：《荀子通論》，福州：福建教育出版社，1987年，第68頁。

〔註70〕　（清）王先謙撰，沈嘯寰，王星賢點校：《荀子集解》，北京：中華書局，1988年，第657頁。

〔註71〕　王充：《論衡》，上海：上海古籍出版社，1990年，第32頁。

〔註72〕　張岱年：《中國哲學大綱》，北京：商務印書館，2015年，第306頁。

本理論。」〔註73〕凡此等等，都說明荀子始終堅持性惡論的基本立場。然而，近年來學界對此問題又提出了不同的觀點，他們主張以「性樸論」作為荀學研究的基礎，進而引發了諸多學者的廣泛關注和討論。從現有資料看，日本學者兒玉六郎最早提出了「性樸論」的說法，他認為荀子人性論的核心是「性樸」而非「性惡」〔註74〕。國內學者周熾成進一步論證了「性樸論」這一觀點，並且強調《性惡》並非荀子本人所作，而是出自其後學之手。〔註75〕林桂榛也認為，荀子持「性樸論」而非「性惡論」，性樸是其立論的基礎與核心。〔註76〕如此一來，性惡與性樸的本質差異如何，成為理解荀子人性論的一個基礎性的問題。

　　筆者認為，荀子的人性論依舊是建立在性惡基礎之上的，這是他思想體系的邏輯起點。按照荀子的看法，世間萬物包括人性在內都是自然所生，因而人性之初在本質上是無差異的，都保持著個體生命在誕生之時所呈現的樸素狀態。從人性中好利惡害的傾向所產生的一系列惡行來說，「性是因，惡是果，果由因生，果既是惡的，因當然是惡的，故由行惡可以推定性惡」〔註77〕。為了矯正人的本性，使性從根本上由惡轉善，荀子常常將性與禮義相聯繫，這不僅暗示了「性」與「偽」之間對立統一的辯證關係，同時也反映了荀子的基本立場和理論主張。他說：

　　　　性者，本始材樸也；偽者，文理隆盛也。無性則偽之無所加，無偽則性不能自美。〔註78〕（《荀子・禮論》）

　　　　禮義者，聖人之所生也，人之所學而能、所事而成者也。不可學、不可事而在人者謂之性，可學而能、可事而成之在人者謂之偽。

〔註73〕勞思光：《新編中國哲學史（一）》，北京：生活・讀書・新知三聯書店，2015年，第247頁。

〔註74〕參見兒玉六郎，刁小龍譯：《論荀子性樸說——從性偽之分考察》，《國學學刊》2011年第3期。

〔註75〕參見周熾成：《荀子非性惡論者辯》，《廣東社會科學》2009年第2期；周熾成：《荀子乃性樸論者，非性惡論者》，《邯鄲學院學報》2012年第4期；周熾成：《荀子人性論：性惡論，還是性樸論》，《江淮論壇》2016年第5期。

〔註76〕參見林桂榛：《荀子性樸論的理論結構及思想價值》，《邯鄲學院學報》2012年第4期；林桂榛：《論荀子性樸論的思想體系及其意義》，《現代哲學》2012年第6期；林桂榛：《揭開二千年之學術謎案——〈荀子〉「性惡」校正議》，《社會科學》2015年第8期；林桂榛：《〈荀子〉「性樸」論的提出及評議》，《邯鄲學院學報》2016年第1期。

〔註77〕楊大膺：《荀子學說研究》，北京：中華書局，1936年，第8頁。

〔註78〕（清）王先謙撰，沈嘯寰，王星賢點校：《荀子集解》，北京：中華書局，1988年，第432頁。

是性、偽之分也。〔註79〕（《荀子・性惡》）

在這裡，「性」與「偽」，也即是「先天」與「後天」。所謂「本始材樸」，就是指人性中最原始的自然材質；「文理隆盛」，則是指人為的能動因素。荀子認為，人天生就具有好利惡害的本能欲求，這是人性自然的表現。只有符合禮義規範的行為，才是善的、道德的，其他一切行為都是惡的、不道德的。誠如學者路德斌所說，荀子思想的落腳點完全指向現實的經驗層面，「他的善惡觀念不是從主體的先天道德根據處立言，而是落實在一個外在、客觀的標準之上，也即落實在那個能夠使人類社會趨於『正理平治』和『群居和一』之道——禮義法度上，合於禮義法度即是善，悖於禮義法度便是惡」〔註80〕。事實上，這裡所提出的「本始材樸」，「與《正名》中的『生之所以然』『不事而自然』，《性惡》中的『天之就』『不可學、不可事』，都是相同的意思，都在明確界定，人性，就是自然而然之質，與禮義之偽不同」〔註81〕。相較於「文理隆盛」的「偽」來說，「本始材樸」之「性」是與生俱來、未經過加工改造的，也就無法自發地轉化為善，故曰：「性善者，不離其樸而美之，不離其資而利之也」〔註82〕。正因為人先天的質樸資材，沒有「自美」的可能性，所以，「人之所學並不在性，而在於禮義。前者屬於天的範圍，是天的職分，後者才屬於人的範圍，是人為的職分」〔註83〕。這也說明，禮義不能自己產生，而是通過後天的人為努力才能形成，這種有意的行為也就是荀子所說的「學」與「事」。在荀子看來，儘管人的本性當中沒有禮義，但不代表人不能擁有禮義。人必須以「偽」作為基本的實現途徑，並且憑藉禮義法度來陶冶人的性情，規範人的言行，最終才能實現人心向善、社會穩定的局面。在這裡，荀子以「樸」來釋「性」，目的在於破除傳統儒家的性善說，進而說明禮義與性惡的內在關聯。他在《禮論》開篇也作出了明確的解釋：

人生而有欲，欲而不得，則不能無求；求而無度量分界，則不

〔註79〕（清）王先謙撰，沈嘯寰，王星賢點校：《荀子集解》，北京：中華書局，1988年，第515頁。

〔註80〕路德斌：《荀子與儒家哲學》，濟南：齊魯書社，2010年，第143頁。

〔註81〕吳飛：《文質論視野下的荀子人性論——兼評性樸論之爭》，《孔子研究》2023年第2期。

〔註82〕（清）王先謙撰，沈嘯寰，王星賢點校：《荀子集解》，北京：中華書局，1988年，第516頁。

〔註83〕李記芬：《荀子成人思想研究》，北京：中國社會科學出版社，2021年，第53頁。

能不爭；爭則亂，亂則窮。先王惡其亂也，故制禮義以分之，以養人之欲，給人之求，使欲必不窮乎物，物必不屈於欲，兩者相持而長，是禮之所起也。〔註84〕（《荀子·禮論》）

《性惡》篇又曰：

古者聖王以人之性惡，以為偏險而不正，悖亂而不治，是以為之起禮義，制法度，以矯飾人之情性而正之，以擾化人之情性而導之也。始皆出於治、合於道者也。〔註85〕（《荀子·性惡》）

不難發現，人類之所以向善，是由於人性惡的存在。或者說，人的本性中充滿了對欲望的自覺追求，若是得不到有效的制約，就必然會產生紛爭與衝突，所以先王才提倡禮義法度，以此來矯飾和教化民眾性情，從而達到治國的目的。正是先天的人性（包括感官、生理、心理三方面的因素）與後天的人為因素，共同推動了禮義法度的開創，兩者缺一不可。這不僅解釋了人性之惡的由來，同時也解釋了人性與禮義之間必然的因果關係。在現實生活中，如果人性本身就是善的，抑或非善非惡的，那麼禮義存在的意義就會減小，這與荀子試圖建構理想社會秩序的目的也是相呼應的。對於荀子而言，「禮義是客觀的，它代表善的標準；客觀的禮義要發揮它的效用，即必須有一組惡的事實和它對應；即：有能治能化者，必當有被治被化者，否則禮義即不得其用，禮義亦不足貴。」〔註86〕所以說，荀子的性論與禮義是相互依存的。唯有將「性惡」作為立論基礎，禮義法度的產生才更加合乎邏輯，才能獲得世人的肯定與支持。

值得提出的是，荀子否定「性善」而強調「性惡」的主張，為漢代儒學所繼承和發展。如董仲舒所說：「性者，天質之樸也；善者，王教之化也。無其質，則王教不能化；無其王教，則質樸不能善」〔註87〕。這裡的「王教」與荀子「性偽合」的觀點類似，都在強調禮義制度對於人性的規範教育作用，同時肯定了自然人性作為後天努力的基礎前提，是德性由外向內轉化過程中必不

〔註84〕（清）王先謙撰，沈嘯寰，王星賢點校：《荀子集解》，北京：中華書局，1988年，第 409 頁。

〔註85〕（清）王先謙撰，沈嘯寰，王星賢點校：《荀子集解》，北京：中華書局，1988年，第 514 頁。

〔註86〕韋政通：《荀子與古代哲學》，臺北：臺灣商務印書館，1966 年，第 71 頁。

〔註87〕（清）蘇輿撰，鍾哲點校：《春秋繁露義證》，北京：中華書局，1992 年，第313 頁。

可少的部分。但是，董仲舒卻認為，人性中不存在善的素質，就不能通過教化成為高尚的人。人之所以成其善者，自身天性中就存在著與善相對應的成分，趨善的潛質是其內因，而後天的教化則是外因，故曰：「今萬民之性，待外教然後能善，善當與教，不當與性」〔註88〕。相較於荀子的性同一性說，董仲舒試圖通過一種更加明晰、全面的性品級說來論證自己的觀點。他按照等級差異將人性劃分為上品、中品、下品三種，即「聖人之性不可以名性，斗筲之性又不可以名性。名性者，中民之性。」〔註89〕所謂「聖人之性」是指地位尊貴的君子所具有的高尚的德性，是一般人不可達到的境界；「中民之性」是指普通民眾的本性，必須通過王者的教化才能達到善的高度；「斗筲之性」是指萬惡不赦的人，外在教化也無法使之向善，只能通過刑法來處置。然而，荀子的「性本惡」是適用於所有人的人性論觀念，對象是全人類這個整體；而董仲舒的「中民之性」適用的對象只是中民這部分人群。對此，學者黃開國就曾解釋說：「董仲舒正是在深化儒家人性論、用性品級說取代性同一說時，不自覺地將兩種人性論混而為一，而人為地臆造出了本就不應該存在的邏輯錯誤。」〔註90〕不難發現，董仲舒的思想與荀子有著密切的關聯。通過董仲舒的人性論觀點，也可以加深我們對荀子思想中禮義與性的認識。

總之，荀子所言之「性」不僅僅是指原初的自然狀態，而且具有規定性的內容和屬性，而這也正是性的最重要的內涵。〔註91〕「材樸」作為人性本來的樣子，是指未經過人為改造的樸素材質，也是「成人」的前提條件，故其曰：「聖人之所以同於眾，其不異於眾者，性也；所以異而過眾者，偽也。夫好利而欲得者，此人之情性也。」〔註92〕荀子始終將「性」與「偽」緊密聯繫在一起，實際上也就是強調被治之性與能治之禮義的關係，旨在說明禮義之於人類社會的必要性與重要性。在他看來，禮義並不是孤立的，「性惡」論的提出，是為了實現並完成禮義的功能；禮義之起，同樣是由於「人性之惡」的事實而

〔註88〕（清）蘇輿撰，鍾哲點校：《春秋繁露義證》，北京：中華書局，1992年，第303頁。

〔註89〕（清）蘇輿撰，鍾哲點校：《春秋繁露義證》，北京：中華書局，1992年，第311～312頁。

〔註90〕黃開國：《析董仲舒人性論的名性以中》，《社會科學戰線》2011年第6期。

〔註91〕參見沈順福：《試論中國早期儒家的人性內涵——兼評「性樸論」》，《社會科學》2015年第8期。

〔註92〕（清）王先謙撰，沈嘯寰，王星賢點校：《荀子集解》，北京：中華書局，1988年，第518頁。

存在。〔註93〕因此，「性惡」作為荀子哲學思想的起點，與禮義相持而長，共同形成了一個邏輯自洽的理論框架。

第三節　荀子禮義美學思想的內涵

一、「禮」與「義」的融會貫通

　　荀子從人的本性與社會秩序之間的關係出發，論述了禮義的起源和作用。他強調人性中有著種種自然情慾，對美好的事物和感官體驗充滿著嚮往。如果缺少一個限制的標準尺度，即使再豐富的資源也無法滿足人的本能欲望。這樣一來就會誘發人與人之間的紛爭，強者會對弱者以力取勝，弱者也可以聯合起來對抗強者，進而出現違反等級秩序、擾亂禮法制度的行為。如此，社會很快就將覆滅了。故荀子曰：「今當試去君上之勢，無禮義之化，去法正之治，無刑罰之禁，倚而觀天下民之相與也，若是，則夫疆者害弱而奪之，眾者暴寡而譁之，天下之悖亂而相亡不待頃矣。」〔註94〕從根本上講，「爭」就會導致社會的混亂，「亂」就會使得百姓更加貧苦，這就是荀子「性惡論」的基本邏輯。所以，先王為了避免「爭」「亂」「窮」的現象發生，就試圖通過制定禮義法度來規範人的言行和克制人的欲望，實現人與人之間的和諧共處，由此達到群居和一的理想社會目標。此外，荀子還認識到想要解決人類社會中的矛盾衝突，不僅要依靠強有力的政治手段，也要借助於審美教化和道德感化的內在作用，從而為其禮義美學思想的形成奠定了基礎。可以說，「禮義」是荀子智慧的結晶，它既是對儒家傳統禮法制度的重新闡釋，也體現了荀子構建理想社會秩序的美好憧憬，這一主張始終融貫於他的思想體系當中。

　　在荀子思想中，「禮」是一個非常重要的範疇。〔註95〕「禮」作為約束和調適人的言行的外在形式，具有一種得天獨厚的倫理的或者道德的教化功能，並且發揮著總領條例綱要的規範作用，這是人類社會發展進程中的必然選擇。儘管「禮」這一範疇不是荀子首次提出，但在荀子這裡得到了系統而全面的論證，並賦予了了「禮」以新的內涵。《禮論》篇云：

〔註93〕參見韋政通：《荀子與古代哲學》，臺北：臺灣商務印書館，1966 年，第 76 頁。
〔註94〕（清）王先謙撰，沈嘯寰，王星賢點校：《荀子集解》，北京：中華書局，1988 年，第 520 頁。
〔註95〕在《荀子》中「禮」字約出現 343 次，「禮義」出現了 115 次。（參見引得編撰處編纂：《荀子引得》，上海：上海古籍出版社，1986 年，第 673～676 頁。）

> 禮起於何也？曰：人生而有欲，欲而不得，則不能無求；求而
> 無度量分界，則不能不爭；爭則亂，亂則窮。先王惡其亂也，故制
> 禮義以分之，以養人之欲，給人之求，使欲必不窮乎物，物必不屈
> 於欲，兩者相持而長，是禮之所起也。〔註96〕

荀子從人的自然本性角度來闡釋「禮」的起源問題，強調「禮」與人的生命存在息息相關。在他看來，禮的形成是為了解決「欲」與「亂」的問題，也就是說，「禮因欲而起，為欲所設，完全是人的生存發展需要的產物」〔註97〕。「禮」不僅是約束個體言行的規範根據，也是穩定社會秩序的重要綱領，對於調節人與社會的矛盾關係起著關鍵作用，而且這一基本觀點貫通於《荀子》全書，成為荀子立論的基礎。不難發現，荀子將「禮」融入到倫理道德當中，旨在使人的欲望得到恰當的滿足，從而獲得美好的生活。誠如學者陳默所說：「『禮』所反映的是人的本質所在，它離不開以人倫綱常等為基礎的社會規範和道德意識」〔註98〕。正因如此，荀子「禮」的思想在本質上不同於法家話語中的「法」的概念，而是作為一種德行觀念，在規範人之言行、整合人之思想方面發揮著重要作用，由此被賦予了更加豐富的精神內涵。相較於堅甲利兵和嚴令繁刑，荀子更強調「禮」在調節人欲和維繫社會秩序，以及整合等級差異方面所發揮的顯著功效，實際上也是對傳統儒家以禮治國思想的一種沿襲。他說：

> 禮者，治辨之極也，強國之本也，威行之道也，功名之總也。
> 王公由之，所以得天下也；不由，所以隕社稷也。故堅甲利兵不足
> 以為勝，高城深池不足以為固，嚴令繁刑不足以為威，由其道則行，
> 不由其道則廢。〔註99〕（《荀子·議兵》）

「禮」是治理國家的最高準則，是實現社會穩定和經濟繁榮的根本，是君王建功立業的總綱領。實際上，荀子突然強調「禮」的現實政治作用，並不是否定兵法、戰術和刑法等，而是強調一切法律制度都要符合「禮」的規

〔註96〕（清）王先謙撰，沈嘯寰，王星賢點校：《荀子集解》，北京：中華書局，1988年，第409頁。

〔註97〕儲昭華：《明分之道：從荀子看儒家文化與民主政道融通的可能性》，北京：商務印書館，2005年，第264頁。

〔註98〕陳默：《荀子的道德認識論》，北京：中國社會科學出版社，2016年，第117頁。

〔註99〕（清）王先謙撰，沈嘯寰，王星賢點校：《荀子集解》，北京：中華書局，1988年，第332頁。

範，方能達到強國富民的目的。荀子從社會實踐的層面出發，充分論證了「禮」之存在的合理性，進而提出「禮」包含著「三本」思想，即「禮有三本：天地者，生之本也；先祖者，類之本也；君師者，治之本也」〔註100〕。首先，「禮」源於作為人類生存依據的「天地」。自然萬物有其特定的秩序和運行規律，這是構成禮的基本要素。其次，「先祖」指的是人類文明得以延續的源泉。我們的先民在日積月累的實踐活動基礎上，逐漸提出了一些調協人與人、人與自然、人與社會關係的規範。當這些規範成為一種約定俗成的理性共識時，禮法制度就產生了。最後，君子和聖王則是實現社會和諧與穩定的根本。他們善於從現實生活中提煉出禮儀習俗和治國之道，能夠自覺地、有意識地對生命個體進行改造，並制定符合社會治理需求的「禮」。正是在此意義上，陳來先生總結說：「禮是法天則地的產物，禮是天經地義的體現，禮是倫理關係的法則。」〔註101〕顯然，此處具有人文精神的「天地」「先祖」「君師」，也可以看作荀子對於早期儒家禮學思想的進一步拓展，並通過對禮之根源的追溯，使其在本質和外延方面都獲得了極為豐富的闡述。

如上所述，「禮」寄託著荀子的道德理想與社會理想。「禮」體現出了荀子思想中從外在到內在、從個體到群體，最終歸根於社會政治層面的多元意識形態之間的轉化過程，從而突出了「禮」所具有的廣泛的社會統攝力和強大的控制力。荀子認為，「禮」是社會秩序的主要保證，故曰：

　　　　故人無禮則不生，事無禮則不成，國家無禮則不寧。〔註102〕（《荀子·修身》）

　　　　水行者表深，表不明則陷；治民者表道，表不明則亂。禮者，
　　　　表也。非禮，昏世也。昏世，大亂也。〔註103〕（《荀子·天論》）

　　荀子將「禮」視為一種標準和規範，使其成為宇宙萬事萬物複雜關係的調節者。人為行事就如同涉水過河，必須標明水的深淺，才能防止深陷泥潭；治理國家同樣需要一貫的禮法，遵循這一貫的禮法才能不造成混亂。在此語

〔註100〕（清）王先謙撰，沈嘯寰，王星賢點校：《荀子集解》，北京：中華書局，1988
　　　　年，第413頁。
〔註101〕陳來：《古代思想文化的世界——春秋時代的宗教、倫理與社會思想》，北京：
　　　　生活·讀書·新知三聯書店，2002年，第190頁。
〔註102〕（清）王先謙撰，沈嘯寰，王星賢點校：《荀子集解》，北京：中華書局，1988
　　　　年，第27頁。
〔註103〕（清）王先謙撰，沈嘯寰，王星賢點校：《荀子集解》，北京：中華書局，1988
　　　　年，第376頁。

境之下，我們可以認識到荀子所言之「禮」不僅能夠順應人情、因勢利導，具有調節人欲、人情的普遍性功能，而且能夠通過控制和指導人的情感和言行，最終達到重建社會秩序的目的，這也正是荀子「隆禮重法」思想的要旨所在。

需要指出的是，荀子對「禮」之內涵的闡釋，有別於孔孟所提出的道德自覺的理論主張，他側重於外在禮法規範和內在道德感化相結合的方法，並且強調只有借助「義」的道德實踐才能保證「禮」的適當性與合理性。換句話說，「禮是基於對個人欲望的約束而產生的一種社會行為規範，是『義』這一自然理性規範外化形式和規範性表達。」〔註104〕所以，荀子主張將社會等級的劃分與個體的人性道德聯繫起來，亦是將「禮」與「義」聯繫起來，共同構成穩定社會秩序的依據。故曰：

　　故人莫貴乎生，莫樂乎安，所以養生安樂者莫大乎禮義。人知貴生樂安而棄禮義，辟之是猶欲壽而刎頸也，愚莫大焉。〔註105〕（《荀子·強國》）

也就是說，禮義乃是保證人能夠修身成德、長久安樂，能夠獲得更好地發展的重要工具和手段，同時也是國家治亂的根本和基礎。荀子認為，「養生安樂」是人之常情，但是這樣做一定要合乎禮義的要求，如果違背禮義，那就是「欲壽而刎頸」的愚蠢行為。人的欲望是無法根除的，只能依靠禮義來加以節制，才能真正實現人類社會的和諧穩定。對此，牟宗三先生讚頌荀子之學說：「荀子之文化生命，文化理想，則轉而為『通體是禮義』。」〔註106〕足以見得，禮義無疑是荀子哲學中最具代表性的觀念，在其思想體系中佔據核心位置。

在荀子的思想體系中，「義」作為「禮」的進一步補充或者是另一個側面而存在，是相對於禮法制度而存在的道德和情感意識層面，也就是「禮」的靈魂所在。荀子在繼承儒家倫理觀的基礎上，將「仁」的道德理念逐漸演變成對「義」的精神追求，進而構成了「禮」作為外在制度規範的內在價值理念，故曰：「仁者愛人，義者循理，然則又何以兵焉？」〔註107〕又曰：「以義制事，則知所利

〔註104〕程政舉：《荀子自然法思想研究》，《甘肅社會科學》2023年第1期。

〔註105〕（清）王先謙撰，沈嘯寰，王星賢點校：《荀子集解》，北京：中華書局，1988年，第354頁。

〔註106〕牟宗三：《歷史哲學》，長春：吉林出版集團，2010年，第116頁。

〔註107〕（清）王先謙撰，沈嘯寰，王星賢點校：《荀子集解》，北京：中華書局，1988年，第330頁。

矣。」〔註108〕荀子認為，「義」作為儒家倫理文化的核心要素，是君子修身養性和治理國家的有效途徑。君主首先要踐行「義」，然後才可以使百姓踐行「義」。他說：「君臣上下，貴賤長少，至於庶人，莫不為義，則天下孰不欲合義矣？」〔註109〕君主和大臣，貴賤長幼，甚至是普通百姓，沒有誰不遵循禮義之道，自然天下之人都能貴「義」和敬「義」。「義」不僅是源自感性的道德體識，同時也具有理性的精神認知，並且能夠對其他道德觀念（孝、悌、忠、信、敬等）起到指導、統攝的作用，從而構成了一個完整的、條理的道德倫理體系。荀子說：

> 夫義者，內節於人而外節於萬物者也，上安於主而下調於民者也。內外上下節者，義之情也。然則凡為天下之要，義為本而信次之。古者禹、湯本義務信而天下治，桀、紂棄義倍信而天下亂，故為人上者必將慎禮義、務忠信然後可。此君人者之大本也。〔註110〕（《荀子‧強國》）

所謂「內節於人」，是指義作為人類活動的行為標準，而「外節於萬物」，則是指義適用於調節萬物生長。這也意味著，「義」既是統領天下萬物的關鍵，也是實現人生理想的關鍵，能夠起到調節人與物之關係的作用。這種對「義」的強化為「儒家文化以及整個社會文化的發展提供了有效借鑒，從一定程度上說，也將『義』置於儒家文化的支撐和基礎地位」〔註111〕。如果背棄「義」的原則，必然會造成社會秩序的混亂，甚至會導致國家的滅亡。換句話說，「義作為人的道德觀念，是受到禮的制約的」〔註112〕，亦即合乎禮的規範要求，用荀子的話說：「行義動靜，度之以禮」〔註113〕，又說：「君子處仁以義，然後仁也；行義以禮，然後義也；制禮反本成末，然後禮也」〔註114〕。荀子認

〔註108〕（清）王先謙撰，沈嘯寰，王星賢點校：《荀子集解》，北京：中華書局，1988年，第535頁。

〔註109〕（清）王先謙撰，沈嘯寰，王星賢點校：《荀子集解》，北京：中華書局，1988年，第350頁。

〔註110〕（清）王先謙撰，沈嘯寰，王星賢點校：《荀子集解》，北京：中華書局，1988年，第361頁。

〔註111〕楊艾璐：《解蔽與重構：多維視界下的荀子思想研究》，北京：中國社會科學出版社，2015年，第246頁。

〔註112〕楊艾璐：《解蔽與重構：多維視界下的荀子思想研究》，北京：中國社會科學出版社，2015年，第247頁。

〔註113〕（清）王先謙撰，沈嘯寰，王星賢點校：《荀子集解》，北京：中華書局，1988年，第284頁。

〔註114〕（清）王先謙撰，沈嘯寰，王星賢點校：《荀子集解》，北京：中華書局，1988

為，「義」的道德規範性必須借助於「禮」的特殊形式才能表現出來，而「禮」的強制性規定所要追求的本質內涵正是「義」，故曰：「禮者斷長續短，損有餘，益不足，達愛敬之文，而滋成行義之美者也」〔註115〕。要充分發揮「禮」的取長補短、調節有無的作用，顧及社會等級之間的利益，才能保障社會等級之間的「義」。顯然，「禮」與「義」具有密切的內在關聯，「就作為理之禮而言，義與禮相似；就禮作為具體的規範而言，義與禮是普遍與特殊的關係，義是普遍的道理、原理，禮是具體規範的禮節」〔註116〕。荀子並沒有一味地強調「禮」的規範作用，也就避免了使其淪為無靈魂的教化工具，而是融入了「義」的內在價值。在這裡，荀子對禮義所展開的這種新的闡釋，絕不只是對「禮」與「義」概念的疊加，而是強調「義為禮本，行禮為義」，使其性質發生了根本性轉變。

荀子將「禮」的概念和意義進行了絕對化、理性化強調，認為「禮」的本質必須通過系統的體系制度來展現「義」的價值訴求，從而將「義」從純感性的繁縟禮節當中抽離出來，上升成為道德和情感層面的理性規範。在某種意義上，「禮」的制定也就保證了「義」的道德實踐能夠順利開展，從而具有了人文性的存在價值。誠如勞思光先生所說：「禮為制度義，而一切制度性之秩序，均必須依一權利運行。」〔註117〕也就是說，「禮」對「義」的外在強化作用並非被動，而是能夠積極地表現「義」的內在精神。當然，「禮」並不從屬於「義」，而是借助「義」的價值來豐富「禮」的內涵。「義」所具有的道德品德和理性思維，能夠保障「禮」之行為的適當性、可操作性；「禮」又能夠決定「義」的價值取向，是落實具有抽象性的「義」之內涵的必要手段。並且，「禮」不僅體現為個體言行、態度和行為方面都要符合制度規範的要求，同時這種適當性的自然表達又是內在情感直接訴諸於外在世界的必然結果。依荀子之見，「禮」和「義」作為兩種重要的道德法則，分別從不同的角度來規範人的言行，形成了由外到內的、互相補充完善的，並缺一不可的整體。正如學者張奇偉所說：「『義』是『禮』的『義』，『禮』是『義』的『禮』。『禮』因『義』而深厚

　　　　　　　年，第 581 頁。

〔註115〕（清）王先謙撰，沈嘯寰，王星賢點校：《荀子集解》，北京：中華書局，1988
　　　　　　　年，第 429 頁。

〔註116〕東方朔：《權威與秩序：荀子政治哲學研究》，北京：生活・讀書・新知三聯
　　　　　　　書店，2023 年，第 401 頁。

〔註117〕勞思光：《新編中國哲學史（一）》，北京：生活・讀書・新知三聯書店，2015
　　　　　　　年，第 254 頁。

有根，『義』因『禮』而現實可行」〔註118〕，如此，「禮」與「義」相互規定、相互補充，共同構成了一個嶄新的概念。

如上所述，「禮」與「義」既相同又相異的融合，是建立在關於人的倫理道德和社會秩序之上的，也就具有了更加廣泛的教化意義和實踐價值。對於始終追求道德秩序和政治秩序相統一的儒家學派而言，荀子的禮義思想不僅是道德意識層面的衡量標準，又可看作社會和政治層面的治理原則。或者說，「禮義實兼具倫理與政治雙重意涵，貫通著個體完善與共同體完善」〔註119〕，體現了「禮」與「義」的渾然一體。如果百姓受到禮義的教化，能夠在法度範圍內活動，那麼絕不會與社會產生矛盾，如果沒有禮義的調節，那必定會產生衝突，造成社會的混亂。所以，荀子明確提出：「不可少頃捨禮義」〔註120〕。在荀子眼裏，禮義是一種具有強制意義的規範，其作用不僅體現於人格道德的自我完善，而且有助於形成穩固和諧的社會秩序，這就體現了荀子對「禮」的見解與改造。關於此，學者路德斌就總結說：「荀子的理論建構不僅是對『禮』本身的一次創新性的理解和詮釋，更重要的是，它意味著儒學作為一倫理體系在理論內容與實踐空間上的一次意義深刻的豐富和拓展」〔註121〕，從而使「禮」的合法性及其地位坐實、穩固，使「禮」作為「人道之極」的價值和意義在人們心目中得到認可。也正因如此，荀子在論述的過程中常常將「禮」、「禮義」互換使用，可見其表達的意義也是相同的，如他說：

> 禮者，謹於治生死者也。生，人之始也；死，人之終也；終始俱善，人道畢矣。故君子敬始而慎終。終始如一，是君子之道、禮義之文也。〔註122〕（《荀子·禮論》）

荀子認為，人死後是無知的，但是需要喪葬儀禮，以表達生者對逝者的哀思之情。君子要對生者敬重，也要對逝者敬重，做人要敬事生而慎事死，才能符合禮義之道的要求。從這個意義上說，唯有順從、遵循禮義才能帶來心靈的

〔註118〕張奇偉：《論「禮義」範疇在荀子思想中的形成——兼論儒學由玄學走向切近》，《北京師範大學學報（人文社會科學版）》2001年第2期。

〔註119〕王楷：《禮義教化：荀子倫理—政治共同體文化理想的精神》，《哲學研究》2023年第9期。

〔註120〕（清）王先謙撰，沈嘯寰，王星賢點校：《荀子集解》，北京：中華書局，1988年，第194頁。

〔註121〕路德斌：《荀子與儒家哲學》，濟南：齊魯書社，2010年，第81頁。

〔註122〕（清）王先謙撰，沈嘯寰，王星賢點校：《荀子集解》，北京：中華書局，1988年，第424頁。

慰藉、靈魂的安頓，才能實現社會中不同身份意識的認同與體識，從而達到修身治國的美好願望，捨此別無他途，故曰：「禮及身而行修，義及國而政明」〔註123〕。禮義法度之所以能夠長久不衰，其根本原因就在於，它不僅是直接訴諸於人之生命意義和道德價值的終極關懷，能夠在個體內在修養的提高方面發揮指導性作用，同時也是實現社會秩序穩定的積極性追求，能夠在社會意識形態和機制建設方面產生深遠的影響。應當說，自周禮以來，中國傳統文化和思想當中就形成了注重等級規格的思維模式，強調一種建立在差異基礎上的秩序。那麼，禮義就是關於個體差異與社會秩序的合理化原則。〔註124〕荀子有云：

> 分均則不偏，執齊則不壹，眾齊則不使。有天有地而上下有差，明王始立而處國有制。〔註125〕（《荀子·王制》）

> 推禮義之統，分是非之分，總天下之要，治海內之眾，若使一人，故操彌約而事彌大。〔註126〕（《荀子·不苟》）

> 禮者，貴賤有等，長幼有差，貧富輕重皆有稱者也。〔註127〕（《荀子·富國》）

對於君主來說，等級差異是治理國家必不可少的根本制度。如果名分、權勢相等也就無法實現領導者自上而下的統治，而且容易引發權力和分配之間的矛盾衝突，造成社會的混亂局面。荀子在這裡深刻認識到了「禮義對於人作為社會群體的重要性」〔註128〕。於是，荀子從觀念形態和理論層面對禮義的本質和功能作出了自己的闡述，並進一步將禮義規範作為衡量劃分的標準，明確每個人的社會身份，也能夠使人擁有各自的權益，這就是使社會和諧統一的有效辦法。不難發現，荀子所謂的「分」旨在「劃分、確定每個層

〔註123〕（清）王先謙撰，沈嘯寰，王星賢點校：《荀子集解》，北京：中華書局，1988年，第306頁。

〔註124〕參見李春青：《荀子與思孟學派的差異及荀子詩學的獨特性》，《三峽大學學報（人文社會科學版）》2004年第2期。

〔註125〕（清）王先謙撰，沈嘯寰，王星賢點校：《荀子集解》，北京：中華書局，1988年，第179頁。

〔註126〕（清）王先謙撰，沈嘯寰，王星賢點校：《荀子集解》，北京：中華書局，1988年，第57頁。

〔註127〕（清）王先謙撰，沈嘯寰，王星賢點校：《荀子集解》，北京：中華書局，1988年，第210頁。

〔註128〕韓星：《荀子：以仁為基礎的禮義構建》，《黑龍江社會科學》2015年第1期。

次、每個社會成員的利益界限，其最終所指向的便是通過這一途徑給予並保障每個人所應得的利益」〔註129〕。也正因如此，荀子大力推崇禮義法度的綱領性作用，並強調只有明確尊卑之分的界限，掌握各自的權益和責任，才是進行思想整合與社會治理的最好辦法。故《議兵》篇曰：「隆禮貴義者其國治，簡禮賤義者其國亂。」〔註130〕如果一個國家的君主重視禮義，那麼國家就會得到治理；如果一個國家的君主輕視禮義，那麼國家就會陷入混亂。事實證明，禮義是社會的普遍規範，是國家的根本制度。唯有君主遵循禮義使每個人的本性慾望都得到滿足，使百姓各司其職，各得其所，才能建立起合理且穩定的社會秩序。

　　總之，一個良性治理的社會，必然兼顧「禮」和「義」。〔註131〕荀子深刻認識到禮義是實現社會穩定和國家昌盛的必不可少的指導方針，這種思想是有別於孔孟之學而突出「無沖旨」「太典實」的注重實用性和實踐性的內在品格。在此基礎上，荀子積極推廣「隆禮貴義」的主張和方法，其目的就在於發揮禮義內省和外學的規範作用，並且能夠維持人與人、人與社會的平衡發展，最終實現百姓的皈依和國家的長治久安。從這個意義上說，禮義作為一種訴諸於人之性情的道德力量，不僅具有超越外力的自覺性和內在張力，而且在人的社會生活中發揮著至關重要的作用，統轄著人與人、人與物為主要內容的一切人類活動。但不可否認的是，荀子堅持先王制禮的主張旨在突出政治領導者的政治權威，致使其禮義思想被注入了強烈的功利性色彩，一切言行須從屬於禮法，服務於政治。這種觀念不僅體現在荀子哲學和倫理學層面，同時也融入到了其美學思想的建構當中。

二、禮義與審美的邏輯關係

　　關於荀子禮義美學思想內涵的探究，首先要歸結於他在自然人性和天人關係方面的論述。在荀子看來，孔孟所推崇的「禮」是建立在倫理道德基礎之

〔註129〕 儲昭華：《明分之道：從荀子看儒家文化與民主政道融通的可能性》，北京：商務印書館，2005 年，第 291 頁。

〔註130〕 （清）王先謙撰，沈嘯寰，王星賢點校：《荀子集解》，北京：中華書局，1988年，第 319 頁。

〔註131〕 牟鍾鑒認為「禮」即秩序，「義」即正義，乃是社會治理的兩大要素；有禮無義則禮將「吃人」（五四先進人物語），有義無禮將無標準。（參見牟鍾鑒：《荀學新論》，北京：商務印書館，2021 年，第 173 頁。）

上的人間秩序，所體現的是對於「天」的無限敬意和對萬事萬物的仁愛之心，就不可避免地帶有濃厚的神權色彩和情感基調。相較而言，荀子的論述更具哲理性，範圍也更加寬泛，他傾向於從現實生活的價值層面來談禮義，故曰：「天行有常，不為堯存，不為桀亡」〔註132〕，他認為自然界是沒有目的、沒有意志的，但有其運行變化的規律。荀子之所以提出「天行有常」的自然觀念，而不是「天道無常」的主張，就在於他肯定了「天」是獨立於人類社會，且不以人為意志轉移的客觀定律，這與神秘莫測的「天命觀」是截然不同的。應當說，荀子是將現實主義的元素融入到傳統儒家思想當中，他跳出了老子所主張的天道觀與先王觀兩者合一的觀念，使得自然天道與人道成為了兩個相互獨立的意識形態。據此，侯外盧先生總結說：「原來荀子以前的人，很少不受西周宗教先王傳統的束縛，總是把先王和天道連在一起，把歷史上新的情況完全看成和先王的創作一致。這種看法到了荀子才改變，他把歷史相對地歸還於自然史的過程。」〔註133〕顯然，荀子所倡導的禮義思想既帶有社會政治色彩的聖人之道，同時也兼具哲理性的自然規律之道，並且他已經意識到並試圖擺脫封建宗教對於天人學說的理論束縛，這也為其能夠作出理性的審美判斷奠定了思想基礎。

　　進一步說，荀子認識到人不能盲目地崇拜和畏懼自然的力量，即否定了傳統宇宙觀中帶有宗教色彩的「聽天由命」「成事在天」的狹隘觀念，並且明確指出「天」是一個有秩序、有規律可循的自然體。所以，人在自然面前並非無所作為，可以發揮自己的主觀能動性，並積極充分地利用和遵循自然規律，以此來實現對自然界的認識與改造，從而達到「制天命而用之」「應時而使之」的理想目標。如果從審美的層面來看，荀子不僅強調人要尊重客觀自然規律，還主張發揮人作為審美主體的主觀能動性，要明確自身的價值和權利，更要承擔相應的責任和義務。在他看來，人作為具有審美需求的生命主體，要想實現從自然本性向社會屬性的轉變，就必須全面地掌握事物的客觀規律，並以禮義作為理論指導，才能獲得生命精神的愉悅，從而更好地實現自我價值。可見，荀子不僅肯定了人對美的追求是源自本能欲望這一定論，而且認識到了審美

〔註132〕（清）王先謙撰，沈嘯寰，王星賢點校：《荀子集解》，北京：中華書局，1988年，第362頁。

〔註133〕侯外盧：《中國古代社會史論》，石家莊：河北教育出版社，2000年，第333頁。

主體與客體之間存在著辯證統一的關係。也就是說，人性之惡是與生俱來的，卻會追求美好生活，當人們認識到禮義規範能夠成就美好生活時，他們就會欣然接受並積極踐行〔註134〕，由此促進社會和諧。

　　荀子將禮義看作提升個人道德修養的根本原則，他說：「禮者，所以正身也」〔註135〕，即禮義可以規範人的行為，對人的本能欲望進行改造。荀子強調只有在符合倫理道德規範的前提之下才能有效地解決內容與形式、感性與理性之間的矛盾衝突，從而獲得真正的精神愉悅。所以說，荀子所倡導的禮義蘊含著豐富的美學內涵，其目的是使人性趨於美和善，形成和諧美好的社會秩序。只有當人的情感和欲望符合禮義法度的要求時，審美活動才是合理的、正確的，並且有利於人與社會的發展。表面上看，荀子十分注重外在的形式美，但是他更加看重其內在的本質內涵。在荀子看來，人的審美感知能力必須借助於感覺器官才能實現，然而感性認知作為人對外界事物的初級判斷，會摻雜濃厚的情感色彩和主觀因素，即「薄類」。而且感性認識流於表面，理性認知才能深刻地理解事態的規律，才能把握道理的真諦，即「徵知」。在此意義上，審美活動必須運用理性思維加以考察和驗證，更需要禮義作為外在的強制性力量加以限制和約束，以此才能作出準確、真實的審美判斷，故曰：

　　　　徵知則緣耳而知聲可也，緣目而知形可也，然而徵知必將待天官之當薄其類然後可也。〔註136〕（《荀子・正名》）

　　　　人知貴生樂安而棄禮義，辟之是猶欲壽而殉頸也，愚莫大焉。故君人者愛民而安，好士而榮，兩者無一焉而亡。〔註137〕（《荀子・強國》）

　　荀子認為，強制性的法度規範往往會阻礙民眾正常的情感需求，是引發民憤的誘因，勢必會造成適得其反的作用。禮法制度體現的是等級原則，故而它

〔註134〕參見鄧小虎：《荀子的為己之學：從性惡到養心以誠》，北京：北京大學出版社，2015年，第20頁。

〔註135〕（清）王先謙撰，沈嘯寰，王星賢點校：《荀子集解》，北京：中華書局，1988年，第39頁。

〔註136〕（清）王先謙撰，沈嘯寰，王星賢點校：《荀子集解》，北京：中華書局，1988年，第493～494頁。

〔註137〕（清）王先謙撰，沈嘯寰，王星賢點校：《荀子集解》，北京：中華書局，1988年，第354頁。

的本質是「分」「別」，使人恭敬；「樂」「詩」等則不同，它來源於審美情感，其本質是「和」「順」，使人合同。〔註138〕所以，荀子主張禮義要與不同的藝術形式相融合，才能更好地發揮禮義由外到內的審美教化功用，從而實現維持穩定社會秩序的目的。藝術形式能夠直接訴諸於人的內在性情，並且能夠有效地消解人內心的欲望與倫理秩序之間的矛盾衝突，從而達到道德教化的理想目標，即「夫聲樂之入人也深，其化人也速，故先王謹為之文」〔註139〕。人對「樂」「詩」等文學藝術的審美需求同樣是一種本能欲望，受人的自然本性所驅使。從某種程度上說，荀子肯定了人對包括美在內的各種欲望的追求具有普遍性，而且是不可避免的。在以儒家倫理思想為核心的視閾下，「荀子對情慾的承認和正面的關注形成了其對自身觀念體系的突破和超越，也為其思想體系的建構注入了更為積極的元素」〔註140〕。也正因如此，文學藝術作為禮義制度的感性顯現，在特殊的時代背景之下獲得了更加豐富的人文意蘊和文化內涵，具有更大的包容性。荀子試圖通過文學藝術來引導和改造人的自然屬性向社會屬性的轉移，同時又能夠作為衡量社會文明道德的標準尺度加以約束，最終為保障人在感性活動中形成理性審美判斷提供了理論依據。

　　顯然，荀子之所以重視「樂」「詩」等藝術形式，並對其內容和功能作出了詳盡地闡發，是因為他深刻認識到「人性惡」的本質雖然是人與生俱來的，但是在本能欲望的表達和發洩過程中卻可以受到禮義之道的引導和約束。只有符合禮義要求的「樂」「詩」，才能對人生、社會、國家產生積極的作用，進而達到儒教的真正目的。所以，荀子所倡導的禮義，有別於孔孟所強調的以情感為本的仁義，而是帶有政治功利性的禮法制度。在他眼中，「樂」「詩」也並不是建立在仁義孝道和人倫情感之上的審美愉悅和精神追求，而是源自社會秩序和理性規範之上的情感疏導與道德教化。「樂」「詩」在價值取向和精神內核方面是大致相同的，並且存在著內在的統一性和互補性關係，在某種程度上構成了渾然一體、相輔相成的整體。從這個意義上說，荀子禮義思想的精神內涵不不僅是政治的，倫理的，而且是藝術的。

〔註138〕　參見劉延福：《荀子文藝思想研究》，濟南：山東大學出版社，2015年，第153頁。

〔註139〕　（清）王先謙撰，沈嘯寰，王星賢點校：《荀子集解》，北京：中華書局，1988年，第449頁。

〔註140〕　楊艾璐：《解蔽與重構：多維視界下的荀子思想研究》，北京：中國社會科學出版社，2015年，第30頁。

　　除此以外，荀子還主張要在具體的審美實踐中接受禮義的教化，最大限度地發揮藝術形式的審美功用，從而實現理想人格的建構。「禮義」與審美藝術形式擁有共同的價值指向，其目的就是將人的本能欲望通過恰當的方式表現出來，並能夠對人的道德情感加以正確化、審美化的引導和薰陶。所以，荀子在談論理想人格的塑造時，才會明確地指出君子的道德修養必須要符合禮義規範的要求，並逐漸擺脫了孔子所主張的「興於詩，立於禮，成於樂」〔註141〕的人格培養方式中對於「仁」的從屬地位，即「人而不仁，如樂何」〔註142〕的思想，而是更加突出了「樂」「詩」作為具有獨立審美價值的文化意識形態立場，這對於重塑能夠順應時代發展的新型文化模式，以及實現道德教化與文化形式的完美融合都起到十分重要的促進作用。這種具有進步意義的文化認知也能夠輔助人在「積偽」的過程中達到「全」與「粹」的理想人格境界，對於中國古代思想文化特性的形成和審美藝術結構詩性智慧的實現影響甚巨。

　　荀子強調禮義是在聖人日積月累的道德實踐和精神醒悟的過程中形成的，故曰：「凡禮義者，是生於聖人之偽，非故生於人之性也」〔註143〕。禮義既是合乎自然規律的美之規範，又能符合審美主體的主觀合目的性，並帶有實用功利性的審美特徵。於是，荀子提出：「無性則偽之無所加，無偽則性不能自美」〔註144〕，他認為審美情感的形成是對「性本惡」的改造，「偽」也並非是對人性的外在粉飾，而是通過禮義來引導和調節人的內在本能欲望，逐漸磨合人的外在言行舉止，改變人的社會習慣，進而達到理想的道德境界。在荀子看來，禮義不是扼殺人的欲望，而是使欲望得到合理的疏解，即以禮義節文養情，故曰：

> 故禮者，養也。君子既得其養，又好其別。曷謂別？曰：貴賤有等，長幼有差，貧富輕重皆有稱者也。故天子大路越席，所以養體也；側載睪芷，所以養鼻也；前有錯衡，所以養目也；和鸞之聲，步中武、象，趨中韶、護，所以養耳也；龍旗九斿，所以養信也；寢兕、持虎、蛟韅、絲末、彌龍，所以養威也；故大路之馬必倍至教

〔註141〕楊伯峻：《論語譯注》，北京：中華書局，1980年，第81頁。

〔註142〕楊伯峻：《論語譯注》，北京：中華書局，1980年，第24頁。

〔註143〕（清）王先謙撰，沈嘯寰，王星賢點校：《荀子集解》，北京：中華書局，1988年，第516～517頁。

〔註144〕（清）王先謙撰，沈嘯寰，王星賢點校：《荀子集解》，北京：中華書局，1988年，第432頁。

順，然後乘之，所以養安也。孰知夫出死要節之所以養生也！孰知
夫出費用之所以養財也！孰知夫恭敬辭讓之所以養安也！孰知夫禮
義文理之所以養情也！〔註145〕（《荀子·禮論》）

　　顯然，禮義滲透在人的衣食住行、容貌姿態等多個方面，無論對於生活實
踐還是心理體驗，都是不可或缺的。禮義所象徵的內容，是君子修身養情的關
鍵因素。從這個角度講，如何充分發揮禮義對人的倫理道德和審美素質的教化
作用，並以此來提高人性向「善」的可能，構成了荀子禮義美學思想的真正內
涵。所以，葉朗先生認為荀子美學思想中「包含了這樣一個意思，即人的美起
於對人的自然本性的改造，因而人的美具有社會性，是社會的產物。」〔註146〕
確切地說，荀子是將禮義作為改造人性惡本質的基本原則，成為培育和提升人
格素養的審美要求，同時也是衡量社會文明進步的重要尺度，體現了禮義價值
的普遍有效性。

　　綜上所述，荀子汲取了先秦諸子的合理因素，又延續了儒家美學傳統中的
「仁」學思想和「禮」學精神，並將「禮」的秩序和「義」的常理結合在一起，
從而形成了義本禮用的道德規範和美學思想體系，故曰：「仁、義、禮、樂，
其致一也。君子處仁以義，然後仁也；行義以禮，然後義也；制禮反本成末，
然後禮也。三者皆通，然後道也」〔註147〕。在這裡，荀子將禮義置於其思想
的核心，詮釋了禮義在道德規範建設中的重要性。應當說，禮義規範與審美感
知的結合也就是人的自然本性和社會本性的統一，一方面體現了人對仁、義、
禮、樂的精神需求，另一方面說明了仁、義、禮、樂給予人以審美愉悅。在此
意義上，荀子所倡導的禮義之道與人性之欲之間互為牽制的辯證關係，使其審
美教化的功能得以強化，最終成為建構社會秩序和道德秩序的根本原則。對
此，李澤厚先生就曾評價說：「荀子的特點在於強調用倫理、政治的『禮義』
去克制、約束、管轄、控制人的感性慾望和自然本能，要求在外在的『禮』的
制約下去滿足內在的『欲』，在『欲』的滿足中去推行『禮』。」〔註148〕不難
發現，雖然荀子的禮義美學思想深受其政治理念的影響，它必須依附於強有力

〔註145〕　（清）王先謙撰，沈嘯寰，王星賢點校：《荀子集解》，北京：中華書局，1988
　　　　　年，第410～412頁。

〔註146〕　葉朗：《中國美學史大綱》，上海：上海人民出版社，1985年，第141頁。

〔註147〕　（清）王先謙撰，沈嘯寰，王星賢點校：《荀子集解》，北京：中華書局，1988
　　　　　年，第581頁。

〔註148〕　李澤厚：《華夏美學》，桂林：廣西師範大學出版社，2001年，第90頁。

的政治話語作為依託，才能獲得相對的價值與意義，也就不可避免地具有了意識形態的色彩。但是，從中國美學本身和歷史文化的層面來看，我們又能看到荀子禮義美學思想也為其政治理念注入了人文意蘊。荀子「隆禮貴義」的命題，將審美引入政治制度，成為當時社會主流文化、精神的有效表達。〔註149〕

〔註149〕參見馬征：《荀子美學思想研究》，《孔子研究》2001 年第 6 期。

第二章　禮義美學思想在荀子人格理論中的體現

　　自古以來，學者對於理想人格的探究就從未間斷，從道德修養的成就方面來探討人生價值和理想人格，則是儒家哲學發展的一大趨勢。孔子論君子人格，以「仁」為核心價值，強調由內而外的道德生發；而孟子的觀點則立足於「義」，以「人性善」為思想本源，主張人均有「良知」「善念」的天賦；荀子則秉承「人性惡」的觀點，認為與生俱來的人格修養是不存在的，人天生就具有各種貪婪欲望。他在融合了孔孟關於君子人格的基本觀點之後，強調通過禮義法度對原始人性進行約束與改造，把人的言行納入到禮義法度之內，才能實現理想人格的建構。應當說，荀子在探討人生價值、道德理想時，極為重視人格、素質、修養等問題，並將理想的人格劃分為士、君子與聖人三個不同的等級加以論述，「聖人」作為最高的道德標準，代表著「全」與「粹」的理想境界，故曰：「塗之人百姓，積善而全盡謂之聖人」〔註1〕。同時，荀子又進一步強調人作為審美主體會因為心境和環境的變化而產生不同的審美體驗，更會影響理想人格的建構。所以，他既重視禮義的引導教化作用，又注重人在後天努力中的學習與積累作用，即「今之人，化師法、積文學、道禮義者為君子」〔註2〕。重師法，是君子修身養性之本源；守禮義，則是君子立身處世之根本，唯有積學循禮才能達到至善至美的理想人格境界。

〔註1〕（清）王先謙撰，沈嘯寰，王星賢點校：《荀子集解》，北京：中華書局，1988
　　　年，第171頁。
〔註2〕（清）王先謙撰，沈嘯寰，王星賢點校：《荀子集解》，北京：中華書局，1988
　　　年，第514頁。

第一節 「不全不粹不足以為美」：對真、善、美的融合

一、「始乎為士，終乎為聖人」：理想人格之差別

　　道德人格是人的最重要的屬性，滲透於人生的各個方面，並在社會秩序建設中具有非常重要的意義。荀子作為新興地主階級的思想家，在綜合批判各家學說的基礎之上，提出了一套順應時代要求和現實需求的理想的人格道德模式。在他看來，社會等級的差異是人類產生時就客觀存在的，「這種等差之分是和諧社會秩序的必然選擇，是符合人類社會自然理性的」〔註3〕。儘管，普通人和聖人在原初本性方面都是一樣的，但是社會等級的差異又造成了人之道德修養高低之分。或者說，一個人的道德修養反映了他在社會等級中所處的位置。故曰：

> 君臣、父子、兄弟、夫婦、始則終，終則始，與天地同理，與
> 萬世同久，夫是之謂大本。〔註4〕（《荀子‧王制》）

> 「斬而齊，枉而順，不同而一。」夫是之謂人倫。〔註5〕（《荀
> 子‧榮辱》）

　　在社會關係中，荀子以不齊為齊，以不直為直，以不同而歸於統一，這是人倫道德的基礎與核心。穩定的社會秩序背後，所映像的是理想狀態下人的道德水平和社會地位相對應的關係。如果，雙方勢均力敵就不能統一集合，大家的地位相等就不會有領導者。這也意味著，協調統一的倫理關係產生於不平等的等級差異。不同等級的人各司其職、各安其分，才能實現自身的存在價值，才能實現「群居和一」的理想社會秩序，這正是荀子關於等差之分認識的最終目的。在這一基調下，荀子試圖通過禮義來確定社會的等級制度和統治秩序，並深刻意識到了個體道德與社會整體之間的辯證關係，進而提出了人以群分的主張，故曰：「人之生，不能無群，群而無分則爭，爭則亂，亂則窮矣。故無分者，人之大害也；有分者，天下之本利也」〔註6〕。所謂「群」，就是社會

〔註3〕程政舉：《荀子自然法思想研究》，《甘肅社會科學》2023 年第 1 期。
〔註4〕（清）王先謙撰，沈嘯寰，王星賢點校：《荀子集解》，北京：中華書局，1988
　　　年，第 193 頁。
〔註5〕（清）王先謙撰，沈嘯寰，王星賢點校：《荀子集解》，北京：中華書局，1988
　　　年，第 83 頁。
〔註6〕（清）王先謙撰，沈嘯寰，王星賢點校：《荀子集解》，北京：中華書局，1988
　　　年，第 212 頁。

整體，及其所包括的可能條件；而「分」，就是社會倫理關係、等級制度劃分、社會職能的分配。在這裡，荀子將個體道德認識與個體的生存聯繫在一起，並且指出「個體道德認識的關鍵在於認識到自身存在的『群』性並懂得如何歸屬於既定的群體，以便充分地實現自身存在的價值，這是個體道德成熟的標誌」〔註7〕。荀子認為，人的個體力量是有限的，必須結成「群」以集體的形式才能獲得足夠的力量，從而構築和諧美好的生命秩序。

從本質上講，「分」不僅是對人之本能欲望的限制，而且是對其社會身份所對應社會職責的分配，就必須借助禮義法度的規範作用予以實施。如荀子說：「人之百事如耳目鼻口之不可以相借官也，故職分而民不探，次定而序不亂，兼聽齊明而百事不留。如是，則臣下百吏至於庶人莫不修己而後敢安正，誠能而後敢受職，百姓易俗，小人變心，奸怪之屬莫不反慤。夫是之謂政教之極。」〔註8〕在他看來，人的不同職業就如耳、目、鼻、口等不同器官一樣是不能互相代替的，只有明確了各自的職責，才能實現社會秩序的穩定，廣泛聽取別人的建議，才能實現辦事效率的提高。唯有如此，大臣、百官和百姓無不修身養性之後才敢安於自己的職位，百姓改變了習俗，小人轉變了思想，奸佞之人也變得樸實誠懇。這就是政治教化的理想境界。可見，「群」與「分」之間是對立統一的關係，「群」的前提條件就在於「分」，而「分」的最終目的也是為了實現「群」。所以，荀子又感慨道：「君者，善群也。群道當則萬物皆得其宜，六畜皆得其長，群生皆得其命」〔註9〕，君主應當擁有「善群」的能力，遵循禮義法度的要求來管理萬事萬物，像這樣，才能達到修身成德的目的，最終實現群體生活秩序的和諧穩定。陳來先生就曾解釋說：「人的欲望是不可改變的，而分的建立與否是依賴於人的。因此，與其說，無分則爭，不如說，分是息爭的條件，分不僅是息爭的條件，也是群居的根本條件。」〔註10〕這說明，荀子之所以注重對人之等級身份的劃分，其終極目標仍舊是通過具有針對性的審美教化來抵消人性慾望所引發的紛爭，從而實現和諧的群體生活和最

〔註7〕陳默：《荀子的道德認識論》，北京：中國社會科學出版社，2016 年，第 170 頁。

〔註8〕（清）王先謙撰，沈嘯寰，王星賢點校：《荀子集解》，北京：中華書局，1988 年，第 283 頁。

〔註9〕（清）王先謙撰，沈嘯寰，王星賢點校：《荀子集解》，北京：中華書局，1988 年，第 195 頁。

〔註10〕陳來：《迴向傳統：儒學的哲思》，北京：北京師範大學出版社，2011 年，第 307 頁。

大限度的社會利益，故其曰：

> 貴賤有等，則令行而不流；親疏有分，則施行而不悖，長幼有
> 序，則事業捷成而有所休。〔註11〕（《荀子·君子》）

> 故先王案為之制禮義以分之，使有貴賤之等，長幼之差，知愚、
> 能不能之分，皆使人載其事而各得其宜，然後使慤祿多少厚薄之稱，
> 是夫群居和一之道也。〔註12〕（《荀子·榮辱》）

先王根據人的品德和修養制定了禮義原則來劃分人的不同等級，從而使社會生活中有尊卑、貴賤之分以外，還有貧富之別、長幼之差，有聰明、愚笨，有才能、沒才能的區別等等，它們共同組成了荀子所謂區分的基本內容及其所涵蓋的對象。〔註13〕基於這一標準尺度，荀子將道德人格劃分成了「士」「君子」「聖人」三個等級，並借助禮義對不同層次中的人進行分別指導，以此來實現普通人由卑賤轉為高貴，由愚昧變成智慧，由貧困走向富有。正如學者王楷所說：「對於儒家而言，一個人正是在日用人倫之中成就自己完滿的德行人格的。也就是說，一個人遵循禮的規範和要求，履行相應角色與關係期望之下的責任（這種責任既是事實上的，又是道德上的）的過程，也正是在道德上自我完善（self-improvement）的過程。」〔註14〕這種道德上的自我完善，使得荀子關於「始乎為士，終乎為聖人」〔註15〕的人格目標就具備了積極價值方面的理論依據，對全民道德修養的提升發揮著推動作用。荀子在《修身》篇中說：「好法而行，士也；篤志而體，君子也；齊明而不竭，聖人也。」〔註16〕他認為，能夠遵守禮法制度，不做邪惡事情的人稱為「士」，這是人格修養的初級目標；而意志堅定又身體力行，能夠積善成德的人稱為「君子」，這是人格修養的高級目標；擁有高尚品德和睿智思維，且堅持不懈的人才能稱為「聖人」，

〔註11〕（清）王先謙撰，沈嘯寰，王星賢點校：《荀子集解》，北京：中華書局，1988年，第535頁。

〔註12〕（清）王先謙撰，沈嘯寰，王星賢點校：《荀子集解》，北京：中華書局，1988年，第82～83頁。

〔註13〕參見儲昭華：《明分之道：從荀子看儒家文化與民主政道融通的可能性》，北京：商務印書館，2005年，第276頁。

〔註14〕王楷：《天然與修為——荀子道德哲學的精神》，北京：北京大學出版社，2011年，第101頁。

〔註15〕（清）王先謙撰，沈嘯寰，王星賢點校：《荀子集解》，北京：中華書局，1988年，第13頁。

〔註16〕（清）王先謙撰，沈嘯寰，王星賢點校：《荀子集解》，北京：中華書局，1988年，第38～39頁。

也就是能夠起到模範作用的理想目標，每個階段都離不開禮義的內在規範作用。概言之，以禮義作為行為準則的人可以稱為士；將禮義植根於心的人稱為君子；得到禮義之智慧的人稱為聖人。〔註17〕對此，可從以下三個方面來進行詳盡的闡釋：

第一，荀子認為，「士」是道德人格的第一個層次，其言行皆以聖人制定的禮義為基本準則。關於「士」的定義，《說文解字》解釋為：「士，事也。數始於一，終於十，從一，從十。孔子曰：『推十合一為士。』凡士之屬皆從士。」〔註18〕也就是說，士是可以處理一些事務，能夠擔任某個職務，並且具有一定社會地位的人。士是西周貴族中的最低層次，他們擁有一定的封地，接受過「禮、樂、射、御、書、數」等六藝的傳統教育，是傳承文化和精神的主力軍。隨著宗族血緣關係的瓦解，上層貴族的地位受到威脅，下層庶民的地位得以上升，士大夫開始分割或奪取諸侯的土地，致使士階層迅速崛起。於是，戰國時期的士成為有文化、有道德的知識階層的統稱。普通出身的農人子弟，通過學習文化知識和禮義規範，也能夠擺脫身份和地域的限制，從而得到社會的認可，上升為士階層。在此背景之下，統治者為了鞏固各自的統治，為了謀求發展，都十分注重士階層的政治與軍事才能。也正因如此，「士」作為荀子提出等級觀念和建構人格理論的重要組成部分，在論證道德人格與禮義規範的關係中時常被提及。據數據統計，「士」在《荀子》一書中共出現了 163 次，〔註19〕就其品性道德、學識修養方面而言，指處於理想人格初級階段的人。荀子主要輯錄了孔子與魯哀公關於「士」的討論，並以此作為自己對「士」這一個體身份的界定：

> 所謂士者，雖不能盡道術，必有率也；雖不能徧美善，必有處也。是故知不務多，務審其所知；言不務多，務審其所謂；行不務多，務審其所由。故知既已知之矣，言既已謂之矣，行既已由之矣，則若性命肌膚之不可易也。故富貴不足以益也，卑賤不足以損也，如此，則可謂士矣。〔註20〕（《荀子・哀公》）

〔註17〕參見高春花：《荀子禮學思想及其現代價值》，北京：人民出版社，2004 年，第 69 頁。

〔註18〕（漢）許慎撰，（宋）徐鉉校定：《說文解字》，北京：中華書局，2013 年，第 31 頁。

〔註19〕引得編撰處編纂：《荀子引得》，上海：上海古籍出版社，1986 年，第 186～187 頁。

〔註20〕（清）王先謙撰，沈嘯寰，王星賢點校：《荀子集解》，北京：中華書局，1988 年，第 637 頁。

　　雖然「士」不能完全掌握治理國家的方法，但是必定會遵循禮義規範。雖然做事情不能達到盡善盡美的境界，但是必定會堅持不懈地努力。即使擁有的學識智慧並不多，所說的話和所做的事也十分有限，但是也始終能夠有根據地察言觀色，並做出準確的判斷，就如同人的生命和肌膚已經形成整體而不可改變。荀子格外強調「士」對外在規範的遵守與依附關係，以及對自己內心意志的堅定，是其辨別真假是非的關鍵。在這裡，荀子較為詳盡地解釋了「士」之本質特徵與社會身份的屬性，也表明了自己在用人與為政方面的基本態度。

　　在戰國時期，「士」作為一個龐大的社會群體，活躍於政治、經濟、軍事等不同的領域，具有十分普遍的社會影響力。但是士階層的組成卻十分複雜，其道德修養、知識技能也多有差異。於是，荀子根據「士」的品質優劣和對禮義規範的接受程度，在其領域中又將他們劃分為不同的類型，故曰：「有通士者，有公士者，有直士者，有慤士者，有小人者」〔註21〕。也就是說，「士」在先天本性方面是沒有差別的，但是受到生活環境、學習環境等複雜的外界因素的影響，又使其在各自的領域中表現出不同的特徵，有的通達事理、有的公正無私、有的勇敢剛毅、有的樸素誠實，但是同樣存在唯利是圖、貪得無厭的人，甚至還有奸詐的小人。因此，荀子針對上述所提到的這些不同類型的「士」的行為表現和基本特徵進行了整理歸納，如他所說：

> 上則能尊君，下則能愛民，物至而應，事起而辨，若是，則可謂通士矣。不下比以暗上，不上同以疾下，分爭於中，不以私害之，若是，則可謂公士矣。身之所長，上雖不知，不以悖君，身之所短，上雖不知，不以取賞，長短不飾，以情自竭，若是，則可謂直士矣。庸言必信之，庸行必慎之，畏法流俗而不敢以其所獨甚，若是，則可謂慤士矣。言無常信，行無常貞，唯利所在，無所不傾，若是，則可謂小人矣。〔註22〕（《荀子・不苟》）

　　所謂「通士」，就是既能夠遵從君主的命令，又能維護百姓利益之人。他們能夠憑藉自身的力量從容應對各種突發的狀況，並且進行妥善的處理。所謂「公士」，是指那些始終堅持不與姦佞小人同流合污，拒絕奉承諂媚的正直之

〔註21〕（清）王先謙撰，沈嘯寰，王星賢點校：《荀子集解》，北京：中華書局，1988年，第57頁。

〔註22〕（清）王先謙撰，沈嘯寰，王星賢點校：《荀子集解》，北京：中華書局，1988年，第57～59頁。

人。因此，他們能夠在利益誘惑面前堅守自己的初衷，真正達到窮則獨善其身，富則接濟天下的境界。所謂「直士」，則是那些敢於正視自身的優勢與劣勢的人。他們不會刻意去隱瞞和掩飾自己的缺點，而是希望借助真誠的態度和爽直的性格得到他人的支持與肯定。所謂「愨士」，就是平日裏所說的話也能夠言而有信，所做的事也能夠謹慎小心，卻又因畏懼法律規範，而不敢傚仿流行的社會習俗，也不敢憑藉自身的觀點與能力而公諸於眾的人。雖然，「愨士」被荀子認為是較為下等的士，但他又與「唯利所在，無所不傾」的小人是明顯區別的，這也表明了「士」在荀子人格等級分類當中是處於君子與小人的過渡階段。

對於荀子來說，每個人的名分等級並不是天生就有的，也不是固定不變的，必須與其德行、能力及其貢獻相匹配。每個人的起點都是相同的，尊卑與榮辱乃是生命個體後天努力與否的結果。所以，區分「士」之不同等級的依據，不僅取決於他們的言行舉止與道德品質，更在於他們對於禮義之道的體識與掌握，這也是進行榮辱之分的基本根據，故曰：「雖王公士大夫之子孫，不能屬於禮義，則歸之庶人。雖庶人之子孫也，積文學，正身行，能屬於禮義，則歸之卿相士大夫」〔註23〕。足以見得，荀子始終認為不管生命個體具有如何突出的成就，即使是達官貴人的子孫後代，如果未能符合禮義規範的要求，也只能被劃分為普通人，甚至淪為小人；如果他努力積累學識，端正其品行，依照禮義而行事，則應把他歸之為士人行列。

第二，「君子」在孔子看來就是德才兼備的人，是一個具有多重理論內涵與現實意義的概念，在儒家理想人格中始終佔有舉重若輕的地位。荀子繼承了傳統儒家關於君子人格理論的思想內涵，並根據時代背景及其禮義主張形成了更具革新性、適用性的人格觀理論。在《荀子》中「君子」共出現了 299 次，〔註24〕「君子」既形容社會地位較高的人，更是能夠遵守與踐行禮義規範，具有高尚道德的人。

從道德修養方面來看，「君子」指那些具有純粹品德和獨特情感的人。荀子認為，誠實守信、團結友善、莊重威嚴、穩重可靠等都是立人之本，這也是實現秩序穩定，治理國家事務的根本所在，如《不苟》篇說：「夫誠者，君子

〔註23〕（清）王先謙撰，沈嘯寰，王星賢點校：《荀子集解》，北京：中華書局，1988年，第 175～176 頁。

〔註24〕引得編撰處編纂：《荀子引得》，上海：上海古籍出版社，1986 年，第 632～635 頁。

之所守也，而政事之本也」〔註25〕。荀子認為「誠」是君子道德行為的內在依據，是實現修身養心的關鍵，為儒家學者所普遍推崇。若對某一事情不能持之以恆，則亦不能對其專心致志，若不能一心求之，則亦無結果可求。故荀子說：「君子養心莫善於誠，致誠則無它事矣，唯仁之為守，唯義之為行」〔註26〕。仁義是人性中不具備的，必須通過堅持不懈的努力學習，方可化性起偽，實現理想人格的建構。君子只有做到「誠」才能達到養心的目的，才能顯示出高尚的德行，從而順應天道，成就人事。

從義利觀方面來看，荀子認為當面對喜好與厭惡的事情時，普通人勢必會受到利益的誘惑而忘乎所以然，而君子則能夠始終秉承先義後利、顧全大局的原則，對兩者進行權衡之後做出取捨，故曰：「見其可欲也，則必前後慮其可惡也者；見其可利也，則必前後慮其可害也者；而兼權之，孰計之，然後定其欲惡取捨。如是，則常不失陷矣。」〔註27〕又曰：「君子之求利也略，其遠害也早，其避辱也懼，其行道理也勇。」〔註28〕在荀子看來，追求義與利是人的自然本性，但是君子卻面對利益時漫不經心，在遠離禍害時早有準備，在避免羞辱時心懷畏懼，在踐行道理時勇往直前。那是因為君子通過符合公眾利益的禮義法度戰勝了私欲，而不任憑個人愛憎辦事，從而使理想的人格道德得以充分顯現。

從人際交往方面來看，荀子強調君子在與人交往時堅持嚴以律己、寬以待人的原則，為人謙虛誠懇，又不與人爭強好勝，善於以博大的胸懷接納和引導那些質素較差的人，憑藉自己的人格魅力去感染他們，從而實現眾人的欣欣向榮與社會的和諧穩定。荀子認為處理好人與人之間的關係，是人生中尤為重要的事情。如荀子在《非相》篇中說：「故君子之度己則以繩，接人則用抴。度己以繩，故足以為天下法則矣。接人用抴，故能寬容，因求以成天下之大事矣。」〔註29〕

〔註25〕（清）王先謙撰，沈嘯寰，王星賢點校：《荀子集解》，北京：中華書局，1988年，第56頁。

〔註26〕（清）王先謙撰，沈嘯寰，王星賢點校：《荀子集解》，北京：中華書局，1988年，第53～54頁。

〔註27〕（清）王先謙撰，沈嘯寰，王星賢點校：《荀子集解》，北京：中華書局，1988年，第60頁。

〔註28〕（清）王先謙撰，沈嘯寰，王星賢點校：《荀子集解》，北京：中華書局，1988年，第41頁。

〔註29〕（清）王先謙撰，沈嘯寰，王星賢點校：《荀子集解》，北京：中華書局，1988年，第100～101頁。

《不苟》篇又曰：「君子崇人之德，揚人之美，非諂諛也。」〔註30〕君子往往以禮義來約束自身的修養實踐，就像木匠做工使用墨繩一樣，要求精確無誤，不能有一絲偏差。所謂「挋」，指的是對人要求寬鬆，不必苛求。君子做到這一點，才能成為眾人學習的楷模，擁有寬闊的胸懷，才能與人友善相處。此外，在理想抱負方面，君子還能恪守禮義道德而不自誇，始終擁有高遠的志向，即使陷入窘迫困難也會弘揚仁德，努力實現人性的轉化，唯有如此才能成就一番事業，故曰：

> 士君子不為貧窮怠乎道。〔註31〕（《荀子·修身》）

> 君子貧窮而志廣，隆仁也；富貴而體恭，殺勢也；安燕而血氣
> 不惰，柬理也；勞勸而容貌不枯，好交也。怒不過奪，喜不過予，
> 是法勝私也。〔註32〕（《荀子·修身》）

君子作為荀子理想人格體系中必不可少的部分，在日常生活中逐漸體現出了脫離社會低級趣味的高尚性、促進社會成員追求理想人格的激勵性，以及引導社會道德生活攀登崇高境界的超前性的特徵。這也使得荀子認識到君子之道不僅具有原始的自然之性，同時也包括著豐富的社會屬性。因此，荀子著重提出唯有在禮義規範的引導之下，才能掌握內省和外學兩者兼備的君子修成之道，才能夠成功孕育出理想境界中的人格典範。正如余英時先生所說：「依照傳統的說法，儒學具有修己和治人的兩個方面，而這兩方面又是無法截然分開的。但無論是修己還是治人，儒學都以『君子的理想』為其樞紐的觀念：修己即所以成為『君子』；治人則必須先成為『君子』。從這一角度說，儒學事實上便是『君子之學』。」〔註33〕所以，相較於「士」來說，荀子認為君子能夠準確地認識自我，做到言行合乎法度、意志堅定，並且自覺地遵守禮義制度的外在約束和接受倫理道德的內在感化，以此來糾正自己的性情。也就是說，對上能夠推崇比自己優秀的人，對下能夠教導不如自己的人，在具體的實踐過程中又能深刻地學習禮義規範，從而確保「君子之道」的形成，故曰：

> 行法至堅，好修正其所聞以橋飾其情性，其言多當矣而未諭也，

〔註30〕（清）王先謙撰，沈嘯寰，王星賢點校：《荀子集解》，北京：中華書局，1988年，第48頁。

〔註31〕（清）王先謙撰，沈嘯寰，王星賢點校：《荀子集解》，北京：中華書局，1988年，第32頁。

〔註32〕（清）王先謙撰，沈嘯寰，王星賢點校：《荀子集解》，北京：中華書局，1988年，第42頁。

〔註33〕余英時：《中國知識分子論》，鄭州：河南人民出版社，1997年，第17頁。

其行多當矣而未安也，其知慮多當矣而未周密也，上則能大其所隆，
下則能開道不已若者，如是，則可謂篤厚君子矣。〔註34〕（《荀子‧
儒效》）

　　顯然，君子能夠憑藉堅定的意志和所掌握的道德來糾正自己的錯誤、彌補
自身的不足。相較於聖人來說，君子所說的話大都是準確的，但還不夠精練深
刻；所做的事情大都是正當的，但還不夠穩妥完美；所作的思考大都是適當的，
但還不夠謹慎縝密。並且君子向上能夠尊崇比自己修養學識深厚廣博的人，向
下能夠點撥尚不及自己的普通人，從而實現自身與他人的共榮共進。荀子強調
君子能夠遵從禮義標準對人的社會等級進行劃分，並通過對禮義思想的踐行
來體現象徵內在道德教化的「義」與外在法制約束的「禮」的結合，從而突出
尊卑貴賤之等級對於自我確認、自我認知的重要性。除此之外，荀子又借助對
「小人」這一人物形象的闡釋，與「君子」形成鮮明的對比，以正反對比的方
式來烘托出君子的高尚光輝形象，為君子人格的建樹提供一種精神上的支持，
比如《不苟》篇載：「君子能則人榮學焉，不能則人樂告之；小人能則人賤學
焉，不能則人羞告之。是君子小人之分也」〔註35〕。

　　第三，「聖人」指知行完備、至善至美之人，又是一種理想的人格境界，
在《荀子》中共出現了 81 次。〔註36〕荀子延續了傳統儒家人格體系中對「聖
賢」的基本定義，肯定了聖人作為品德高尚、德高望重之人，能夠精通於最根
本、最完備的處世之道。但是，荀子眼中的聖人並非古希臘神話中的神靈，抑
或所向披靡的勇士，而是在其理想性中又透出現實意義，聖人同普通人一樣具
有相差無幾的自然本性。聖人之所以能夠達到「聖」的層次，關鍵在於他作為
禮義規範的制定者與實踐者，能夠充分認識到自身存在的不足，並且在道德實
踐中不留餘力地推進化性起偽。誠然，聖人之化性起偽的目的不只在於成就自
身，而且在於「生禮義」「制法度」，並擔負其教化民眾的重任以實現社會的長
治久安。〔註37〕在某種意義上說，這就明確了「聖人」有別於常人的本質特

〔註34〕（清）王先謙撰，沈嘯寰，王星賢點校：《荀子集解》，北京：中華書局，1988
　　　　年，第 154 頁。
〔註35〕（清）王先謙撰，沈嘯寰，王星賢點校：《荀子集解》，北京：中華書局，1988
　　　　年，第 47 頁。
〔註36〕引得編撰處編纂：《荀子引得》，上海：上海古籍出版社，1986 年，第 538～
　　　　頁。
〔註37〕參見陳默：《荀子的道德認識論》，北京：中國社會科學出版社，2016 年，第
　　　　134 頁。

徵，即在於後天之「學」與「偽」的能力。這也是使聖人在荀子道德觀念體系中始終佔據主導地位的原因，使其順理成章的成為了眾人推崇與傚仿的對象，具有極強的道德感召力與社會凝聚力。正因如此，聖人作為中華文明之品性與氣質的典型代表，始終在傳統道德與文化的傳承過程中佔據重要的位置，並且深刻地影響著中國傳統道德人格理論構建的發展方向和進程，故荀子說：「聖人者，道之極也。故學者固學為聖人也，非特學為無方之民也」〔註38〕。

需要注意的是，荀子力圖從現實層面來論證聖人存在的合理性。他認為聖人不僅具備淵博的知識，可以做到知行合一、言行一致，還能夠將掌握的知識來應對變化莫測的時勢，並且認識到萬事萬物的發展運行規律，從而可以明辨是非，保證為人處世不出現任何的差錯，故曰：「行之，明也，明之為聖人。聖人也者，本仁義，當是非，齊言行，不失豪釐」〔註39〕。這是因為荀子所處動盪的歷史時期，諸子百家都固執於各自的思想主張，所以導致了「聖賢不明，道德不一」〔註40〕的混亂現象。對此，荀子應時而提出聖人人格理論，旨在有效地解決以往眾人「蔽於一曲」的盲目現狀，同時也能夠為眾人追求更高層次的精神境界提供理論依據。「聖人」理想不僅包含著教化人性的內容，更在於強調道德模範的功能，體現了倫理與政治的相互結合。

除此以外，荀子還意識到聖人對「道」的「知」與「行」之間的必要聯繫，即「道」是聖人在知通統類與身體力行的感知過程中提出來的，成為一種具有普遍價值的原則，也就是「禮義」。如荀子曰：「知道察，知道行，體道者也。」〔註41〕又曰：「聖人者，以己度者也。故以人度人，以情度情，以類度類，以說度功，以道觀盡，古今一度也。」〔註42〕可見，聖人不僅具有極強的道德認知能力，更具有縝密的邏輯推理能力，這是區別聖人與眾人的重要因素。他們通過對前人的經驗教訓和自身的人生經歷，進行有效的選擇和評價，形成符合

〔註38〕（清）王先謙撰，沈嘯寰，王星賢點校：《荀子集解》，北京：中華書局，1988年，第422頁。

〔註39〕（清）王先謙撰，沈嘯寰，王星賢點校：《荀子集解》，北京：中華書局，1988年，第168頁。

〔註40〕（晉）郭象注，（唐）成玄英疏，曹礎基，黃蘭發點校：《莊子注疏》，北京：中華書局，2011年，第556頁。

〔註41〕（清）王先謙撰，沈嘯寰，王星賢點校：《荀子集解》，北京：中華書局，1988年，第469頁。

〔註42〕（清）王先謙撰，沈嘯寰，王星賢點校：《荀子集解》，北京：中華書局，1988年，第96～97頁。

「道」的規範秩序，並將之運用於當下的社會治理。所以，當聖賢之人面對世事變化時，可以遵循禮義而安然處之，並且不失時機地抓住每一個成功的機遇，從而實現民心的匯聚和政局的穩定。故荀子曰：

> 修百王之法若辨白黑，應當時之變若數一二，行禮要節而安之若生四枝，要時立功之巧若詔四時，平正和民之善，億萬之眾而博若一人，如是，則可謂聖人矣。〔註43〕（《荀子・儒效》）

在《荀子》全書中，分別在不同的篇章，荀子針對不同的問題反覆論證了聖人在道德教化與社會治理方面的權威性。在他看來，相較於士與君子，聖人不僅能執守正義、秉承禮法，同時也能謙虛好學、嚴謹從容。聖人所具備的理想道德，是超越普通人一般高度的，能夠實現與普遍客觀規律統一的理想道德境界。這在很大程度上，又與禮義這一核心有著密切的內在聯繫。荀子試圖把原本至高無上的禮義宗旨詮釋為規範和調節人欲、人情的根本道德準則，並將這具有普遍性的法則融入到人性本質、倫理道德以及社會生活的方方面面。然而，真正能夠實現這一理想目標的必須要具有完美無瑕的道德品格和不可撼動的社會地位，也就是擁有大智慧的聖人。

總之，荀子認為聖人既懂得倫理之道，又懂得治國之道，對內足以修身養性而對外足以建功立業，這是實現「內聖外王」的關鍵所在。或者說，治理國家是極其重大的任務，需要德行兼備、能力非凡的賢能之人才可勝任，故《解蔽》篇曰：「聖也者，盡倫者也；王也者，盡制者也。兩盡者，足以為天下極矣。」〔註44〕在這裡，荀子無疑是對統治者提出了極高的要求，但是，這種要求並不是對統治者的否定，而是對其進行道德才能的改造。荀子將聖人與君王聯繫起來，最終目的依舊是為了維繫社會秩序。所以，學者韓德民在《荀子與儒家的社會理想》一書中指出：「荀子對於儒家理想人格的社會文化功能的論述，一方面強調其價值合理性，另一方面，也有大量內容事實上是給權力階層的特殊利益提供理論辯護。」〔註45〕由此看來，聖人所代表的理想人格帶有濃厚的依附性特徵，它不僅是世人學習的榜樣，是實現禮義規範得以普及的內在動力，同時也是維護社會秩序的根本保障。荀子將人倫與法制兩方面結合起

〔註43〕（清）王先謙撰，沈嘯寰，王星賢點校：《荀子集解》，北京：中華書局，1988年，第 154 頁。

〔註44〕（清）王先謙撰，沈嘯寰，王星賢點校：《荀子集解》，北京：中華書局，1988年，第 481 頁。

〔註45〕韓德民：《荀子與儒家的社會理想》，濟南：齊魯書社，2001 年，第 342 頁。

來，在這一點上更加凸顯了其理論主張的現實意義。

二、「全」與「粹」：理想人格之旨歸

「聖人」作為學識淵博、合乎禮義、言行無過的人，被荀子視為最理想的人格狀態。他認為「君子」所掌握的知識還是不全面的，也不能稱作完美，與「聖人」之間還存有很大的差距。所以，「君子」就必須借助全面地誦讀經典、廣泛地積累道德，並思考和辨析其中所蘊含的禮儀道德，從而實現對禮義規範的融會貫通。除此之外，還要學會排除不利的因素、積極配合聖賢之人的引導和教化，盡可能提升自身的道德素質，故曰：

> 君子知夫不全不粹之不足以為美也，故誦數以貫之，思索以通之，為其人以處之，除其害者以持養之，使目非是無欲見也，使耳非是無欲聞也，使口非是無欲言也，使心非是無欲慮也。〔註46〕（《荀子·勸學》）

可以說，荀子對美的認知主要圍繞著對「全」與「粹」的論述而展開。「全」指的是對知識、道德廣泛的認知，就是所有的言行都要符合禮義規範的要求；而「粹」指的是對審美道德認知的深度，主張人通過後天的努力和學習而達到「善」的理想境界，獲得全面的知識儲備和純粹的道德品質。對此，蔡仁厚先生解釋道：「誦數，猶言誦說，數作動詞。誦數以貫之，全也；思索以通之，粹也。全而粹，則倫類通，仁義一矣。」〔註47〕這樣一來，遵從禮義規範就具有了明確的目標，「全」與「粹」成為我們追求理想人格的一種價值指向。可從以下兩個方面進行闡述：

第一，掌握全面的知識。荀子認為全面的知識儲備是實現理想人格的前提和基礎，在塑造理想人格的過程中發揮重要作用。故曰：「塗之人百姓，積善而全盡謂之聖人。」〔註48〕在他看來，學習認知的能力是後天所必須具備的社會能力，普通人只會將有限的且膚淺的知識付諸於實踐，君子則能在普通人的基礎之上，更加認真勤奮地研究和學習其中的道理，而聖人則不僅能全面地掌

〔註46〕（清）王先謙撰，沈嘯寰，王星賢點校：《荀子集解》，北京：中華書局，1988年，第21～22頁。

〔註47〕蔡仁厚：《孔子的生命境界──儒學的反思與開展》，長春：吉林出版集團，2010年，第84頁。

〔註48〕（清）王先謙撰，沈嘯寰，王星賢點校：《荀子集解》，北京：中華書局，1988年，第171頁。

握盡可能多的知識，並能深刻地領悟和總結出其中的真理和規律。因而，掌握這一基本能力是普通人實現理想人格的重要前提，「彼學者，行之，曰士也；敦慕焉，君子也；知之，聖人也」〔註49〕。

除此以外，荀子還將「君子之知」與「小人之知」來加以區分不同的人格等級的重要性和必要性，並提出君子的學習能夠深入到內心，體現在日常言行當中；而小人的學習只能浮於表面，僅為了滿足自己的欲望和虛榮心，故《勸學》篇曰：「君子之學也，以美其身；小人之學也，以為禽犢」〔註50〕。荀子認識到，「道」本身是永恆不變的，卻能表現事物的一切變化，如果不能全面地認知「道」的內涵，就會造成人的自我膨脹，不僅會擾亂內心的思緒，同樣也會迷惑他人，這就是不能全面認知的弊端，也正是荀子所擔心的。他說：

> 夫道者，體常而盡變。一隅不足以舉之。曲知之人，觀於道之一隅而未之能識也，故以為足而飾之，內以自亂，外以惑人，上以蔽下，下以蔽上，此蔽塞之禍也。〔註51〕（《荀子‧解蔽》）

荀子還列舉了孔子的實例來證明自己的觀點，在他看來，孔子具備全面認知的學習能力，能夠遵循禮義規範的要求行事，又是理想人格的典型代表。所以，孔子能夠輔助先王治理國家，傳授安邦治國的道理，而不被已有的知識所局限，故荀子曰：「孔子仁知且不蔽，故學亂術，足以為先王者也」〔註52〕。可以看出，理想人格的完善始終離不開對知識的掌握和對禮義之道的全面認知。如果人僅僅基於自己狹隘的知識和感性衝動來行動，自然會受到舊習亂術的蒙蔽，整個社會就將難以達到和諧有序的狀態。

第二，具有純粹的品德。荀子認為高尚的品德是人之所以為人的根本，更是塑造理想人格必不可少的條件，就如同糧食財物對於家庭一樣不可或缺。故荀子說：「仁義禮善之於人也，辟之若貨財粟米之於家也」〔註53〕。與此同時，

〔註49〕（清）王先謙撰，沈嘯寰，王星賢點校：《荀子集解》，北京：中華書局，1988年，第148頁。

〔註50〕（清）王先謙撰，沈嘯寰，王星賢點校：《荀子集解》，北京：中華書局，1988年，第15頁。

〔註51〕（清）王先謙撰，沈嘯寰，王星賢點校：《荀子集解》，北京：中華書局，1988年，第464～465頁。

〔註52〕（清）王先謙撰，沈嘯寰，王星賢點校：《荀子集解》，北京：中華書局，1988年，第465頁。

〔註53〕（清）王先謙撰，沈嘯寰，王星賢點校：《荀子集解》，北京：中華書局，1988年，第608頁。

純粹的品德還是人區別於動物的關鍵，人不僅具有認知的能力，也能受到「義」的約束，「義」即代表「善」的道德標準，故曰：「人有氣、有生、有知，亦且有義，故最為天下貴也」〔註54〕。相較於孔子「仁者愛人」與孟子「捨生取義」的道德尺度，荀子認為要想獲得純粹的品德，就必須借助禮義規範作為衡量和約束人的行為道德的最高標準，「善」之德行才是理想人格的本質體現。而禮義作為君子修身養性和立身處世的根本原則，是君子獲得純粹的審美感受和道德教化的根本保障，故曰：

> 君子行不貴苟難，說不貴苟察，名不貴苟傳，唯其當之為貴。
> 故懷負石而赴河，是行之難為者也，而申徒狄能之；然而君子不貴者，非禮義之中也。〔註55〕（《荀子‧不苟》）

也就是說，君子不會因為解決困難的事情為貴，不因辯解複雜的事情為貴，不因名聲廣泛流傳為貴，只有當它們都符合禮義的要求時才是可貴的。在荀子看來，如果缺乏禮義法度作為指導，從而片面地用屬於人的認識能力去探索事物的本質，即使一生的時間也無法窮盡對萬物的理性認識，更無法掌握全面的知識，這又與愚蠢的人沒有什麼不同了。誠如楊國榮先生所說：「僅僅基於自然欲望而不懂得用理性觀念進行自我約束、僅僅出於天性而不懂得用禮義規範加以引導，就會將自己降低到動物（禽獸）的層面。」〔註56〕正因如此，荀子十分注重禮義的教化功用，並提出廣泛地學習各種知識不僅能夠使人積累智慧，具備豐富的道德素養，同時又能輔助君子的「修己」過程，使其行為沒有過失，故曰：「君子博學而日參省乎己，則知明而行無過矣」〔註57〕。

荀子認為，倫理道德作為貫穿民族發展始終的關鍵因素，是處理人與社會關係的催化劑，它也包括了多個方面的內容：「善」「孝」「忠」「敬」「順」等。人具備了這些高尚的品德，就能夠在行動中寬容而不怠慢，有原則而不刻薄，善於言辯而不強詞奪理，明察秋毫又不偏激，為人正直卻不盛氣凌人，溫柔隨

〔註54〕（清）王先謙撰，沈嘯寰，王星賢點校：《荀子集解》，北京：中華書局，1988年，第 194 頁。

〔註55〕（清）王先謙撰，沈嘯寰，王星賢點校：《荀子集解》，北京：中華書局，1988年，第 43 頁。

〔註56〕楊國榮：《荀子的規範與秩序思想》，《上海師範大學學報（哲學社會科學版）》2013 年第 6 期。

〔註57〕（清）王先謙撰，沈嘯寰，王星賢點校：《荀子集解》，北京：中華書局，1988年，第 2 頁。

和而不隨波逐流，恭敬謹慎而能寬以待人，這種德行完備的狀態又可以看作接人待物的理想方式。故曰：

> 君子寬而不僈，廉而不劌，辯而不爭，察而不激，寡立而不勝，
> 堅強而不暴，柔從而不流，恭敬謹慎而容，夫是之謂至文。〔註58〕
> （《荀子·不苟》）

荀子始終強調全面深刻的道德認知不僅有助於理想人格的塑造，同時還能使百姓安家樂業，實現和諧的人際關係，最終達到統治者興國安邦的目的。不僅如此，荀子還提出，對於道德的考究，必須專心致志，並且要借助禮義規則的引導來明察萬物。一個人在明白了萬事萬物所蘊含的道理基礎之上，而後選擇一個目標努力去達成，而非抱著魚與熊掌兼得的想法，只有這樣才能真正解除對道德理解上的疑惑，最終取得偏僻入裏的效果。所以，荀子說：

> 心枝則無知，傾則不精，貳則疑惑。以贊稽之，萬物可兼知也。
> 身盡其故則美，類不可兩也，故知者擇一而壹焉。〔註59〕（《荀子·解蔽》）

> 好書者眾矣，而倉頡獨傳者，壹也；好稼者眾矣，而后稷獨傳
> 者，壹也；好樂者眾矣，而夔獨傳者，壹也；好義者眾矣，而舜獨
> 傳者，壹也。倕作弓，浮遊作矢，而羿精於射；奚仲作車，乘杜作
> 乘馬，而造父精於御。自古及今，未嘗有兩而能精者也。〔註60〕（《荀
> 子·解蔽》）

誠然，愛好文字的人有很多，唯有倉頡的名字流傳至今；喜歡耕種的人有很多，唯有后稷的名字流傳下來；喜歡音樂的人有很多，唯有夔的名字流芳百世。這說明天下無二道，聖人無二心，亦指我們做事要用心專一，更要堅持禮義之道一以貫之，才能透徹地理解萬事萬物的本質規律，便可以熟知自然與人事，進而達到臻於「全」與「粹」的人生境界。如果我們不能專心一致做事，勢必會浮於表面，甚至會亂而不正。

總而言之，荀子關於理想人格的解釋，始終沒有離開對人性的探究，不僅

〔註58〕（清）王先謙撰，沈嘯寰，王星賢點校：《荀子集解》，北京：中華書局，1988年，第47～48頁。

〔註59〕（清）王先謙撰，沈嘯寰，王星賢點校：《荀子集解》，北京：中華書局，1988年，第471頁。

〔註60〕（清）王先謙撰，沈嘯寰，王星賢點校：《荀子集解》，北京：中華書局，1988年，第474～475頁。

揭示了禮義教化的必要性，又突出了「全」與「粹」作為理想目標的重要性。
這種富有啟發意義的人格目標，實現了理性認知（即「真」）與純粹道德（即
「善」），以及理想人格（即「美」）三者間的完美結合，真正觸及到了理想人
格建構中「真善美」的道德目標。所以，荀子才反覆強調：「天見其明，地見
其光，君子貴其全也」〔註61〕。君子所器重的就是完全、純粹的理想道德，就
像地表現廣闊，天表現高明一樣，在對禮義的「聞」「見」「知」「行」的學習、
積累過程中逐漸去除人性的惡，使自己具備理想的人格。關於此，敏澤先生就
提出：「最美的人格，是在『德操』上達到『全』、『粹』境界的人，達到這樣
境界的美的人格，才可以不為權勢所『傾』，流言所『移』，任何力量所能動搖。
這無疑也是對人、人的品格美所能具有的巨大內在力量的頌歌。」〔註62〕可
見，真正具有社會價值的人格美是同時符合道德實際的需求，又能滿足社會實
踐的要求，這與荀子的核心美學命題是不謀而合的。

第二節　「濁明外景，清明內景」：對理想境界的追求

一、以「心」知「道」：主體心境的造化

　　對於荀子而言，「道」是古往今來衡量是非標準的關鍵，既包括人道，也包
括天道，具有普遍規律的意義。所以荀子在《正名》篇曰：「道也者，治之經理
也」〔註63〕，又曰：「道者，古今之正權也，離道而內自擇，則不知禍福之所託」
〔註64〕。關於「道」的定義，王先謙就解釋說：「道，謂禮義」〔註65〕。韋政通
先生則總結說：「隆禮義是荀學的根本宗旨，禮義是系統的絕對中心，是唯一的
道；他的一切思想皆以符合此宗旨及完成此道的效用為依歸。」〔註66〕此外，

〔註61〕　（清）王先謙撰，沈嘯寰，王星賢點校：《荀子集解》，北京：中華書局，1988
　　　　　年，第 23 頁。
〔註62〕　敏澤：《中國美學思想史（第一卷）》，濟南：齊魯書社，1987 年，第 175 頁。
〔註63〕　（清）王先謙撰，沈嘯寰，王星賢點校：《荀子集解》，北京：中華書局，1988
　　　　　年，第 500 頁。
〔註64〕　（清）王先謙撰，沈嘯寰，王星賢點校：《荀子集解》，北京：中華書局，1988
　　　　　年，第 509 頁。
〔註65〕　（清）王先謙撰，沈嘯寰，王星賢點校：《荀子集解》，北京：中華書局，1988
　　　　　年，第 465 頁。
〔註66〕　韋政通：《荀子與古代哲學》，臺北：臺灣商務印書館，1966 年，第 71～72
　　　　　頁。

學者鄧小虎也提出：「『禮義』就是『道』的主要內容。」〔註67〕學者潘小慧同樣認為荀子之道「即『人之所以道』、『君子之道』，其實質為『禮義』，為道德實踐的客觀、外在、具權威性的判準」〔註68〕。按此理解，「道」和「禮義」在本質上是同一的，可以說是人類行為的道德準則，更是治理國家的根本原則。

一方面，「道」作為主體認知客觀世界的結果，是聖人化性起偽的產物，其核心內容就是禮義。所以，荀子十分重視「道」的教化作用，他說：

> 道者何也？曰：君道也。〔註69〕（《荀子・君道》）

> 道也者何也？曰：禮讓忠信是也。〔註70〕（《荀子・強國》）

> 聖人備道全美者也，是縣天下之權稱也。〔註71〕（《荀子・正論》）

人在求知過程中一旦掌握了禮義、辭讓、忠信，方可實現「身盡其故則美」的目標。人必須以合理的道德標準來要求自己，達到內在性情與外在規範的統一，並至和諧狀態。這種和諧在個人表現為情感的滿足，在社會表現為秩序的穩定。因此，人不能循理直「道」，並不是由於他沒有好善嫉惡之性，而是由於他不知「道」〔註72〕。

另一方面，「道」作為宇宙的本體，體現了天地萬物的運行規律。荀子曰：

> 與時遷徙，與世偃仰，千舉萬變，其道一也。〔註73〕（《荀子・儒效》）

> 萬物為道一偏，一物為萬物一偏。〔註74〕（《荀子・天論》）

> 精於物者以物物，精於道者兼物物。故君子壹於道而以贊稽物。

〔註67〕鄧小虎：《荀子的為己之學：從性惡到養心以誠》，北京：北京大學出版社，2015 年，第 73 頁。

〔註68〕潘小慧：《荀子的「解蔽心」——荀學作為道德實踐論的人之哲學理解》，《哲學與文化》1998 年第 6 期。

〔註69〕（清）王先謙撰，沈嘯寰，王星賢點校：《荀子集解》，北京：中華書局，1988 年，第 280 頁。

〔註70〕（清）王先謙撰，沈嘯寰，王星賢點校：《荀子集解》，北京：中華書局，1988 年，第 352 頁。

〔註71〕（清）王先謙撰，沈嘯寰，王星賢點校：《荀子集解》，北京：中華書局，1988 年，第 383 頁。

〔註72〕參見唐端正：《荀學探微》，北京：中國人民大學出版社，2019 年，第 49 頁。

〔註73〕（清）王先謙撰，沈嘯寰，王星賢點校：《荀子集解》，北京：中華書局，1988 年，第 163 頁。

〔註74〕（清）王先謙撰，沈嘯寰，王星賢點校：《荀子集解》，北京：中華書局，1988 年，第 377 頁。

壹於道則正，以贊稽物則察，以正志行察論，則萬物官矣。〔註75〕
（《荀子・解蔽》）

荀子認為，「道」是獨立於萬物而存在的，並不受人類主觀意志的影響，但是又與人類生活密切相關。只有正確地認識和理解「道」，才能掌握萬物的發展規律，才能役使萬物，治理國家，進而實現人與自然的和諧統一。如果人不知「道」、不循「道」，不僅會做出違背禮義法則的事情，而且無法正確地認識事物本質。

在荀子看來，人知「道」要靠「心」，也就是以心映象，洞悉萬物，方能免於偏傷之患，達至大清明的境界。人的一切認知皆始於對客觀事物的感官體驗，其所做的價值判斷和道德判斷要合乎禮義法度的要求，這便是荀子思想的獨特之處。或者說，人性的變化並不是由人的感官所決定的，而是在人之生理機能組織的共同作用下實現的。對人性的把握必須要經過耳、目、鼻、口、形等感官意識和理性思維的綜合之後，才能從偏蔽中解放出來，獲得主體精神的昇華與超脫。其中，「心」始終居於人生命體的核心位置，主宰著不同的生理感官，故荀子曰：

故相形不如論心，論心不如擇術。形不勝心，心不勝術。〔註76〕
（《荀子・非相》）

心居中虛以治五官，夫是之謂天君。〔註77〕（《荀子・天論》）

「心」作為聖人認識客觀事實的主體，是生禮義而起法度的根源。荀子所謂之「心」已經超越了孟子形而上的道德之「心」（即融合了仁義禮智合一的「心」，是一種由內而外的自然天成的本性），因為荀子不僅看到了「心」的認識功能，認為「心」能夠對感官素材進行分析和辨別，而且強調「心」具有主宰人的形體及精神的特殊功能，能夠通過客觀的知識體系和實踐活動實現對自身價值和倫理道德的理性判斷，也就自然而然地成為了認識和運用「道」的主體，「故心不可以不知道。心不知道，則不可道而可非道」〔註78〕。對此，

〔註75〕（清）王先謙撰，沈嘯寰，王星賢點校：《荀子集解》，北京：中華書局，1988
　　　　年，第 472 頁。
〔註76〕（清）王先謙撰，沈嘯寰，王星賢點校：《荀子集解》，北京：中華書局，1988
　　　　年，第 85～86 頁。
〔註77〕（清）王先謙撰，沈嘯寰，王星賢點校：《荀子集解》，北京：中華書局，1988
　　　　年，第 366 頁。
〔註78〕（清）王先謙撰，沈嘯寰，王星賢點校：《荀子集解》，北京：中華書局，1988
　　　　年，第 466 頁。

牟宗三先生將荀子所講的「心」理解為「以智識心」，認為它不同於「孟子『由心見性』之心。孟子之心乃『道德的天心』，而荀子於心則只認識其思辨之用，故其心是『認識的心』，非道德的心也；是智的，非仁義禮智合一之心也。可總之曰以智識心，不以仁識心也。此智心以清明的思辨認識為主。」〔註79〕這也意味著，荀子所謂之「心」是超越了生理感性層面，並且上升到了具有思辨意識的理性層面。荀子深刻地認識到了感性認知的局限性，理性思維能夠起到指導感性認識的作用。當荀子強調「心」是改變性之惡的基礎時，其本質上仍然離不開對禮義規範與實踐活動的依賴。所以，牟先生又補充說：「荀子以智心之明辨（即不暗之天君）治性，實非以智心本身治性，乃通過禮義而治性也。明辨之心能明禮義，能為禮義，而禮義卻不在人性中有根，卻不在惻隱之心羞惡之心辭讓之心中表現，是則禮義純是外在的，而由人之『積習』以成，由人之天君（智心）以辨。」〔註80〕

由此可知，以「心」知「道」的關鍵就在於由外而內的禮義生成過程，即強調「心」訴諸於禮義法度的直接決定作用。而且，「道」本身所具有的客觀規律就處在無窮的變化當中，如果一個人在思想上不能全面深刻地理解「道」的內涵，就不能準確地認識禍福之間相互轉化的辯證關係，也就無法充分地發揮「道」的規範作用。所以，「心」必須符合「道」的要求，才能言行無過，明辨是非，故曰：「心合於道，說合於心，辭合於說」〔註81〕。荀子雖然承認了「心」的價值判斷和審美功能，但是他並不認為這種獨立性就是準確無誤的，抑或每個人的內心都會受到自身或外在諸多因素的干擾，其直接呈現出的結果也就不是可靠的，而必須憑藉禮義之道作為指導和衡量的標準尺度，才能使其成為可靠的。荀子認為，人作為獨立的個體之所以會有道德認知和審美體驗的不同，不僅是由人的社會等級差異決定的，同時還受到其主體之心的影響，故其曰：「心者，形之君也，而神明之主也，出令而無所受令」〔註82〕。可見，「心」作為一種與意志品格相關聯的主體意識，其基本特點就是可以決定向善，也可以決定向惡。「心」的主宰性是在審美認知的過程中逐漸樹立起來的，

〔註79〕牟宗三：《名家與荀子》，臺北：臺灣學生書局，1979 年，第 224 頁。
〔註80〕牟宗三：《名家與荀子》，臺北：臺灣學生書局，1979 年，第 226 頁。
〔註81〕（清）王先謙撰，沈嘯寰，王星賢點校：《荀子集解》，北京：中華書局，1988 年，第 500 頁。
〔註82〕（清）王先謙撰，沈嘯寰，王星賢點校：《荀子集解》，北京：中華書局，1988 年，第 470 頁。

並始終起到統率的作用。如荀子所說：

> 心憂恐則口銜芻豢而不知其味，聲聽鍾鼓而不知其聲，目視黼黻而不知其狀，輕煖平簟而體不知其安。〔註83〕（《荀子・正名》）

> 心平愉，則色不及傭而可以養目，聲不及傭而可以養耳，蔬食菜羹而可以養口，粗布之衣、粗紃之履而可以養體，屋室、廬庾、葭稾蓐、尚机筵而可以養形。〔註84〕（《荀子・正名》）

意思是說，人在憂心忡忡的時候面對美味佳餚也會味同嚼蠟，再悅耳的音樂也不動聽，即使享受了萬物之美，也感受不到美的力量，得不到理想的審美體驗，這是人內心欲求不滿的表現，亦是「人性惡」之天性的表現。與之相反，如果內心愉悅時，即使平庸的審美對象，也能使我們收穫意想不到的審美感受。在荀子看來，審美主體的心境會受到偏好的影響，也就是那些存在於人內心的功利態度、認識態度等一切不符合禮義的雜念。如果思想分散，就無法全面考察事物，思想不集中，認識就不會精深，從而無法作出正確的判斷和選擇。誠如楊國榮先生所說：「如果主體缺乏自主選擇的能力或因外在強制而無法自由地作出決定，那麼，對其行為便很難作出善惡的區分」〔註85〕。在此背景之下，如何「養心」就成為了實現純粹理想人格和審美狀態必不可少的前提。針對如何使「心」始終保持審美認知的準確性問題，荀子則在前人所提出的「潔其宮，開其門」〔註86〕觀點之上，進一步明確了審美主客體之間的辯證統一關係。他強調首先要保證主體自身的內在修養，使人專心凝神於某一方面而忽略其他方面的干擾，才能達到認識審美客體、達到審美之境的目的，也就是「虛壹而靜，謂之大清明」〔註87〕的審美理想狀態。

荀子強調心要「知道」，就必須「虛壹而靜」，也就要明察萬物之道，才能進入完全透徹、毫無偏蔽的境界，才能感受到事物的美。或者說，人之心靈與感官必須經由「虛」「壹」「靜」的審美規範，才能成為審美的心靈和感官。而

〔註83〕（清）王先謙撰，沈嘯寰，王星賢點校：《荀子集解》，北京：中華書局，1988年，第509頁。

〔註84〕（清）王先謙撰，沈嘯寰，王星賢點校：《荀子集解》，北京：中華書局，1988年，第510頁。

〔註85〕楊國榮：《善的歷程：儒家價值體系研究》，上海：上海人民出版社，2021年，第114頁。

〔註86〕黎翔鳳撰，梁運華注：《管子校注》，北京：中華書局，2004年，第764頁。

〔註87〕（清）王先謙撰，沈嘯寰，王星賢點校：《荀子集解》，北京：中華書局，1988年，第469頁。

這種審美規範也就是荀子所說的「道」。荀子認為，這不僅是對以心「知道」方法的準確表述，同時也是實現理想人格的根本途徑。所謂「虛」，就是人心中積累的知識和記憶，但是這些已有的知識又不妨礙我們接受新的事物，同時也不會受到主觀偏見的影響，既能夠發揮人作為審美主體的認知能力，又能通過「虛」的方法獲得源源不斷的新知識和高尚道德，故曰：

> 人生而有知，知而有志。志也者，臧也，然而有所謂虛，不以所已臧害所將受謂之虛。〔註88〕（《荀子·解蔽》）

所謂「壹」，就是能夠專心致志地、正確地認知事物和辨別差異，能夠排除欲望本性的干擾，又不因既定概念影響人們的審美認知和理性判斷。對一種事物的規律有了深刻瞭解，並結合對事物的考察，這樣才能真正把握事物的本質，故曰：

> 心生而有知，知而有異，異也者，同時兼知之。同時兼知之，兩也，然而有所謂一，不以夫一害此一謂之壹。〔註89〕（《荀子·解蔽》）

所謂「靜」，指的是使人的「心境」保持平和穩定，處事從容不迫，不因思維的混亂而干擾主體的審美認知活動。在荀子看來，動和靜是對立統一的，「『動』是絕對的，『靜』是相對的，它們相反相成。不動就不能進行思維，但要正常思維就必須排除各種干擾，讓思想靜下來」〔註90〕，故曰：

> 心，臥則夢，偷則自行，使之則謀。故心未嘗不動也，然而有所謂靜，不以夢劇亂知謂之靜。〔註91〕（《荀子·解蔽》）

在這裡，「虛壹而靜」較為全面地解釋了「虛」與「臧」、「壹」與「貳」、「靜」與「動」之間的辯證統一關係，構成了荀子獨特的審美主張。荀子認為，「心」只有祛除雜念，進入到清澈澄明的境界，才能不被主客觀的片面知識所蒙蔽，進而準確地認識世界。換句話說，「心」是獲得「道」的基本途徑，必須借助禮義的規範作用，使人之欲望中的非理性衝動能夠得到合理的消解，從

〔註88〕 （清）王先謙撰，沈嘯寰，王星賢點校：《荀子集解》，北京：中華書局，1988年，第467頁。

〔註89〕 （清）王先謙撰，沈嘯寰，王星賢點校：《荀子集解》，北京：中華書局，1988年，第468頁。

〔註90〕 廖名春：《走近荀子》，濟南：濟南出版社，2020年，第43頁。

〔註91〕 （清）王先謙撰，沈嘯寰，王星賢點校：《荀子集解》，北京：中華書局，1988年，第468頁。

而使人的審美體驗超越時空的限制，以此來實現人的審美修養和道德認知的提高，以及個體情感與社會道德的完美融合。對此，有的學者就總結說：「『虛壹而靜』包括三方面內容：一不因心中已有的看法妨礙接受新的看法（虛）；二不因已有的某一方面的知識而影響學習另一方面的知識（壹）；三不讓夢想煩亂干擾正常感知（靜）。審美主體只有做到這些，使自己保持一種『大清明』狀態」〔註92〕，才能作出恰當準確的審美判斷。

在荀子看來，實現「虛壹而靜」這一審美理想的關鍵，就是要加強對感性認識和理性認知兩者辯證關係的理解，並增強審美主體對事物的理性思考。感性認知是理性認知的基礎，理性又高於感性，兩者的結合才能從根本上保證以「心」知「道」的準確性。學者方克就曾提出：「感性認知只能接觸事物的表面現象，理性認知才能把握『體常而盡變』的『道』」〔註93〕。荀子克服了墨家傳統的經驗論傾向，並提出個體對欲望的追求也受到「心」的制約，即以心治性，他說：「故欲過之而動不及，心止之也。心之所可中理，則欲雖多，奚傷於治！欲不及而動過之，心使之也」〔註94〕。當人的欲望十分強烈時，但行動卻沒有同步，這是由於「心」克制住了欲望。如果「心」所認為的欲望是符合禮義的，即使這種欲望很多，對於國家治理和道德修養又有什麼損害呢？「故治亂在於心之所可，亡於情之所欲」〔註95〕。但是「心」對感性事物的取捨和綜合卻是主動的，具有主觀能動性，這就要求君子必須將感性思維化為理性認知。正如張岱年先生所說：「『心』支配和統帥感官，只有經過『心』的思維作用，認識才得以形成，感性認識才上升到理性認識。」〔註96〕或許，在此我們會認為荀子有過分誇大「心」的主觀能動性的嫌疑，強調「心」達到了「大清明」的理想境界，就能「坐於室而見四海」〔註97〕，從而具有了形而上的局限性。但是，經過上述分析，我們不難看出荀子的這種審美理想是建立在唯物

〔註92〕王長華，張文書：《荀子美學思想述評》，《河北學刊》1989年第6期。
〔註93〕方克：《中國辯證法思想史（先秦）》，北京：人民出版社，1985年，第484～485頁。
〔註94〕（清）王先謙撰，沈嘯寰，王星賢點校：《荀子集解》，北京：中華書局，1988年，第506頁。
〔註95〕（清）王先謙撰，沈嘯寰，王星賢點校：《荀子集解》，北京：中華書局，1988年，第506頁。
〔註96〕張岱年：《中國唯物論史》，鄭州：河南人民出版社，1994年，第192頁。
〔註97〕（清）王先謙撰，沈嘯寰，王星賢點校：《荀子集解》，北京：中華書局，1988年，第469頁。

實踐觀的基礎之上的，從知「心」的過程中能求得客觀的知識原則而非形而上的價值。在荀子眼中，「心」已「不再只是一種單純的心理能力，而具有實質性的內容在其中，而成為真正活動的實踐理性」〔註98〕，故曰：

> 心知道，然後可道；可道，然後能守道以禁非道。以其可道之心取人，則合于道人，而不合於不道之人矣。以其可道之心，與道人論非道，治之要也。何患不知？故治之要在於知道。人何以知道？曰：心。心何以知？曰：虛壹而靜。〔註99〕（《荀子‧解蔽》）

荀子認為，掌握了「道」的內涵，就能夠按照「道」的要求明辨是非，從而避免邪道的影響。這種人正是合乎聖人心意的人，能夠與其共同討論消除邪道的人，也就是治理國家的關鍵。在這個意義上，荀子強調聖人處理事情，無需勉強或者有意而為之。他們能夠通過澄明之「心」來解蔽，全面地認識事物的本質，以達到「大清明」的精神境界。故如徐復觀先生所說：「心能知道，則心與道是一，而可以達到微的境界，亦即至人的境界。」〔註100〕荀子將「虛壹而靜」作為保持心境穩定，以及能夠做出敏銳準確的審美判斷的有效準則，既不被虛假事物所蒙蔽，也不受自身心境的干擾，從而保證人的審美趣味和審美理想能夠更加真實、貼切、豐富地展現。所以說，「虛壹而靜」既可以看作一種理想的審美境界，能夠為人格美的塑造提供終極目標；也可以看作修身養性的心靈方向，提高源源不斷的審美體驗；更可以看作一種審美認知的基礎，為提高人的審美能力開拓了新途徑。總之，荀子批判性地總結和吸收了各家思想，對主體心境展開了充分地論證，肯定了主體之心的現實性和能動性，從而避免了理論上的虛無主義，在儒家學派中產生了深遠的影響。

二、去「欲」解「蔽」：心術之患的摒除

荀子所處的時代背景是十分混亂的，面對著嚴酷的刑罰制度，上沒有賢明的君主，下又遇到暴虐的秦政，禮義得不到普及，教化也無法實施，進而導致了智者不能出謀劃策，能者不能參與治理，賢者不能得到任用。如果君主受到蒙蔽而目光短淺，賢能的人才必然會遭到拒絕而不被賞識。故曰：

〔註98〕王楷：《天生人成：荀子工夫論的旨趣》，北京：中國社會科學出版社，2018年，第45頁。

〔註99〕（清）王先謙撰，沈嘯寰，王星賢點校：《荀子集解》，北京：中華書局，1988年，第466～467頁。

〔註100〕徐復觀：《中國人性論史》，上海：華東師範大學出版社，2005年，第150頁。

　　　　孫卿迫於亂世，鰌於嚴刑，上無賢主，下遇暴秦，禮義不行，

教化不成，仁者絀約，天下冥冥，行全刺之，諸侯大傾。當是時也，

知者不得慮，能者不得治，賢者不得使，故君上蔽而無睹，賢人距

而不受。然則孫卿懷將聖之心，蒙佯狂之色，視天下以愚。〔註101〕

（《荀子·堯問》）

　　從欲望產生的生理基礎出發，荀子強調人類離開了禮義這個客觀的標準，就會根據自己的審美喜好，隨意地對事物作出抉擇，從而導致思想迷惑和行為昏亂的現象。人在飢餓的時候想吃飽，在寒冷的時候想取暖，在勞作的時候想休息，這些都是人性的本能表現，也是人類生存的基本需求。雖然，荀子承認了欲望存在的合理性，但是過度的欲望會使人陷入深淵，更不利於社會的發展。只有掌握了禮義，才能克服欲望所產生的蒙蔽，才能使智者、能者、賢者的能力得到施展，才能實現國家的長治久安。在荀子看來，影響主體正確判斷的，不只是主體心靈的天然缺陷，還包括心靈所受到的蒙「蔽」。所謂「蔽」，就是阻礙人類把握事物的本質及其普遍規律的屏障。萬事萬物是複雜多變的，都有其差異性，如「欲」與「惡」、「始」與「終」、「遠」與「近」、「博」與「淺」、「古」與「今」等矛盾的對立面，會造成主體的主觀偏見，成為導致人之認識局限的因素，進而構成了「蔽」，而這些「蔽」一旦解除，心靈則會呈現出「大清明」的狀態。故曰：

　　　　故為蔽：欲為蔽，惡為蔽，始為蔽，終為蔽，遠為蔽，近為蔽，

博為蔽，淺為蔽，古為蔽，今為蔽。凡萬物異則莫不相為蔽，此心

術之公患也。〔註102〕（《荀子·解蔽》）

　　　　私其所積，唯恐聞其惡也。倚其所私，以觀異術，唯恐聞其美也。

是以與治雖走而是己不輟也。豈不蔽於一曲而失正求也哉！〔註103〕

（《荀子·解蔽》）

　　人往往會根據自己的生活經驗和積累，形成特定的審美偏好。而且，人的知識範圍又是有限的，如果受到自身偏好的影響，就容易產生「心術之公

〔註101〕　（清）王先謙撰，沈嘯寰，王星賢點校：《荀子集解》，北京：中華書局，1988
　　　　　年，第653頁。

〔註102〕　（清）王先謙撰，沈嘯寰，王星賢點校：《荀子集解》，北京：中華書局，1988
　　　　　年，第458頁。

〔註103〕　（清）王先謙撰，沈嘯寰，王星賢點校：《荀子集解》，北京：中華書局，1988
　　　　　年，第457頁。

患」，便不可能獲得正確的判斷。應當說，荀子已經意識到事物都有正反兩個方面，如果盲目地側重於其中一方面進行考察，就會造成主體認知的片面性，從而背離正道而陷入迷惑。唯有「不執著於某一個具體事物的立場，把萬物全部陳列出來，在中間建立一個正確的標準」〔註104〕，再拿這個標準去全面、辯證地觀察事物，分析問題，才能克服外部環境和主觀偏見對人的負面影響，從而透過假象認識事物的真理。這唯一的正確的標準就是禮義。因此，荀子所講的「解蔽」，實質上就是學習和掌握禮義規範，這一過程的最終目的旨在摒棄人們思想認識上的弊端，引導大家走向正道，從而獲得正確的價值判斷和政策決議。

很顯然，荀子認識到自然萬物都有其特定的發展規律和特殊的存在價值，也就具有成為審美對象的潛能，並且這種內在的潛能必須通過審美主體的參與才能產生現實意義。一方面，處於時刻變化中的萬事萬物能夠激發人的感官和心靈的體驗，它作為一個必不可少的觸發因素，在審美實踐的過程當中發揮著重要作用。另一方面，審美主體又善於將情感融入到客體對象和環境當中，賦予無生命的事物以人的生命意志，由此實現心與物的相互融合。事實上，客觀外物的感發既能夠使審美主體獲得精神的愉悅與超越，也能夠導致審美主體思緒的混亂和意志的轉移，造成審美認知的片面性與局限性，那些不確定性的因素能夠在潛移默化中改變人的品性、道德與本質，故荀子說：「故人心譬如槃水，正錯而勿動，則湛濁在下而清明在上，則足以見鬚眉而察理矣。微風過之，湛濁動乎下，清明亂於上，則不可以得大形之正也。心亦如是矣」〔註105〕。通過這這個生動的比喻，我們可以發現引文中所描述的景象已不僅是人的視聽感官所能感知到的審美對象，同時也是人類進行情感投射與抒發的客觀對象，審美意識已經越肉而靈，由客觀景象上升到情感層面，並與人的精神世界融為一體。

在荀子看來，審美體驗的發生必須在禮義的規範之內，這樣才能取得理想的審美效果。換言之，如果審美主體對禮義的認識和掌握過於薄弱，就無法抵抗外界因素的干擾，從而很容易受到自然環境和客觀事物的影響。這樣對於審美現象的理解也就只能浮於外在的光景，而捕捉不到隱藏在事物內部的真理。

〔註104〕惠吉星：《荀子與中國文化》，貴陽：貴州人民出版社，1996年，第218頁。
〔註105〕（清）王先謙撰，沈嘯寰，王星賢點校：《荀子集解》，北京：中華書局，1988年，第474頁。

因此，荀子強調唯有專心致力於學禮義的聖人，才能憑藉其對「道」的準確理解和運用，全面透徹地把握真理，即表現為事物內在的光景，「故濁明外景，清明內景」〔註106〕。在這裡，荀子所強調的是萬物真理由遮蔽走向解蔽的過程，表現出他對實踐與環境、精神與物質之間審美關係的深入探討。理想人格的塑造不僅取決於「性本惡」的先天質素，同時也會受到審美主體所處環境及其所選取的審美對象的影響。基於此種認識，荀子進一步指出社會習俗作為不可避免的外界因素，同樣會對人的審美認知產生或推動或阻礙的作用，故曰：

> 注錯習俗，所以化性也；並一而不二，所以成積也。習俗移志，
> 安久移質，並一而不二則通於神明、參於天地矣。故積土而為山，
> 積水而為海，旦暮積謂之歲。〔註107〕（《荀子·儒效》）

不同時代和不同地域的風俗習慣都有其獨特性，可以轉變人的品性和意志，起到化性起偽的教化作用，更有助於超凡入聖之理想人格的形成。在荀子看來，由於人所處的生活環境是動態發展的，人的道德品行自然會受到薰染，對事物的認知也會有所偏差，從而導致了人格層次的高低優劣。正如朱良志先生所說：「人心靈中的境界（或云世界）是在與外在世界相互作用下產生的心靈影像，每個人都有自己心靈的境界，每個人都會按照自己的知識結構、價值標準、審美眼光形成屬於自我的境界」〔註108〕，也就是強調了人在與外在世界的互動過程中會根據自身的經驗和審美偏好形成特定的審美認知，從而獲得能夠為己所用的審美體驗和知識體系，這一過程也就不可避免地帶有濃厚的主觀意識傾向。荀子準確地認識到了人性中充滿欲望又易於被干擾的一面，所以，他強調君子要謹慎地對待自己的言行，慎重地選擇習俗環境，同時又要堅持不懈地學習與積累禮義規範，這樣才能使自己的性情脫離低級趣味，而後才能成為聖人，才能通於神明之境。他說：

> 故人知謹注錯，慎習俗，大積靡，則為君子矣；縱性情而不足
> 問學，則為小人矣。〔註109〕（《荀子·儒效》）

〔註106〕（清）王先謙撰，沈嘯寰，王星賢點校：《荀子集解》，北京：中華書局，1988年，第477頁。

〔註107〕（清）王先謙撰，沈嘯寰，王星賢點校：《荀子集解》，北京：中華書局，1988年，第170頁。

〔註108〕朱良志：《中國美學十五講》，北京：北京大學出版社，2006年，第274頁。

〔註109〕（清）王先謙撰，沈嘯寰，王星賢點校：《荀子集解》，北京：中華書局，1988年，第171頁。

故君子居必擇鄉，遊必就士，所以防邪僻而近中正也。〔註110〕

（《荀子·勸學》）

好的生活方式和人文環境可以對人產生好的影響，久而久之，便可以成就人的精神層次。人作為具有能動性的審美主體，不僅要主動地接受良好氛圍的薰陶，還要主動地避免邪惡的人與事的影響。此外，荀子還著重突出了「聖人」的模範引導作用，並強調要不斷地提高普通百姓對禮義的皈依和認知。人作為社會中的一員，始終離不開對道德高尚的聖人和民風樸素的社會群體的依賴和傚仿。荀子認為，人即使具備了優良的素質和辨別是非的能力，也需要不斷地去接觸學識淵博和道德高尚的人，並向他們學習和探討有關禮義的學問知識，這樣才能進一步提高自己的道德素養。因為，唯有通過賢師才可以學習到堯、舜、禹、湯等人的修身治國之道，通過良友才能領略忠信敬讓的高尚道德品質，並在身體力行中趨向理想的人格境界，從而達到獨善其身的目的，故荀子曰：「夫人雖有性質美而心辯知，必將求賢師而事之，擇良友而友之。得賢師而事之，則所聞者堯、舜、禹、湯之道也；得良友而友之，則所見者忠信敬讓之行也。身日進於仁義而不自知也者，靡使然也。」〔註111〕意思是說，選擇了正確的學習對象和生活環境，只是完善人格的第一步，如果對禮義的瞭解還只停留在事物的表面，則不能獲得真正意義上的教化。憑藉疑惑的感覺去判斷捉摸不定的事物，那麼就會思慮不清，得到的認知與判斷也必定是錯誤的。人類的通病就在於單方面地看待問題，也就習慣了顧此失彼的分析方法。所以，荀子感慨道：

凡人之患，蔽於一曲而暗於大理。治則復經，兩疑則惑矣。天下無二道，聖人無兩心。〔註112〕（《荀子·解蔽》）

凡觀物有疑，中心不定，則外物不清；吾慮不清，則未可定然否也。冥冥而行者，見寢石以為伏虎也，見植林以為後人也。〔註113〕（《荀子·解蔽》）

〔註110〕 （清）王先謙撰，沈嘯寰，王星賢點校：《荀子集解》，北京：中華書局，1988年，第7頁。

〔註111〕 （清）王先謙撰，沈嘯寰，王星賢點校：《荀子集解》，北京：中華書局，1988年，第531頁。

〔註112〕 （清）王先謙撰，沈嘯寰，王星賢點校：《荀子集解》，北京：中華書局，1988年，第456頁。

〔註113〕 （清）王先謙撰，沈嘯寰，王星賢點校：《荀子集解》，北京：中華書局，1988年，第478頁。

從審美的角度看，荀子通過對主體與對象的辯證關係的闡釋，不僅注意到了主體心境對於審美判斷所帶來的影響，同時，他又將客觀萬物也納入到自己的討論當中，並且強調準確的審美認知需要後天的努力學習才能實現，進而揭示了人格修養與生活實踐之間的辯證統一關係，具有進步性意義。顯然，荀子所說的解蔽是建立在踐行禮義的基礎之上的，有別於孔子所倡導的「克己復禮」的觀點。荀子從社會現實的角度出發，主張要廣泛地學習禮義規範，才能規避思想認知的局限性和片面性，才能充分瞭解複雜多變的審美對象，由此獲得身心合一的審美體驗。不難發現，荀子解蔽的目的不只是為了「糾正政治上的謬誤」〔註 114〕，實現帝王的政治理想，而且側重於克服認識中的片面性因素，旨在追求「大清明」的聖人境界。

總的說來，禮義法度的創建是源自人之本性在面對紛繁複雜的現實社會發展時所展現出來的理性精神，而這種理性精神又往往潛藏在人性當中，並依附於強有力的政治制度來發揮無所不在的指導作用，而人對於道德情感的訴求也正因這種現實性和普遍性的特徵被包含在其中。因此，荀子禮義美學思想帶有極強的時代感，既能夠豐富生命個體的感性精神世界，又能夠符合當時社會政局動盪時期的價值取向。換句話說，荀子的理想人格觀念建立在對自然、社會、歷史等多方面深刻認知的基礎之上，是其理性精神與感性認知的綜合體現。這種人格觀念對人內心的道德探索和外在的社會倫理探索並重，最終實現人心內在的道德感和外在社會的倫理秩序的相互和諧。〔註 115〕

第三節　「聖人化性而起偽」：對禮義規範的學習

一、「偽者，文理隆盛」：生命精神的建構

人性本惡是荀子全部學說的起點。荀子認為，饑而欲飽、好利惡害的自然情慾和五官意物、口耳相辨的感官知覺都是人與生俱來的，不是後天人為所能決定的，這與孟子及其後者所持美善道德本就內在於心的「性善論」觀點是不同的。孟子將人類倫理德行歸結於自然天性的觀點，邏輯上雖能自圓其說，並且相較於荀子的「性惡論」來說也要美好的多，但實際上卻無法從現實生活中

〔註 114〕孔繁：《荀子評傳》，南京：南京大學出版社，1997 年，第 138 頁。
〔註 115〕參見楊艾璐：《解蔽與重構：多維視界下的荀子思想研究》，北京：中國社會科學出版社，2015 年，第 109 頁。

找到根本依據。在荀子看來，人性是好利多欲的，如果任由人之情性發展，必然會導致人與人之間的爭奪、淫亂等不良行為的發生，但如果遵從禮義來分配，陌生人之間也會懂得相互禮讓，故其曰：「假之人有弟兄資財而分者，且順情性，好利而欲得，若是，則兄弟相拂奪矣；且化禮義之文理，若是則讓乎國人矣。故順情性則弟兄爭矣，化禮義則讓乎國人矣。」〔註116〕荀子深刻地意識到人之自然本性的不足，而且明確指出「人性」又是「可化」的，也就能夠借助於後天人為的努力和完善來克服人之弊端。他說：

> 性也者，吾所不能為也，然而可化也；情也者，非吾所有也，然而可為也。注錯習俗，所以化性也；並一而不二，所以成積也。〔註117〕（《荀子‧儒效》）

> 不可學、不可事而在人者謂之性，可學而能、可事而成之在人者謂之偽。是性、偽之分也。〔註118〕（《荀子‧性惡》）

> 故櫽栝之生，為枸木也；繩墨之起，為不直也；立君上，明禮義，為性惡也。用此觀之，然則人之性惡明矣，其善者偽也。〔註119〕（《荀子‧性惡》）

「性」是人生來就具備的先天品質，是不需要人為的努力就能得到的，屬於自然的範疇，而「偽」則是人後天努力才能具備的學習能力，屬於社會的範疇，一方面，「性」本身是惡的，「情」則是「性」的一種情感表現，人不能憑藉自身本性的力量成為美，只能依靠「偽」的方式來實現。另一方面，如果缺少「性」和「情」作為研究對象，「偽」也就失去了存在的意義，只有兩者互相配合才能達到聖人的理想境界。在這裡，荀子通過「櫽栝之生」與「繩墨之起」做類比分析，突出強調了後天教化、積慮、學習的重要作用。在荀子看來，性和木都是天生而有的、並非人為的一種自然狀態，需要經過人為的作用才能成善、成材。很顯然，荀子基於人性本惡的思想觀點，肯定了「偽」存在的合

〔註116〕（清）王先謙撰，沈嘯寰，王星賢點校：《荀子集解》，北京：中華書局，1988年，第518～519頁。

〔註117〕（清）王先謙撰，沈嘯寰，王星賢點校：《荀子集解》，北京：中華書局，1988年，第170頁。

〔註118〕（清）王先謙撰，沈嘯寰，王星賢點校：《荀子集解》，北京：中華書局，1988年，第515頁。

〔註119〕（清）王先謙撰，沈嘯寰，王星賢點校：《荀子集解》，北京：中華書局，1988年，第521頁。

理性與必要性。人之性善必須依靠「偽」作為基本的實現途徑，要通過禮義規範來陶冶人的性情，規範人的言行，這就是化性而起偽。猶如學者廖名春所說：「概括荀子『性』、『偽』關係的理論，就是『性』中無『偽』，『偽』中有『性』；『性』中無善，『偽』中有善。」〔註120〕所以，我們在論及荀子「性」與「偽」的辯證關係時，絕不能片面地將後天以「偽」得到的善看作孟子所言之「性」中的善，也就不能將「偽」善說等同於「性」善說來論證。

　　如前所述，「生而好利」是每個人天生就擁有的自然本性，與其生命存在是統一的。荀子一再強調，由人性中的本能欲望所產生的「惡」可以通過「偽」來袪除，但「偽」不在於「外求」，而在於「內求」，即遵循禮義法度來進行道德修養。〔註121〕或者說，人的自然本性不但不會產生禮義法度，而且會阻礙禮義法度的形成。正因為人之本性與欲望無法依賴，所以人才要借助學習和積累的方式來生成禮義。如何實現人性惡向性善的轉化，便成為了荀子試圖解決的主要問題。他說：

　　　　今人之性惡，必將待聖王之治、禮義之化，然後皆出於治、合於善也。用此觀之，然則人之性惡明矣，其善者偽也。〔註122〕（《荀子‧性惡》）

　　　　無性則偽之無所加，無偽則性不能自美。性偽合，然後聖人之名一，天下之功於是就也。〔註123〕（《荀子‧禮論》）

　　意思是說，理想的人格道德並非源自人之本性，而是在接受和學習禮義法度的過程中產生的，唯有如此，才能使人的精神品格達到合乎規範的理想境界。荀子並沒有像孟子一樣迴避人性與教化之間的內在關聯，而是通過禮義來揭示人類道德行為產生並持存的可能性。在荀子看來，「情慾是人生而有，但情慾自身需要偽的附加、禮義的作用才能美，即需要人為調控才能最終導致社會得以平治。」〔註124〕所以，他試圖通過人在經驗世界和道德實踐中的磨練、

〔註120〕廖名春：《〈荀子〉新探》，北京：中國人民大學出版社，2013 年，第 82 頁。
〔註121〕參見陳默：《荀子的道德認識論》，北京：中國社會科學出版社，2016 年，第 73 頁。
〔註122〕（清）王先謙撰，沈嘯寰，王星賢點校：《荀子集解》，北京：中華書局，1988 年，第 521 頁。
〔註123〕（清）王先謙撰，沈嘯寰，王星賢點校：《荀子集解》，北京：中華書局，1988 年，第 432～433 頁。
〔註124〕李記芬：《荀子成人思想研究》，北京：中國社會科學出版社，2021 年，第 175 頁。

修養與積累，來抑制本性中惡的因素而弘揚善的部分。人對於禮義法度的客觀把握能夠轉變成內在的精神動力落實到人的認識能力和實踐能力當中，也就能夠形成對感性心理和本能欲望的克制，這使得社會倫理規範與人的自然本性之間的融合成為可能，進而為建構理想人格奠定了思想基礎。

在荀子看來，「化性起偽」的實行必須要體現出聖人與普通人在受教育機會上的均等性與公平性，聖人與普通人在本質上是沒有差別的。雖然他們處在不同的社會等級，但是成聖與否並不在於出身貴賤，而更多地取決於他們後天的人為，及其對禮義接受程度的差異。事實上，他們都有對高尚品德的追求，以及對於美好事物的欲求，只是普通人缺少正確的思想引導和實現方法，從而與聖人之間的差距越來越大，這也直接影響了人之道德品質的優劣，及其社會地位的高低，故曰：「凡人之性者，堯、舜之與桀、跖，其性一也；君子之與小人，其性一也」〔註 125〕，又曰：「人倫並處，同求而異道，同欲而異知，生也」〔註 126〕。在這裡，「生」是指「性」，即人好利惡害的自然本性。聖人之所以能夠具備理想的人格，關鍵在於他們可以通過後天的努力而區別於普通人。聖人能夠對「性」與「偽」的關係加以辨別，又能夠對禮義道德形成準確認知，並且在現實生活中自覺地接受「化性起偽」的審美教化。故荀子曰：「聖人之所以同於眾，其不異於眾者，性也；所以異而過眾者，偽也。」〔註 127〕這裡所說的「性」與前文所說之「性」的含義相同，都是指基本樸素的質地，「偽」就是外在的規範形式，「文理」即「禮義」，「禮義」即「善」，並以「心」為根源和基礎。荀子強調「偽」的內涵並不僅僅是一種行為過程，更是一種趨向善的學習能力，即通過後天的努力來改變人性中惡的一面，所以，決不能將其等同於簡單的認知行為。關於「偽」的定義，馮耀明從兩個方面作出了解釋：「第一義的『偽』包含有『知』與『能』兩部分，是人所先天本有者，並為致善成聖的內在因素。若配合以外在因素，在內外交修的情形下，便可以有『積偽』的成果，進而隆禮義、起法度，此即第二義之『偽』也。」〔註 128〕

〔註 125〕（清）王先謙撰，沈嘯寰，王星賢點校：《荀子集解》，北京：中華書局，1988年，第 522 頁。

〔註 126〕（清）王先謙撰，沈嘯寰，王星賢點校：《荀子集解》，北京：中華書局，1988年，第 207 頁。

〔註 127〕（清）王先謙撰，沈嘯寰，王星賢點校：《荀子集解》，北京：中華書局，1988年，第 518 頁。

〔註 128〕馮耀明：《荀子人性論新詮：附〈榮辱〉篇 23 字衍之糾謬》，《國立政治大學哲學學報》2005 年第 14 期。

除此以外，荀子又提出：「性者，本始材樸也；偽者，文理隆盛也。」〔註129〕「本始材樸」作為真實存在的審美客體，是自然界中形成美的必要前提；「文理隆盛」作為存在於審美主體的一種學習能力，則是實現審美認知的重要條件。或者說，先天稟賦的「性」與後天習得的「偽」既相互矛盾又相互統一，而且真正能夠解決這一矛盾的，唯有後天的學習與積累。因此，荀子強調「文理隆盛」必須借助禮義法度來引導人的性情發生轉變，這就使「化性起偽」不僅具備了禮法的規範作用，而且還具有了美的精神內涵和現實意義。李澤厚與劉綱紀論及這一問題時，也曾提到：「『偽』不單是一般的學習實行仁義道德，而且是同「禮」聯繫在一起的。『禮』又不單是規範人的哀樂和舉止動靜，使之符合仁義，而且還要給人的情感（『吉凶憂愉』）以一種能夠充分表達出來的重要的外在形式，這就是所謂『文理隆盛』。」〔註130〕那麼聖人的「禮義」道德又從何而來？荀子則解釋說：

> 凡禮義者，是生於聖人之偽，非故生於人之性也。故陶人埏埴而為器，然則器生於工人之偽，非故生於人之性也。故工人斲木而成器，然則器生於工人之偽，非故生於人之性也。聖人積思慮，習偽故，以生禮義而起法度，然則禮義法度者，是生於聖人之偽，非故生於人之性也……故聖人化性而起偽，偽起而生禮義，禮義生而制法度。〔註131〕（《荀子·性惡》）

聖人能夠深刻地思索和考慮問題，又熟習人的社會行為和習俗事理，而且能夠改造人性中惡的一面，從而借助「化性起偽」的方式制定了禮義法度。無論是「積思慮」還是「習偽故」，荀子強調的重點都是改變人的性情，使人與人能夠和諧相處。在他看來，「偽」不僅是改造人之性惡的手段，而且是提升道德修養的手段，對於人能否成為君子至關重要。禮義制定的主要原則是為了解決人性慾望與社會秩序之間的矛盾。正因如此，禮義作為聖人經過後天努力習得的內容，同樣受到歷代聖賢之人所建立起來的禮法制度和道德尺度的影響，也就具有了極強的普世性和合理性。於是，荀子主張將禮義奉為聖人治國

〔註129〕（清）王先謙撰，沈嘯寰，王星賢點校：《荀子集解》，北京：中華書局，1988年，第432頁。

〔註130〕李澤厚，劉綱紀：《中國美學史（第一卷）》，北京：中國社會科學出版社，1984年，第330頁。

〔註131〕（清）王先謙撰，沈嘯寰，王星賢點校：《荀子集解》，北京：中華書局，1988年，第516～518頁。

修身之道，即通過對個體性情的制約，以此達到治理國家的目的，故曰：「仁人之用國，將修志意，正身行，伉隆高，致忠信，期文理」〔註132〕，他強調人不僅要追求高尚的道德品格和謹慎言行的生活作風，同時還要秉承禮義規範的教化作用，從而構成了荀子哲學思想的核心和根本內容。

不難發現，荀子十分重視禮義與「偽」的辯證統一關係，禮義作為硬性的制度規範，能夠有效地保證「化性起偽」這一轉變過程的順利開展，使其具備了融合感性因素的必要條件。荀子認為，只有加強人們對禮義的認知和理解，才能最大程度的發揮「偽」的審美教化功能，從而促進人合乎正道，最終達到「文理隆盛」的理想人格境界。因此，「化性起偽」並非是泯滅人的本能欲望，而是借助禮義對其加以限制，即用道德來引導，用法度來約束。正如荀子所說：「人一之於禮義，則兩得之矣；一之於情性，則兩喪之矣」〔註133〕。在他看來，禮義能夠起到監督和規範「人性惡」的作用，杜絕因情性低劣而導致的唯利是圖等不良現象的發生。如果一個人能夠掌握了「化性起偽」的精髓，並且受到禮義規範的教化，就如同登高而招、順風而呼，既能夠改造人的自然本性，又能夠提升人的道德修養和審美認知，由此實現自身的人生價值。所以說，荀子格外強調「化性起偽」作為人性轉變過程中內省和外學的重要作用，並借助這兩種途徑的結合來實現道德素質和審美修養的提高。雖然普通的百姓並不參與制定禮義制度，但是也能夠通過強學和思慮的方法實現對禮義的掌握。這也意味著，作為君子更要積極地發揮內在的道德自覺，在日常生活中檢查自己的言行是否符合禮義的要求，並要不斷地提高自我的控制能力。此外，君子還要注重對禮義知識和規範的學習積累，努力提升自己的道德素養，故曰：「君子博學而日參省乎己，則知明而行無過矣」〔註134〕。從這個意義上說，荀子「化性起偽」的思想主張既滿足了唯物觀的規定，又符合了辯證法的要求，「性」和「偽」既相互對立，又相互依存。普通人受到法律道德的約束，積累了文化知識和道德素養，能夠按照禮義規範行事，就會成為君子；那些放縱性情，為非作歹又違背禮義的人，則是小人，而理想的人格必定是後天努力得來

〔註132〕（清）王先謙撰，沈嘯寰，王星賢點校：《荀子集解》，北京：中華書局，1988年，第232頁。

〔註133〕（清）王先謙撰，沈嘯寰，王星賢點校：《荀子集解》，北京：中華書局，1988年，第413頁。

〔註134〕（清）王先謙撰，沈嘯寰，王星賢點校：《荀子集解》，北京：中華書局，1988年，第2頁。

的，故曰：「今之人，化師法、積文學、道禮義者為君子；縱性情、安恣睢，而違禮義者為小人」〔註135〕。應當說，「化性起偽」作為荀子人性論思想中最為核心的觀點，集中表現了他對人格美的理解。在他看來，君子要想修身養性，就必須借助於「偽」的方式，即通過後天的修養和對禮義的學習，才能獲得人性道德的昇華。

總之，荀子眼中的「禮義」既是涵養性情、陶冶情操、成就聖賢的必要途徑，又是構成社會基本格局的根本因素。人作為社會中的個體，其社會屬性也決定了自身與禮義千絲萬縷的關係，並在推進社會發展的進程中實現了塑造理想人格的目標。雖然荀子不可能清楚地認識到實踐對審美產生的決定性作用，但是他肯定了人在道德認知和修養提升中的主觀能動性，即人能夠通過自身的努力以養氣修身而至善，最終成為聖賢之人。因此，「化性起偽」不僅對普通人有著重要的規範引導作用，能夠使其達到聖人的理想境界，同時聖王也能借助「文理隆盛」的規範來實現國家的繁榮昌盛、國泰民安，故曰：「得道以持之，則大安也，大榮也，積美之源也」〔註136〕，這便是荀子人性論的獨特之見。

二、「積禮義而為君子」：道德修養的積累

如前所述，禮義法度可以用來矯飾、修正性情，使其合乎德性，教化成為祛惡向善、改造人性的重要手段，構成了荀子成人思想的基本要義〔註137〕。誠然，理想人格的塑造過程並不是一蹴而就的，而是必須經過長期地學習和積累才能實現。在荀子眼中，理想人格不僅需要禮義作為標準對人的本性加以引導和規範，實現人對自我的準確認知與改造，同時還要注重對道德、學識、修養的積累，從而在「修己」的過程中逐漸捨棄「性本惡」中的欲望雜念。所以，荀子在《儒效》篇中說：

> 故積土而為山，積水而為海，旦暮積謂之歲。至高謂之天，至
> 下謂之地，宇中六指謂之極；塗之人百姓，積善而全盡謂之聖人。
> 彼求之而後得，為之而後成，積之而後高，盡之而後聖。故聖人也

〔註135〕（清）王先謙撰，沈嘯寰，王星賢點校：《荀子集解》，北京：中華書局，1988年，第514頁。

〔註136〕（清）王先謙撰，沈嘯寰，王星賢點校：《荀子集解》，北京：中華書局，1988年，第239頁。

〔註137〕參見沈順福：《善性與荀子人性論》，《求索》2021年第4期。

者，人之所積也。人積耨耕而為農夫，積斲削而為工匠，積反貨而
為商賈，積禮義而為君子。〔註138〕

顯然，「積」就是指積累、積攢；「塗」則指普通的、平凡的人；「聖」
即完美純粹的理想境界。荀子反覆強調普通人必須經過長期地積累善德，根
據聖人的理想人格標準來克制或超越個體的意志，也就是要根據禮義規範不
斷調整個體的欲望，實現個體的內在素質和道德修養的內化統一。在荀子看
來，「性是人生來就有的，且生來就容易為外物感動，只有通過積習才能使
性定，應中有定，有定有應，才是人成其為人的根本之處」〔註139〕。通過
「修己」的方式，不斷積累自己對禮義規範的深刻認知，最終才能有機會達
到盡善盡美的理想境界。這也說明，聖人之道可以被人所認識和掌握，即使
是平凡的百姓也具備領悟禮義道德的潛質，並具有在活動中實行禮義道德的
條件。於是，荀子感歎說：「騏驥一躍，不能十步；駑馬十駕，功在不捨。
鍥而捨之，朽木不折；鍥而不捨，金石可鏤。」〔註140〕所謂「積土」「積水」
「積善」，都在強調日積月累的學習，無論是聖人還是普通人都要秉承孜孜
不倦、專心致志的學習態度，否則就不會取得顯著的成就；如果一個人天資
再高，但是不能做到持之以恆、意志堅定，也就無法實現理想的人格。唯有
廣泛地學習和踐行倫理道德，學至全盡，思索孰察，才能達到聖人境界，「故
聖人者，人之所積而致矣」〔註141〕。

在荀子看來，「修己」的過程必然是艱辛的，充滿了各種阻礙與誘惑，就
必須借助禮義規範作為明辨是非的標準，這樣才能保證學習和積累的知識道
德合乎理想人格的要求，最終使性化為善。或者說，禮義規範能夠潛移默化地
影響人的性情，既可以引導人做出正確的審美認知和審美判斷，能起到「美其
心性」的作用，也可以使得個體意志逐漸符合社會意志的統一要求，從而利於
形成整個社會的良好道德風氣。故曰：

〔註138〕（清）王先謙撰，沈嘯寰，王星賢點校：《荀子集解》，北京：中華書局，1988
年，第170～171頁。

〔註139〕李記芬：《荀子成人思想研究》，北京：中國社會科學出版社，2021年，第197
頁。

〔註140〕（清）王先謙撰，沈嘯寰，王星賢點校：《荀子集解》，北京：中華書局，1988
年，第9頁。

〔註141〕（清）王先謙撰，沈嘯寰，王星賢點校：《荀子集解》，北京：中華書局，1988
年，第524頁。

故君子敬始而慎終。始終如一，是君子之道、禮義之文也。〔註142〕
（《荀子·禮論》）

聖也者，盡倫者也；王也者，盡制者也。兩盡者，足以為天下
極矣。〔註143〕（《荀子·解蔽》）

聖人講求生死兩安、善始善終，他們在傳統倫理的基礎上制定禮義，旨在構建和諧有序的社會秩序。所謂「盡倫」，就是完全精通倫理道德；「盡制」，就是精通治國的規範制度。「盡倫」又「盡制」，其實就是倫理道德與社會制度的統一，主觀認識與客觀對象的協調，理論與實踐的完美結合，這與儒家傳統思想中倡導積極入世的理論主張也是不謀而合的。學者王楷在解釋荀子這一思想主張時，也提到：「聖固然是最高的理想人格，然而聖的基礎（或者說內容）並不因此而就是抽象的、不可琢磨的，日常人倫的踐履本身就是『成聖』的工夫，人倫道德修養上的全面、充分和完滿就是聖之理想人格的自然實現。」〔註144〕聖人以禮義規範為標準，不斷追求自身道德修養的完善，並將自己對世間萬物的認知通過具體的言行表現出來，這樣既能確保真理的準確性，又能達到完善人格修養的目的。

荀子主張要從小事做起，注重細節和言行考量，唯有知行結合、腳踏實地才能塑造理想的人格，故《修身》篇曰：「道雖邇，不行不至；事雖小，不為不成。」〔註145〕道路雖近，如果不去行走就不會到達；事情雖小，如果不去處理就不會完成。因此，荀子意識到人性的轉變並非一日之功，必須腳踏實地的從小事做起，並將禮義規範貫徹到日常的生活和學習當中，才能與天地相參。儘管他沒有明確地提出關於量變與質變的辯證關係，但是，荀子的思想卻體現出了足夠量的積累能夠引發質變的觀點，即人固有的自然本性，在特定的情境當中受到禮義的教化，才能夠實現向社會性的轉變。這種具有道德實踐意義的樸素辯證法思想，也是荀子有別於傳統儒家人格論的關鍵。荀子強調人只

〔註142〕　（清）王先謙撰，沈嘯寰，王星賢點校：《荀子集解》，北京：中華書局，1988年，第424頁。

〔註143〕　（清）王先謙撰，沈嘯寰，王星賢點校：《荀子集解》，北京：中華書局，1988年，第481頁。

〔註144〕　王楷：《天然與修為——荀子道德哲學的精神》，北京：北京大學出版社，2011年，第162頁。

〔註145〕　（清）王先謙撰，沈嘯寰，王星賢點校：《荀子集解》，北京：中華書局，1988年，第38頁。

有從細小的事情開始，並致力於做到「積善而不息」和「積善而全盡」，才能實現人性道德的昇華，從而更好地實現審美主體的社會價值。正如荀子所說：「故不積蹞步，無以至千里；不積小流，無以成江海」〔註146〕，這與老子所提出的：「合抱之木，生於毫末；九層之臺，起於累土；千里之行，始於足下」〔註147〕的觀點具有異曲同工之妙。除此之外，荀子還主張在「修己」的過程中要學會「善假於物」，即善於借助各種外在的形式手段，以此來輔助「修己」目的的快速實現，故曰：「君子生非異也，善假於物也」〔註148〕。這也意味著，荀子思想並不拘泥於呆板的思維模式和機械化的解決方法，而是能夠靈活地應對各種突發狀況，具有實踐價值和現實意義。

荀子認為，善於學習和思考的人才能深刻地理解事物的道理，更重要的是善於實踐的人才能準確地把握真理。而且，這種歷經了個體體識到群體認同，再反饋於具體的個體，如此循環往復的發展過程就積澱成為了主體的經驗積累，也就能夠直接用來解決現實生活中的問題疑惑了，故其曰：「善學者盡其理，善行者究其難」〔註149〕。理想的人格不僅是「修己」過程中的仁智統一，還體現在實踐方面所取得的成就。一方面，荀子從樸素唯物主義的視角突出了實踐的作用，如果一個人具備了成為聖人的客觀條件和先天資質，而不將禮義規範付諸於實踐，也就無法真正達到理想的精神境界，所以他說：

> 不聞不若聞之，聞之不若見之，見之不若知之，知之不若行之，學至於行之而止矣。行之，明也。明之為聖人。〔註150〕（《荀子·儒效》）

> 凡論者，貴其有辨合，有符驗，故坐而言之，起而可設，張而可施行。〔註151〕（《荀子·性惡》）

〔註146〕（清）王先謙撰，沈嘯寰，王星賢點校：《荀子集解》，北京：中華書局，1988年，第9頁。

〔註147〕（魏）王弼注，樓宇烈校釋：《老子道德經注校釋》，北京：中華書局，2008年，第165頁。

〔註148〕（清）王先謙撰，沈嘯寰，王星賢點校：《荀子集解》，北京：中華書局，1988年，第5頁。

〔註149〕（清）王先謙撰，沈嘯寰，王星賢點校：《荀子集解》，北京：中華書局，1988年，第596頁。

〔註150〕（清）王先謙撰，沈嘯寰，王星賢點校：《荀子集解》，北京：中華書局，1988年，第168頁。

〔註151〕（清）王先謙撰，沈嘯寰，王星賢點校：《荀子集解》，北京：中華書局，1988年，第521頁。

在這裡，「行」就是實踐、操作的意思。荀子強調對於道德智慧，聽到不如見到，見到不如深入理解，理解不如實際應用，能夠透徹明瞭事理的人才能稱作聖人。荀子強調「行」是明事理的重要標準和必要條件，唯有經歷了實踐的檢驗和證明，才能更好地實現審美認知，進而產生「明」。而且，荀子還指出但凡需要論證的觀點，都必須加以辯證，在符合實踐經驗和標準原則的條件下，才能成為具有普及性的知識。換句話說，「論」要以事實檢驗為前提才能進行，「言」要達到行之有效的高度才能實施，並且兩者都要受制於充足而準確的「行之」經驗和禮義原則，才能得到確切的證明。因此，「行」所能達到的程度，也就決定了「明」所能取得的效果，並且是「知」與「明」得以進一步深化的必要手段。對此，李澤厚、劉綱紀在闡述荀子的實踐論時曾提出：「荀子講人格修養處處重視實際的磨煉，重視『行』、重視『積』，同孟子那種『養吾浩然之氣』是大異其趣的。對荀子來說，美主要存在於建功立業、富貴尊榮的外向的活動中，而不是存於個體人格的內在精神的崇高之中。」〔註 152〕由於荀子受到所處階級地位的影響，其理想人格的主張也不可避免地帶有功利性的色彩。但不可否認的是，他肯定了人性的轉化離不開社會實踐的過程，而並非依賴人的主觀意識，為後儒成人思想的進一步發展提供了理論資源。

總括前論，荀子擺脫了對孔子、老子關於理想人格思想的附庸，認為理想人格是聖人所獨具的，也是人禽之辨的標準，唯有通過守禮義、重師法、育德操、善言辭的教化和培養才能實現。在他看來，「性本惡」是人所固有的，而善是外在的、客觀的，要想實現善對惡的本質替換，就必須經過漫長的沉澱過程，並將感性慾望轉化成理性認知，故曰：「性也者，吾所不能為也，然而可化也」〔註 153〕。所以，荀子十分重視理想人格的現實意義，並鼓勵人們通過後天的學習和積累來改變自身本性。為了實現聖人的理想人格，就必須以「至善至美」的準則來指導道德實踐，以虛壹而靜的心態來強化審美認知，以禮義規範來節欲、養欲，才能獲得道德修養的提升。概言之，「心」能虛壹而靜，才能知「道」，「心」能知「道」，則心道合一，才能達到「全」與「粹」的道

〔註 152〕李澤厚，劉綱紀：《中國美學史（第一卷）》，北京：中國社會科學出版社，1984年，第 334 頁。

〔註 153〕（清）王先謙撰，沈嘯寰，王星賢點校：《荀子集解》，北京：中華書局，1988年，第 170 頁。

德境界。荀子對人之性情的研究，突破了傳統儒家形而上的道德研究範式，充分體現出荀學重教化、重現實的經驗論傾向，這也正是荀子建構理想人格的關鍵所在。

第三章　禮義美學思想在荀子藝術理想中的表現

　　荀子禮義思想延續了周禮的基本精神和氣質，並且實現了對儒家文藝思想的理性發展和理論重構。他深入全面地探討了禮樂思想的本質內涵及其教化功用，認為強制性的「禮」與調和性的「樂」之間存在著巨大的張力，兩者的融合才能充分實現禮樂審美價值的轉向，從而提出了「樂合同，禮別異」的思想主張。荀子強調禮樂作為審美功用論的核心，必須借助「審一定和」這一根本原則，才能達到「美善相樂」的理想審美目標。禮樂作為一個融會貫通的文藝統一體，不僅包含著豐富的樂舞、典禮等藝術儀式，同時也包括著詩歌、典籍等文學內容，滲透於中國古代社會的方方面面。所以，荀子特別注重「詩」「書」等儒家經典作為審美標準所體現出的實用功利性特徵，並在人對文藝的審美需求基礎之上，提出了具有獨特文藝批判視角的詩論和文論思想，故《勸學》篇曰：「禮之敬文也，樂之中和也，詩、書之博也，春秋之微也，在天地之間者畢矣」〔註1〕。對於荀子而言，君子的成人之道，正是「始於誦詩書，終於讀禮樂」〔註2〕。「樂」「詩」「書」之義涵於禮義效用當中，不但可以感化人性、陶冶情操，而且可以移風易俗、穩定秩序，共同構成了荀子禮義美學思想的文化基礎和實踐理想。

〔註1〕（清）王先謙撰，沈嘯寰，王星賢點校：《荀子集解》，北京：中華書局，1988年，第14頁。
〔註2〕唐端正：《荀學探微》，北京：中國人民大學出版社，2019年，第16頁。

第一節　「人不能無樂」：樂論中的禮義美學思想

一、「樂合同，禮別異」：禮與樂的內在融合

　　「樂」作為一個承載著政教倫理、人文意識的特殊藝術形式，從產生之初便帶有濃厚社會性功能。雖然學界對於「禮」與「樂」在三代時期主次地位的認識還存有爭議，但毋庸置疑的是，「樂」作為中華傳統文化中的重要元素，始終與古代社會和思想文化的發展密切相關。從根源上講，「禮」與「樂」分別萌芽於原始的政治制度和宗教文化，在經歷了巫術、儀式等不同藝術形式的系統化、制度化的融合演變之後，在周公時期發展成熟。正如《史記·周本紀》所記載的「興正禮樂，度制於是改，而民和睦，頌聲興」﹝註3﹞。春秋時期，禮樂文化在以往表現對鬼神敬畏膜拜，以及與祖先之精神共感的宗教功能基礎之上，儒家學派又對其美育教化和社會功能進行了充分論述。如孔子曰：

　　　　興於詩，立於禮，成於樂。﹝註4﹞（《論語·泰伯》）

　　　　事不成，則禮樂不興；禮樂不興，則刑罰不中。﹝註5﹞（《論語·子路》）

　　　　君子三年不為禮，禮必壞；三年不為樂，樂必崩。﹝註6﹞（《論語·陽貨》）

　　他認為禮樂是君子修身治國的重要途徑，不可長期荒廢。如果禮樂制度興盛不起來，那麼刑罰制度也不會得當，從而影響國家政治的穩定。孔子重振雅樂和周禮的目的，都是為了將人的情感和言行約束在禮法規範之中，從而取得安邦治國的效果。在這裡，孔子雖然極力維護禮樂文化，但是由於過度強調禮的內在精神作用，一定程度上忽略了樂的外在藝術形式，最終導致了禮樂文化特徵的衰退。誠如韋政通先生所言：「論語雖對禮樂作廣泛的使用，對禮樂的性質之異亦偶及之，但在論語的時代，對禮樂嚴加區別的意識，顯然是不夠的」﹝註7﹞。也就是說，孔子的音樂思想始終圍繞著巫術禮儀文化而展開，具有強

﹝註3﹞　（漢）司馬遷撰，（宋）裴駰集解，（唐）司馬貞索隱，（唐）張守節正義：《史記》，北京：中華書局，2013年，第171頁。
﹝註4﹞　楊伯峻：《論語譯注》，北京：中華書局，1980年，第81頁。
﹝註5﹞　楊伯峻：《論語譯注》，北京：中華書局，1980年，第134頁。
﹝註6﹞　楊伯峻：《論語譯注》，北京：中華書局，1980年，第188頁。
﹝註7﹞　韋政通：《荀子與古代哲學》，臺北：臺灣商務印書館，1966年，第193～194頁。

烈的儀式感和局限性，其主要目的是配合禮的政治性作用，缺乏對人與音樂之間情感關係的認知。因此，孔子只是在美學思想中提到了道德自律和自我約束，並沒有找到實現「樂而不淫，哀而不傷」〔註8〕的方法。

　　至孟子之時，他論及禮樂的篇章並不多，雖然已經表現出對禮樂功能的重視，但是並沒有展開論述。孟子認為，音樂所表達的內容不應該是人和事物的喜樂之情，而只是對「仁義」道德的宣揚和描述，並且提出「獨樂樂」不如「與人樂樂」、「與少樂樂」不如「與眾樂樂」、「與民同樂」〔註9〕。如此看來，禮樂的本質在於「人和」「政和」，故其曰：「古之人與民偕樂，故能樂也」〔註10〕。一切禮樂活動都要以人民的意願為根本原則，強調人與人之間的交流互動，才能產生情感共鳴與碰撞，由此獲得審美的愉悅。如果統治者不以人民的意願和要求為中心，必然會招致禍患，甚至激化社會矛盾。應當說，「與民同樂」的審美思想與其政治理想密切相關，同時也表明了孟子的美學思想是建立在「性本善」和「仁政」思想的哲學基礎之上的。

　　自戰國以來，政治社會之混亂愈演愈烈，以至周公所制的禮樂制度也日漸式微，禮制的權威受到了嚴重的挑戰。在禮崩樂壞之際，為了解決諸侯爭霸的局面，荀子強調要重新建立合乎文武周孔之王道精神、又能安頓貴賤尊卑之秩序的禮樂制度〔註11〕，故曰：「先王之道，禮樂正其盛者也」〔註12〕。荀子明確指出「樂」作為輔助「禮」的重要形式，兩者共同構成了缺一不可的統一體，既能發揮「禮」的節制作用，又能體現「樂」的調和功能。所以，與天地相配合的禮樂文化，不僅體現著大自然的客觀規律，又能植根於人內心的道德秩序。故曰：

　　　　夫樂者，樂也，人情之所必不免也，故人不能無樂。樂則必發
　　於聲音，形於動靜，而人之道，聲音、動靜、性術之變盡是矣。故
　　人不能不樂，樂則不能無形，形而不為道，則不能無亂。〔註13〕（《荀

〔註8〕 楊伯峻：《論語譯注》，北京：中華書局，1980年，第30頁。

〔註9〕 楊伯峻：《孟子譯注》，北京：中華書局，1960年，第26～27頁。

〔註10〕 楊伯峻：《孟子譯注》，北京：中華書局，1960年，第3頁。

〔註11〕 參見吳文璋：《荀子樂論在其思想上之重要性》，新北市，花木蘭文化出版社，2011年，第24頁。

〔註12〕 （清）王先謙撰，沈嘯寰，王星賢點校：《荀子集解》，北京：中華書局，1988年，第449頁。

〔註13〕 （清）王先謙撰，沈嘯寰，王星賢點校：《荀子集解》，北京：中華書局，1988年，第448頁。

子・樂論》）

在荀子看來，一方面，音樂能夠表現外在的聲音、動靜以及形體動作，甚至包含著詩與舞等其他藝術形式。另一方面，音樂通過陶冶人的性情，可以提升人的道德素養，進而推動社會秩序的和諧與穩定。「禮」與「樂」是相互聯繫的，禮樂作為一種理想化的審美體驗方式，可以表現人生經驗和心靈世界，對人的情感和道德的培育有著重要作用。禮樂通過教化人性而達到節欲、養欲的目的，從而使民風和順，天下安寧。如荀子所云：「夫民有好惡之情而無喜怒之應則亂。先王惡其亂也，故修其行，正其樂，而天下順焉」〔註14〕，禮樂是建立在人的愉悅情感之上的，能夠產生強烈的感染力和審美效果。禮樂既符合人的本能欲望中對情感的需要，又具有審美教化的社會功能，也就具有了存在的必要性。也正因如此，荀子才極力反對墨子否定音樂的社會功能的「非樂」主張，即「樂非所以治天下也」〔註15〕（《墨子・三辯》）。他認為，墨子的禁慾思想是對人的本能欲望和自然天性的無情壓制，違背了正常的倫理道德和審美規律，是根本行不通的，「故樂者，治人之盛者也，而墨子非之」〔註16〕。較之於墨子注重音樂功利性的觀點，荀子融入了一種人文情懷和審美意趣，使其禮樂思想更加貼切現實生活，從而實現了對傳統禮樂功能的超越。

具體說來，荀子將強制性原則的「禮」與調和性原則的「樂」放在同一個理論範疇中加以考察，前者是有關精神意志層面的理性約束，後者是有關情感道德層面的感性同化，兩者都是為了實現制度理性與審美價值的融合尋找合理性依據。荀子之所以重視禮樂文化的發展，不僅為了實現個體情感的自由抒發和人格修養的進一步完善，更重要的是以此實現禮樂在發揮穩定社會秩序、統一思想意識方面的政治性作用。正如楊大膺先生所說，荀子「用禮調度欲，是從理智方面，使欲受一種規律的裁制。用樂導欲，是從感情方面，使欲受一種情感的誘化。所以禮對於欲是在欲動以後，引欲向合理方面走。樂對於欲是在欲未動以前，養成欲一種合理的性格，故把兩者合併起來說，那麼禮是治標的，樂是治本的，就救濟目前說，當然禮為重要；但就根本上說，還是樂重要，因為人的欲，如果已經養成合理的性格，那麼每一動欲，必定自然而然的合乎

〔註14〕（清）王先謙撰，沈嘯寰，王星賢點校：《荀子集解》，北京：中華書局，1988
年，第 450 頁。

〔註15〕吳毓江撰，孫啟治點校：《墨子校注》，北京：中華書局，1993 年，第 61 頁。

〔註16〕（清）王先謙撰，沈嘯寰，王星賢點校：《荀子集解》，北京：中華書局，1988
年，第 452 頁。

文理，用不著再經過禮的裁制。」〔註17〕這也意味著，荀子深刻認識到強制的施行禮法制度不能從根本上解決存在於人性本身和社會內部的各種混雜問題，而必須借助於百姓喜聞樂見的音樂藝術形式加以推廣，以此來獲得事半功倍的治理效果。所以，荀子所強調的禮樂文化就具備了源自「禮」和「樂」兩個方面的豐富內涵，即「禮」注重的是外在的理性約束，「樂」注重的是內在的倫理道德。「禮」和「樂」的統一才能構成禮樂的本質內涵，才能真正發揮禮樂的審美教化與治國安邦的作用。猶如宋初僧人釋契嵩所說：

> 禮，王道之始也；樂，王道之終也。非禮無以舉行，非樂無以著成。故禮樂者，王道所以倚而生成者也。禮者因人情而制中，王者因禮而為政，政乃因禮樂而明效。人情莫不厚生，而禮教之養；人情莫不棄死，而禮正之喪。〔註18〕（《論原·禮樂》）

對此，宗白華先生從古代文化的宇宙觀的角度形象地解釋道：「禮和樂是中國社會的兩大柱石。『禮』構成社會生活裏的秩序條理。禮好像畫上的線文鉤出事物的形象輪廓，使萬象昭然有序。孔子曰：『繪事後素』。『樂』滋潤著群體內心的和諧與團結力。」〔註19〕顯然，禮樂作為中國傳統審美與藝術中特有的文化形式，有其獨特的存在價值和審美意義，而這種獨特性又逐漸融入到了人的日常生活當中，使現實人生具有深層的含義和美。與此同時，朱光潛先生也曾強調：「樂主和，禮主敬，內能和而後外能敬。樂是情之不可變，禮是理之不可易，合乎情然後當於理。樂是內涵，禮是外觀，和順積中，而英華髮外。」〔註20〕雖然禮和樂在價值指向和教化功能上發揮的作用是一致的，但是，在實現其功能時的途徑是有所區別的。禮的基本精神在於「序」，也就是根據人的等級身份進行合理劃分，以此來實現對社會秩序的重構，主要強調制度層面的強制性規範作用。而樂的基本精神在於「和」，其功能不僅體現在對人之審美需求的滿足方面，同時也表現為對倫理道德關係，以及人性本能欲望等人文層面的引導作用方面。也就是說，荀子所講的樂（聲樂）是禮義的一部分，「聲樂並非如同我們所理解的純藝術範疇的聲樂，而是已經套上了禮義外

〔註17〕楊大膺：《荀子學說研究》，北京：中華書局，1936 年，第 17 頁。
〔註18〕（宋）釋契嵩著，邱小毛，林仲湘校注：《鐔津文集校注》，成都，巴蜀書社，2011 年，第 81 頁。
〔註19〕宗白華：《宗白華全集（第二卷）》，合肥：安徽教育出版社，1994 年，第 411 頁。
〔註20〕朱光潛：《朱光潛全集（第九卷）》，合肥：安徽教育出版社，1993 年，第 97 頁。

罩的具有各種規範的聲響形式而已。聲樂從裏到外表現得更多的是禮義的涵義，可稱之為禮義的代名詞」〔註21〕。在此基礎之上，荀子進一步提出了「樂合同，禮別異。禮樂之統，管乎人心矣」〔註22〕的思想主張。

一方面，「樂合同」指音樂具有內在的生長機制，既能夠調節人性中的本能欲望，又能夠調和社會中的人際關係，從而實現人性的轉變與社會的和諧，故曰：「樂也者，和之不可變者也」〔註23〕。這與孔子所主張的「樂而不淫，哀而不傷」〔註24〕的和睦思想如出一轍。在荀子看來，禮樂之於人格修養的意義不僅停留在對情感需求的滿足，更體現在對深層人性的教化作用，最終達到治性的目的。荀子強調禮樂教化必須借助於個體道德修養的提高來作為具體的實現方式，能夠起到整合意識形態、維繫社會秩序的重要作用。因此，他的美學思想中所包含的美感經驗必定不是獨樂樂或者獨天地之樂，依舊要回到人際倫理關係當中加以探討，才能發揮真正的價值意義。故荀子曰：

> 故樂在宗廟之中，君臣上下同聽之，則莫不和敬；閨門之內，
> 父子兄弟同聽之，則莫不和親；鄉里族長之中，長少同聽之，則莫
> 不和順。〔註25〕（《荀子·樂論》）

音樂作為人性的自然流露，不僅能夠準確地表達人類情感，使個體變得性情和順、心胸寬廣，形成高尚的品德，同時也能夠使得君臣和敬、父子和親、長少有序、和諧共處。荀子認為，即便是處在不同等級階層的人，在人性本質上也都是一樣的，都能夠在禮樂審美活動中獲得人性的釋放、矛盾的消融，又能受到道德規範的啟發與教化作用，從而建構起和諧穩定的社會秩序。所以說，「樂的功能在於『合同』，通過對人類情感意識的『感動』，喚醒人與人之間的心靈感通，消解差別、秩序及等級所可能造成的疏離與隔膜，增進彼此之間共同感與和諧感，從而在生命的深處認同和接受共同體的秩序

〔註21〕包愛軍：《荀況論聲樂與禮義、天道的關係》，《廈門大學學報（哲社版）》1997年第1期。

〔註22〕（清）王先謙撰，沈嘯寰，王星賢點校：《荀子集解》，北京：中華書局，1988年，第452頁。

〔註23〕（清）王先謙撰，沈嘯寰，王星賢點校：《荀子集解》，北京：中華書局，1988年，第452頁。

〔註24〕楊伯峻：《論語譯注》，北京：中華書局，1980年，第30頁。

〔註25〕（清）王先謙撰，沈嘯寰，王星賢點校：《荀子集解》，北京：中華書局，1988年，第448～449頁。

安排。」〔註26〕可見，荀子將「樂合同」與「禮」的關係解釋為更具崇高意義的和諧，強調禮樂可以使天下百姓思想統一，團結一致。

另一方面，「禮別異」指通過禮的功能來區分人的等級差異，使之各得其所，各有所循，不逾矩，否則就會導致禮法制度的崩潰和社會秩序的混亂。而且，他也受到自西周以來「和實生物，同則不繼」〔註27〕思想的影響，認識到萬物存在差異才能實現彼此的互補融合，如果千篇一律則必然走向衰落。在荀子看來，包括人在內的世間萬物都有其各自的形態和意識，這就決定了要想實現其人生價值就必須借助於特殊的藝術形式，並且受到禮法制度的保障，才能從根本上實現個體的人格理想。因而，禮樂作為這種具有特殊功能的藝術形式就此應運而生，使得藏匿於人心中的思想情愫得以釋放，並使得訴諸於情感表達的禮樂形式可以合乎理性的規範，構成了世人對理想社會最美好的想像。對此，學者夏靜就解釋說：「禮樂作為一個無所不包的思想系統，具有強大的統攝性與包容性，它不僅統攝天地萬物，更統領著人事之『親親』、『尊尊』、『賢賢』，將天子、諸侯、公卿、大夫、士、庶人、工商、皁隸、牧圉、父子、兄弟、側室、貳宗、師保、瞽史等社會上各色人物，均納入井然有序的制度結構中，以『和而不同』的原則統領其間，形成了一個均衡和諧的政治結構，這是古人為理想政治編織的完美理論系統。」〔註28〕荀子兼採百家思想，並且深切地感受到「禮別異」對於保持個性特徵與維繫社會穩定的重要作用，這也直接揭示了社會等級制度與禮樂功能之間的內在聯繫，即等級差異需借助禮義的不同形式才能得以充分的展現。如荀子所說：

> 故先王案為之制禮義以分之，使有貴賤之等，長幼之差，知愚、能不能之分。皆使人載其事而各得其宜，然後使慤祿多少厚薄之稱，是夫群居和一之道也。〔註29〕（《荀子·榮辱》）

> 樂姚治以險，則民流僈鄙賤矣。流僈則亂，鄙賤則爭。亂爭則

〔註26〕王楷：《美善相樂：生命哲學視閾下的荀子樂論精神》，《北京師範大學學報（社會科學版）》2018 年第 4 期。

〔註27〕徐元誥撰，王樹民，沈長雲點校：《國語集解》，北京：中華書局，2002 年，第 470 頁。

〔註28〕夏靜：《禮樂文化與中國文論早期形態研究》，北京：中華書局，2007 年，第 241 頁。

〔註29〕（清）王先謙撰，沈嘯寰，王星賢點校：《荀子集解》，北京：中華書局，1988 年，第 82～83 頁。

兵弱城犯，敵國危之。〔註30〕（《荀子‧樂論》）

荀子強調妖冶的音樂是險惡的，能夠導致百姓產生淫邪散漫，卑鄙低賤的情感和行為，使社會無法和睦，國家無法穩定。因此，就必須通過禮義作為強制性的衡量標準來保障「禮樂」的規範性，從而使人能夠鑒別「樂」的好與壞、是與否，並形成等級有序、各得其樂的和諧氛圍。荀子既倡導要發揮「禮」對社會倫理道德的等級分化作用，又強調「樂」能夠通過調節人欲和薰陶人性對社會建設產生積極的影響，故曰：「貴賤明，隆殺辨，和樂而不流，弟長而無遺，安燕而不亂：此五行者，是足以正身安國矣」〔註31〕。因為，人有貴賤分明，做事便能詳略得當，和樂而不淫邪。尊敬長者且適度休息，則能端正品性，安定國家，也就是由「內聖」轉變為「外王」的實踐過程。所以，朱光潛先生說：「樂是在衝突中求和諧，禮是在混亂中求秩序；論功用，樂易起同情共鳴，禮易顯出等差分際；樂使異者趨於同，禮使同者現其異」〔註32〕，禮與樂內外相應，能夠使人置身於一個井然有序的氛圍當中，各守其序，做自己應做的事情。

如上所述，荀子主張「樂合同，禮別異」作為教化人性和治理社會的重要命題，力求達到以禮求秩序，以樂求和諧的理想目標。禮樂的功用可分為兩種：一種是針對發生在外在社會層面的秩序混亂、禮制崩潰。如《王制》篇所說：「無君子則天地不理，禮義無統，上無君師，下無父子，夫是之謂至亂。」〔註33〕如果沒有君子，天地就不能治理，沒有禮義就沒有根本，上沒有君主，下沒有父母，實為國家之大亂；另外一種是針對發生在內在欲望和情感的混亂現象。在荀子看來，君子正是以鍾鼓來引導心志，化性起偽，節欲從禮，並用琴瑟來陶冶情性，愉悅身心，故曰：「君子以鍾鼓道志，以琴瑟樂心，動以干戚，飾以羽旄，從以磬管」〔註34〕。關於理想社會秩序的建構，

〔註30〕（清）王先謙撰，沈嘯寰，王星賢點校：《荀子集解》，北京：中華書局，1988年，第450頁。

〔註31〕（清）王先謙撰，沈嘯寰，王星賢點校：《荀子集解》，北京：中華書局，1988年，第454～455頁。

〔註32〕朱光潛：《朱光潛全集（第九卷）》，合肥：安徽教育出版社，1993年，第98頁。

〔註33〕（清）王先謙撰，沈嘯寰，王星賢點校：《荀子集解》，北京：中華書局，1988年，第193頁。

〔註34〕（清）王先謙撰，沈嘯寰，王星賢點校：《荀子集解》，北京：中華書局，1988年，第451頁。

一方面要依靠禮法制度來維護等級秩序，另一方面則需要借助於藝術形式來提升道德素養，在音樂欣賞中接受禮義的洗禮，從而實現情感與社會的和諧統一。所以說，「在實踐層面禮是優先於樂的，而在價值層面樂則是高於禮的，因此『樂合同』必須以『禮別異』為基礎，而『禮別異』也必須以『樂合同』為目的」〔註35〕。

　　值得一提的是，以「禮辨異，樂和同」為核心命題的《樂記》繼承和發展了荀子「樂合同，禮別異」的禮樂審美思想。《樂記》十分重視音樂的社會功用，強調音樂作為一種審美活動，具有調節人欲、規範人性的作用，並注重解決「禮」和「樂」之間的矛盾關係，作者試圖通過兩者的結合來論述音樂在社會生活中的作用，故曰：

　　　　樂者為同，禮者為異。同則相親，異則相敬。樂勝則流，禮勝
　　則離。合情飾貌者，禮樂之事也。禮義立，則貴賤等矣。樂文同，
　　則上下和矣。〔註36〕（《禮記・樂記》）

　　在這裡，「禮者為異」就是突出禮的規範作用，將人分為不同的等級加以約束，避免矛盾衝突的發生；「樂者為同」就是通過音樂的形式來緩和不同等級間人的矛盾，使他們團結統一，形成和諧的關係。因此，作者所提出的「禮樂相濟」與荀子的「禮樂之統」思想如出一轍，都在強調禮樂能教化民眾，實現群體和睦的審美價值。葉朗先生就曾提到：「『禮樂相濟』，不僅指它們在社會作用方面是互相依賴、互相補充的，而且指它們在內容方面也是互相轉化、互相包容的」〔註37〕。可以說，《樂記》的核心命題直接受到荀子禮樂思想的啟蒙，並形成了更加系統、成熟的美學體系，這也可以看作是對荀子禮樂審美思想的延續與發展。

二、「審一定和」：禮樂審美的根本準則

　　荀子站在新的歷史高度，結合自然人性論的理論主張，對禮樂審美思想作出了更加詳盡的闡述。他提出人格修養之所以能夠趨於善，不是因為人對善本身的回歸，而是能夠借助各種禮義形式對人性惡的限制與改造才得以實現的。在荀子看來，禮樂對人之心性的陶冶、疏導作用能夠落實到對道德修養的提升

〔註35〕吳祖剛：《荀子論樂教的可能性》，《中州學刊》2019年第3期。
〔註36〕（清）孫希旦撰，沈嘯寰，王星賢點校：《禮記集解》，北京：中華書局，1989年，第986～987頁。
〔註37〕葉朗：《中國美學史大綱》，上海：上海人民出版社，1985年，第151頁。

方面，從而達到情感合乎禮義規範、欲念衝動趨於平和的理想狀態。換言之，禮樂審美與人格修養的結合賦予了審美教化更為普遍性的實踐價值，對理想人格的塑造作用也更為直接，同時也更加豐富了政治制度的思想內涵，故曰：「禮言是，其行也；樂言是，其和也。」〔註38〕又曰：「樂者，天下之大齊也，中和之紀也，人情之所必不免也。」〔註39〕其中，聲律相「和」，以「和」為美是古人對音樂的基本審美要求。荀子認為，禮樂可以使人的心靈得到有效的溝通，同時起到陶冶性情與導引志向的作用，是人的情感生活中必不可少的一部分。荀子主要繼承了儒家話語體系中具有秩序性、穩定性的「和」的理論內涵，並且對儒家禮樂美學思想進行了系統化、理論化的整合，強調以義釋禮，以禮釋樂，從而總結出了以「和」為標準的音樂美學主張。他說：

> 恭敬，禮也；調和，樂也；謹慎，利也；鬥怒，害也。故君子安禮樂利，謹慎而無鬥怒，是以百舉不過也。〔註40〕（《荀子・臣道》）

> 故樂者，審一以定和者也，比物以飾節者也，合奏以成文者也，足以率一道，足以治萬變，是先王立樂之術也。〔註41〕（《荀子・樂論》）

就音樂的本質而言，音調具有不同的情感和表現力，發揮著不同的審美功能。所謂「審一定和」，也就是以中聲作為審定和諧之音的關鍵因素，使其在組織眾音、形成和諧的曲調方面發揮調和作用。即音樂需要審定一個主音來確定樂調的和諧，然後再配上其他的音調以調節節奏，最終合成一支和諧的曲子，才能體現出旋律的變化。〔註42〕荀子認為，禮樂之「和」還能統率天地萬物之「大和」，使人的情感欲求有節制的表達，幫助人調整和適應複雜的情緒和生活的變化。自古以來，天地萬物、陰陽五行無時無刻不處於動態的演變過程當中。這種自然界的和諧秩序為人類社會提供了參照標準，人可以效法天地

〔註38〕 （清）王先謙撰，沈嘯寰，王星賢點校：《荀子集解》，北京：中華書局，1988年，第158頁。

〔註39〕 （清）王先謙撰，沈嘯寰，王星賢點校：《荀子集解》，北京：中華書局，1988年，第449頁。

〔註40〕 （清）王先謙撰，沈嘯寰，王星賢點校：《荀子集解》，北京：中華書局，1988年，第302頁。

〔註41〕 （清）王先謙撰，沈嘯寰，王星賢點校：《荀子集解》，北京：中華書局，1988年，第449頁。

〔註42〕 參見劉延福：《荀子文藝思想研究》，濟南：山東大學出版社，2015年，第150頁。

來建立人際關係、社會秩序，甚至制定禮樂制度，從而使禮樂文化具有了更加普遍的現實意義。〔註43〕進一步說，倡導「審一定和」就是要以禮義作為衡量的標準，實現各要素的有機統一。優雅高尚的音樂可以涵養人的精神，使人的精神世界充滿正能量，並且有助於促進社會各成員間的和合，這在一定程度上也影響了先秦儒家的文藝思想。如《禮記‧樂記》曰：「大樂與天地同和，大禮與天地同節。和，故百物不失；節，故祀天祭地。明則有禮樂，幽則有鬼神。如此，則四海之內合敬同愛矣。」〔註44〕關於這一點，學者李春青曾解釋說：「對於天地而言，則『中』乃是萬物之本性，即潛在之可能性；『和』為萬物生成之後和諧有序的基本樣態。」〔註45〕而先王之樂與天地萬物所追求的理想狀態中「和」的境界，也就是天地萬物和諧有序的「中和」狀態，即物不失其位，人各安其所，這正是國家治理者所追求的理想社會秩序。

　　從根源上講，強制性的禮法制度側重於從倫理道德的層面來約束和限制人的言行，實則是一種對人性的壓抑和限制，不可避免地缺少可以引發情感共鳴的感性因素。荀子認為，過度強調禮的規範作用，勢必會加劇人與社會間的矛盾對立關係，也就不能有效地解決人性中的欲望與衝動，更不利於社會群體的和諧相處。因此，外在的禮法規範亟需一種與之相呼應的、並且能夠起到調和與緩解作用的意識形態，這也就是禮樂文化形成的根本原因。基於此種認識，荀子繼而將「道」與禮樂聯繫起來，認為禮樂作為一種審美藝術，能夠通過表現人之喜怒哀樂，以及人之本性的變化來實現對人的道德教化，故曰：「樂則必發於聲音，形於動靜，而人之道，聲音、動靜，性術之變盡是矣」〔註46〕。這裡的「變」就是人的本性變化，主要指人的思想情感；「是」指的是音樂和舞蹈。人的喜樂之情體現在聲音之中，表現在動靜之中，而做人的道理和情感的變化就體現在音樂當中。荀子將人格道德與音律變化對應起來，一方面強調音樂能夠滿足人的本能欲望，展現人的真實情感，另一方面則喻指人類社會需要各安其位，才能構建起一個有條不紊的和諧整體。誠如蔡仲德先生所說：「荀

〔註43〕參見李春青：《〈荀子‧樂論〉與儒家話語建構的文化邏輯》，《江海學刊》2011年第 3 期。
〔註44〕（清）孫希旦撰，沈嘯寰，王星賢點校：《禮記集解》，北京：中華書局，1989年，第 988 頁。
〔註45〕李春青主編：《先秦文藝思想史》，北京：北京師範大學出版社，2012 年，第697 頁。
〔註46〕（清）王先謙撰，沈嘯寰，王星賢點校：《荀子集解》，北京：中華書局，1988年，第 448 頁。

子不僅分別從表現手段和表現對象兩個方面把對音樂特徵的認識向前推進了一步，而且將二者結合起來，認為音樂既具有物的屬性——『審一定和』的『聲音』之道（客觀規律），又具有人的屬性——『窮本極變』的『人之道』（主觀規律）。」〔註47〕可見，荀子對禮樂的認識相較於孔孟來說就更加深刻了，禮樂不僅要符合「審一定和」的藝術發展規律，同時也要體現「性術之變」的主觀意識形態。更為重要的是，荀子將「禮樂」奉為先王之道中極為重要的準則，有力地反駁了墨子的「非樂」思想，「先王之道，禮樂正其盛者也。而墨子非之」〔註48〕。針對人的本能欲望，荀子並沒有任由其發展，而是主張發揮禮樂的約束規範作用，達到「養欲」「調欲」的審美教化目的。

荀子認為，君子接受禮樂的薰陶，而後才能得其善道，做出理性而正確的道德判斷。否則就會被邪音所迷惑，只為滿足個人的欲念，從而陷入傷感的情感當中，故曰：「君子樂得其道，小人樂得其欲。以道制欲，則樂而不亂；以欲忘道，則惑而不樂。故樂者，所以道樂也」〔註49〕。顯然，「君子樂得其道」之「樂」，是指精神層面的道德昇華；而「小人樂得其欲」之「樂」，則是指生理層面的情慾放縱。在荀子眼中，禮樂的功能就是以道德理性來約束自然感性，使生命情感的表達合乎禮義規範的要求，由此實現和諧而繁榮的生命秩序，故又曰：「樂中平則民和而不流，樂肅莊則民齊而不亂」〔註50〕。應當說，「民和」與「民齊」之根本就在於「以道制欲」，即經過禮義標準製作的音樂能夠驅除人內心邪惡的欲念和衝動，促進人心向善，從而實現人際關係的和諧。誠如學者孔繁所說：「音樂與禮義相同，均起以道節欲的作用，君子樂道，小人樂欲，以道制欲使欲不離乎道，這即是樂者所以導（道）樂，而金石絲竹等樂器所以導（道）德。」〔註51〕在這裡，荀子將音樂作為對禮義的補充，一方面重申了人具有好樂的本能欲求，另一方面又豐富了禮樂的內在精神，兩者相互補充，共同保障了社會生活的和睦。所以，荀子主張人在享受禮樂的過程中要自覺地接受倫理道德的陶冶與引導，實現情感與禮義的平衡，才能將禮樂

〔註47〕蔡仲德：《論孟荀的禮樂思想》，《孔子研究》1988年第1期。

〔註48〕（清）王先謙撰，沈嘯寰，王星賢點校：《荀子集解》，北京：中華書局，1988年，第449頁。

〔註49〕（清）王先謙撰，沈嘯寰，王星賢點校：《荀子集解》，北京：中華書局，1988年，第451～452頁。

〔註50〕（清）王先謙撰，沈嘯寰，王星賢點校：《荀子集解》，北京：中華書局，1988年，第449頁。

〔註51〕孔繁：《荀子評傳》，南京：南京大學出版社，1997年，第234～235頁。

教化的實用性功能得以充分發揮，這就是荀子對於禮樂審美認知的精闢之處。

　　從實用功利性的角度來看，荀子發現禮樂的審美功能是多元的，既能促進個人道德素質的提高，又能推動人類倫理社會的進步與發展，使人民享受安樂的生活。而且，禮樂所產生的積極意義有賴於文藝審美所具有的特殊教化功能，並有別於經濟調控、法律制裁等強制性的社會功能。荀子認為，禮樂作為人的一種內在情感表現，通過美的形式展現出來，能夠起到陶冶情操、淨化心靈的作用。它不同於禮法是一種外在的強制性規範，而是作為一種內在的情感導向和道德感化形式而存在。在他看來，禮樂能夠有效地幫助人在感性的思維基礎之上建立起理性的審美認知，最終起到道德培養和審美教化一舉兩得的作用，即「足以率一道，足以治萬變」〔註52〕。換句話說，禮樂不僅能夠展現聖人之道，而且可以將千變萬化的情感欲望和瞬息萬變的自然萬物都合乎禮義的要求。荀子意識到了人際倫理關係的重要性，並試圖通過禮樂來摒棄和清理邪音、虛假的事物，將社會各階級的民眾聯繫團結起來，形成合力，從而實現群體的和睦，社會的穩定，故曰：

　　　　修憲命，審詩商，禁淫聲，以時順修，使夷俗邪音不敢亂雅，
　　大師之事也。〔註53〕（《荀子·王制》）

　　　　故樂者，所以道樂也。金石絲竹，所以道德也。樂行而民鄉方
　　矣。故樂者，治人之盛者也。〔註54〕（《荀子·樂論》）

　　這裡的「樂」並不是道德個體的情感顯現，而是存在於社會性群體關係中的和諧因素，唯有源自社會倫理道德的音樂才能用來引導百姓的德行，才能從根本上解決社會混亂的問題。也就是說，荀子的美學思想中帶有濃厚的倫理美學的色彩，禮樂並非僅在反應個體心靈中的情感因素方面發揮作用，即展現道家所倡導的空靈形態之美，而且在塑造理想人格、促進社會和諧等方面也發揮著重要作用。「審一定和」作為一種審美原則和價值標準，也就具有了現實性的審美價值，並且能夠為禮樂審美提供理論參照。換言之，「和」的思想突出了理性精神和感性因素的和諧統一，既受到禮義法則的規範作用，又受到現實

〔註52〕（清）王先謙撰，沈嘯寰，王星賢點校：《荀子集解》，北京：中華書局，1988年，第449頁。

〔註53〕（清）王先謙撰，沈嘯寰，王星賢點校：《荀子集解》，北京：中華書局，1988年，第197～198頁。

〔註54〕（清）王先謙撰，沈嘯寰，王星賢點校：《荀子集解》，北京：中華書局，1988年，第451～452頁。

生活中人倫道德的啟發。因此，「審一定和」作為禮樂審美的根本原則，能夠使人的道德培養具有宏觀視角的整體性，又兼具微觀視角的個體性特徵，使得荀子美學思想更加縝密、嚴謹。

　　「審一定和」的美學思想作為實現禮樂價值的根本所在，還能夠準確地反映人的心理感受，並對人的品格修養和道德實踐產生潛在的影響，故曰：「和樂之聲，步中武、象，趨中韶、護。君子聽律習容而後士」〔註55〕。在荀子看來，經過禮樂的感化和薰陶，人能夠在精神意識層面得到或多或少的慰藉和超脫，從而保持心態的平和與心理的健康，這也就從側面肯定了禮樂在人性教化和道德修養中的突出價值和重要地位。顯然，相較於先秦以來的禮樂文化的單一功用，荀子使禮樂的社會性功能得以深化與拓展，並使得人從欲望的自發性過渡到心靈的自覺性成為可能，即通過音樂的道德感化和禮義的外在規範兩者間的結合來實現對人性的教化目的，將禮樂看成修身養性的必要手段。

　　由上可知，荀子的「審一定和」觀是立足於社會實踐和個體需求基礎之上的，充分肯定了禮樂的社會功能。或者說，禮樂不僅對人的道德培養和審美修養的提高有著至關重要的作用，同時對促進倫理教化、社會和睦、國家穩定意義深遠。這種以禮為中心的禮樂思想，深刻影響了漢代禮樂文化的形成與發展，是對荀子禮樂主張的現實展開。〔註56〕但不可否認的是，由於荀子過度地注重禮義對人的規範性作用，突出音樂對人的教化功能，淡化了對審美活動和審美創造多樣性、豐富性的討論和闡釋，從而使其禮樂美學思想的建構更多地蒙上了政治性的色彩。

三、「美善相樂」：禮樂審美的理想境界

　　「美善相樂」作為中國古代美育思想的統領性概念，植根於以禮樂教化為基本觀念的美育傳統之中，而且滲透於我國審美教育和藝術生活的各個方面，在音樂教育史中具有舉足輕重的地位。孔子首次提出禮樂創作要以「盡善盡美」作為審美標準，故《八佾》篇曰：「子謂韶，『盡美矣，又盡善也。』謂武，『盡美矣，未盡善也』」〔註57〕。他主張藝術內容和藝術形式的完美結合才能達到理想的審美境界，揭示了禮樂對人的塑造和美育作用。孟子則將生理本能

〔註55〕（清）王先謙撰，沈嘯寰，王星賢點校：《荀子集解》，北京：中華書局，1988年，第585頁。
〔註56〕參見強中華：《秦漢荀學研究》，北京：人民出版社，2017年，第288頁。
〔註57〕楊伯峻：《論語譯注》，北京：中華書局，1980年，第33頁。

和仁、義、禮、智相提並論，他把審美情感等同於人的自然屬性，從而混淆了美的本質，即美的社會屬性，如其曰：「仁義禮智，非由外鑠我也，我固有之也，弗思耳矣」〔註58〕。荀子在孔子和孟子的理論基礎之上，先是承認了人之自然本能的真實性，又進一步指出「美」的機理和「善」的標準都包含在性本惡的視域之下，也即是說，性不能自美也不能自善。他在結合先秦以來的禮樂傳統和構建禮義規範的前提之下，提出可以借助「禮樂」來實現人性向美、向善的目標，從而實現人之自然本性與社會倫理規範的和諧統一。關於「美」與「善」的解釋，荀子說：

　　　　性善者，不離其樸而美之，不離其資而利之也。使夫資樸之於美，心意之於善。〔註59〕（《荀子・性惡》）

　　　　故樂行而志清，禮修而行成，耳目聰明，血氣和平，移風易俗，天下皆寧，美善相樂。〔註60〕（《荀子・樂論》）

　　從根本上講，人出於生理欲求所表現出的對悅耳音樂的追求，是一種先天的本能反應。因為，人的本能天性不會主動趨向美善，但是對於這些與生俱來的欲望，又不能採取否定而禁止的方法，而是必須借助外在的禮義規範來引導和修正人的情慾。有鑑於此，荀子主張用禮樂來緩解強壓制度下民眾的逆反情緒與壓抑感，並為人的本性慾望得以正常宣洩和抒發找到了合理依據，有利於實現個體情感和禮義道德的完美融合。當然，這種心理訴求和本能欲望能夠得到後天的糾正，在一定程度上也說明了禮樂的實踐價值。荀子將「美」著眼於禮修而行成，統率文章條理與言行統一的特徵，將「善」著眼於樂行而志清，表徵道德之善與志操清逸的特徵。「君子以禮樂體現道德，使美善相樂，由於樂聲能把各種德性的特徵表現在音色、旋律、節奏中，因而就給善以一種美的形式。」〔註61〕也就是說，「美」與「善」同根同源，兩者在價值取向與功能效用方面是相輔相成的內在統一關係。荀子對「美」與「善」的強調，實際上也是對禮樂文化的美學精神的強調。「美善相樂」能夠實現人的自然情感與倫

〔註58〕楊伯峻：《孟子譯注》，北京：中華書局，1960 年，第 259 頁。

〔註59〕（清）王先謙撰，沈嘯寰，王星賢點校：《荀子集解》，北京：中華書局，1988
　　　　年，第 516 頁。

〔註60〕（清）王先謙撰，沈嘯寰，王星賢點校：《荀子集解》，北京：中華書局，1988
　　　　年，第 451 頁。

〔註61〕蔣穎榮：《荀子的「禮樂」教化思想與現代道德傳播》，《哲學動態》2010 年第
　　　　5 期。

理道德，抑或感性情愫與實踐理性之間的完美融合，體現了荀子將倫理特性注入藝術特別是音樂美學領域的努力。〔註62〕

在荀子看來，禮樂是主體審美情感的自然流露和表現，具有強烈的感染力和藝術效果，故曰：「夫聲樂之入人也深，其化人也速，故先王謹為之文」〔註63〕。禮樂不是以禮勝人，而是以情感人，就其社會功能來講，禮樂並非源自理性規範，而是訴諸於感化的手段。禮樂作為感性與理性和諧統一的藝術形式，其制定與審美的過程就必須借助禮義作為引導，這樣才能保證人在進行審美體驗時能夠自覺地追求「美善相樂」的道德境界，努力實現道德個體的內外兼修，即內在道德與外在規範的和諧統一，「故人不能不樂，樂則不能無形，形而不為道，則不能無亂」〔註64〕。就其外在的表現形式而言，禮樂文化作為源自生活的藝術形態，具有功用性的審美教化功能；就其內在的思想內涵而言，禮樂又直接訴諸於人的內心世界，能夠實現人的心理欲求與倫理規範的情理交融。因此，荀子強調美與善的統一，實際上也就是倫理與審美的統一。正如學者馬征所總結道：「荀子美善相樂的人格境界，以善為德，以智為理性精神，並有美的外在形式為特徵。又因其德之安和，智之充實，『與天地參』的實踐而感到愉悅（樂）。這種愉悅是超越倫理道德，把握客觀規律，積極入世，事功創業的愉悅，因而是至善至美的境界。」〔註65〕簡言之，荀子認為符合禮義道德要求的禮樂藝術形式才是「美」的。所以，「美善相樂」不僅代表著一種理想的審美標準和人格境界，更是聖人形象的象徵，逐漸成為眾人所追求的理想目標。

如前所述，禮樂具有引導志向、陶冶情操的特定審美教化功能，也就能夠實現對人之物質欲求和精神欲求的限制與調和，並發揮倫理道德對人之性情的節制與規範。於是，禮樂作為實現理想人格的必要手段被荀子反覆提及，他說：「禮樂之統，管乎人心矣。窮本極變，樂之情也；著誠去偽，禮之經也」〔註66〕。「禮樂之統」就是強調禮與樂相得益彰的特殊功用，能夠發揮對人之

〔註62〕 參見桑東輝：《〈荀子·樂論〉的音樂倫理思想體系探賾》，《道德與文明》2021年第2期。

〔註63〕 （清）王先謙撰，沈嘯寰，王星賢點校：《荀子集解》，北京：中華書局，1988年，第449頁。

〔註64〕 （清）王先謙撰，沈嘯寰，王星賢點校：《荀子集解》，北京：中華書局，1988年，第448頁。

〔註65〕 馬征：《荀子美學思想研究》，《孔子研究》2001年第6期。

〔註66〕 （清）王先謙撰，沈嘯寰，王星賢點校：《荀子集解》，北京：中華書局，1988年，第452頁。

心靈世界的指導作用，這就是禮樂的根本價值；「窮本極變」是指禮樂能夠由外及內地影響人的性情，並從根本上實現人性的轉變，這就是禮樂的本質內涵；「著誠去偽」則是顯明真誠有益的精華，祛除虛假有害的糟粕，這就是禮樂的基本原則。荀子將對禮樂的思考引入到了倫理生活的領域，強調禮樂可以感化人心，能夠實現天下安寧、美善相樂。按照荀子的說法，樂就是美，即情感的層面；禮就是善，即道德的層面，唯有禮樂並舉、內外兼修才能達到理想的社會秩序。所以說，「美善相樂」既是一種審美境界，更是一種文化象徵，構成了荀子政治理想的基本理念。故其曰：

> 且樂者，先王之所以飾喜也；軍旅鈇鉞者，先王之所以飾怒也。
> 先王喜怒皆得其齊焉。是故喜而天下和之，怒而暴亂畏之。先王之
> 道，禮樂正其盛者也。〔註67〕（《荀子‧樂論》）

按其意，先王能夠恰當地通過音樂來抒發自己的喜悅之情，並能準確地借助軍隊行動和刑法措施來表達自己的憤怒之情。在荀子眼中，禮樂作為先王知識和經驗的積累，是他們修身治國之道，是其成功的關鍵因素。優雅高尚的音樂不僅能夠陶冶人的情操，完善其人格的建構，同樣能使人的心胸變得開闊，志向目標變得更加高遠，「故聽其雅、頌之聲，而志意得廣焉」〔註68〕，說明理想生命狀態的建構離不開對於禮樂這一特殊藝術形式的依賴，並且唯有道德高尚、品性端正的人才能真正領略禮樂的道德之美。所以，有學者總結道：「『美善相樂』的『樂』不是感官層面的快樂，而是情理交融、身心一如的生命狀態所產生的精神上的快樂，是行動者基於自身道德成就而作出的自我肯定」〔註69〕。

事實上，「美」與「善」在本質上是相同的。荀子主張要崇尚「美」的理想，發揚「善」的理念，將音樂之美和道德之善結合起來，構成了荀子禮樂審美的終極目標。荀子認為，唯有在審美體驗中才能使「美」昇華到「善」的層面，才能發揮其重要的審美價值和審美內涵，從而超越了儒家傳統美學思想中重「善」輕「美」的偏見。故其曰：「崇其美，揚其善，違其惡，隱其

〔註67〕 （清）王先謙撰，沈嘯寰，王星賢點校：《荀子集解》，北京：中華書局，1988
　　　　年，第449頁。
〔註68〕 （清）王先謙撰，沈嘯寰，王星賢點校：《荀子集解》，北京：中華書局，1988
　　　　年，第449頁。
〔註69〕 王楷：《美善相樂：生命哲學視閾下的荀子樂論精神》，《北京師範大學學報（社
　　　　會科學版）》2018年第4期。

敗，言其所長，不稱其所短，以為成俗。」〔註70〕誠然，「善」的核心內容就是禮義，演奏音樂要符合封建等級制度，封建等級制度又需要通過不同的音樂形式來維護和表現。在荀子眼中，音樂藝術「可以同『禮義』教化一樣，起到去惡從善，移風易俗，『美人』，『美俗』，『美政』的作用，使『美善相樂』。這個認識是符合客觀實際的，因而在當時是有進步意義的」〔註71〕。此外，荀子還主張在欣賞音樂時，要避免受到主觀隨意性和外在虛假事物的蒙蔽，要結合審美經驗才能做出準確而又理性的判斷，故曰：「凡人之患，蔽於一曲而暗於大理」〔註72〕。這裡所強調的就是人對真理的掌握，而審美認知也離不開對真理的依賴，並以對萬物之理的認知和把握為前提。所謂「至美曰純，齊同曰粹」〔註73〕，也就是要求人的言行要實現一致，不能弄虛作假，才能達到「真」的要求。所以，荀子強調既要全面地掌握美的知識和能力，又要深入地瞭解和感悟美的真理，在現實生活中加以提煉和應用，才能真實地反映社會的倫理道德和審美意趣。

　　如上所述，「美善相樂」旨在增強人的審美體驗，提升人的道德素養，使自然性情合乎禮義的規範，從而達到良好的生命狀態。或者說，禮樂的功能在於疏導人的自然情慾，追求個體情感與社會倫理之間的和諧統一、相得益彰，方可實現社會群體的長治久安。也正因如此，荀子才強烈反對墨子所認為的從事「樂」的活動是一種勞民傷財、擾亂民心的事情，並提出墨子是站在勞動人民的角度來批判統治者「驕奢淫逸」的生活所帶來的消極影響，這種對「樂」的認知是非理性的、片面的，即「使丈夫為之，廢丈夫耕稼樹藝之時；使婦人為之，廢婦人紡績織紝之事」〔註74〕。荀子站在政治功用性的立場，肯定了禮樂不僅能夠愉悅民心、教化人性，滿足人的審美需求所帶來的積極影響。同時，他還認為禮樂文化能夠激發人的生產熱情，對於提高勞動效率，實現富國強民的理想有重要作用，故《富國》篇說：

〔註70〕（清）王先謙撰，沈嘯寰，王星賢點校：《荀子集解》，北京：中華書局，1988年，第 296～297 頁。

〔註71〕胡玉衡，李育安：《荀況思想研究》，鄭州：中州古籍出版社，1983 年，第 217頁。

〔註72〕（清）王先謙撰，沈嘯寰，王星賢點校：《荀子集解》，北京：中華書局，1988年，第 456 頁。

〔註73〕（宋）洪興祖撰，黃靈庚點校：《楚辭補注》，上海：上海古籍出版社，2015 年，第 10 頁。

〔註74〕吳毓江撰，孫啟治點校：《墨子校注》，北京：中華書局，1993 年，第 381 頁。

我以墨子之『非樂』也則使天下亂，墨子之『節用』也則使天下貧，非將墮之也，說不免焉。墨子大有天下，小有一國，將蹙然衣粗食惡，憂戚而非樂，若是則瘠，瘠則不足欲，不足欲則賞不行。〔註75〕（《荀子·富國》）

　　如果偏執地摒棄音樂，那麼人的欲望就得不到滿足，對有功勞的人的賞賜也無法實行，從而導致百姓無法安居樂業，社會動盪不安。荀子強調禮樂不僅不會妨礙生產，只要順應時勢對其加以調整，反而能夠促進生產的發展，創造出更多的物質財富，故曰：「先王導之以禮樂而民和睦」〔註76〕。在禮樂的陶冶與教化之下，能夠使人的性情溫和，關係和睦，從而實現國家穩定的政治目標。對此，卓支中在論述荀子文藝美學思想時也曾提到：「荀子能從理論上論證藝術與物質生產的關係，精神活動與物質生產的關係，指出精神活動對物質生產的巨大促進作用。這是進步的、積極的，這一見解不但比墨子高出一籌，而且在中國文藝美學史上是難能可貴的。」〔註77〕

　　在荀子的理論體系中，禮樂作為中國傳統文化的基本構成元素，在社會政治制度和審美實踐方面都發揮著重要的指導作用，具有普遍的審美規律。好的音樂可以為良好的社會秩序和文化氛圍提供幫助，也會對人性產生潛移默化的審美教化作用，並且其結果是穩定的、長久的。在荀子看來，能使人歡樂的「樂」就必須符合禮義的規範，要對其表現形式加以正確的引導，才能「樂得其道」。荀子不僅意識到了「樂」作為藝術形式能夠將人的情感欲望導向禮義規範，同時他還認識到由歷代聖王所推崇的禮樂文化，能夠像禮義制度一樣作為衡量一切事物的客觀標準，並隨著時代的變遷被賦予越來越多的政治元素，其內容也變得愈加豐富。所以，禮樂也就能夠表現複雜的社會生活和先王之道，從而實現百姓的和睦與國家的安定。同時，荀子還指出禮樂作為戰歌對於戰士出征也有著鼓舞士氣的作用，相較於孔子否定「禮樂」推動征誅的作用來說，這也是荀子美學思想的又一突破。

　　總而言之，荀子的《樂論》是我國第一部專門論述音樂美學思想的篇章。

〔註75〕（清）王先謙撰，沈嘯寰，王星賢點校：《荀子集解》，北京：中華書局，1988年，第219頁。

〔註76〕（清）王先謙撰，沈嘯寰，王星賢點校：《荀子集解》，北京：中華書局，1988年，第450頁。

〔註77〕卓支中：《荀子文藝美學思想管窺》，《暨南學報（哲學社會科學）》1990年第2期。

荀子以先秦儒家的禮樂觀為基礎，並從「性本惡」的人性論出發，深入探究了「禮」和「樂」的起源及其不同特質，肯定了禮樂在規範主體性情和培育理想人格方面的教化功用，從而形成了對禮樂文化的感性與理性、自然性與社會性的全面認知。荀子並不認為具有強制性、規範性的「禮」與具有調和性、藝術性的「樂」是截然不同的兩個意識形態，而是通過「審一定和」的基本原則將兩者融合在一起，實現對人之言談舉止的約束與調節，以及對人之情感欲望的限制與疏導，最終為禮樂的平衡互補、協調發展提供合理性依據。在此意義之上，荀子突出強調了禮樂的教化功能和社會價值，並將其看作塑造理想人格和維護社會秩序的有效工具，具有服務於政治、禮教、促進國家和諧穩定的積極作用。正因如此，荀子以「禮義」為核心的禮樂思想不僅包括倫理道德層面，同時也屬於審美教化的範疇，從而推動了禮樂審美藝術的價值轉型，為實現儒家傳統禮樂制度的完善和發展奠定了理論基礎。

第二節 「始乎誦經，終乎讀禮」：詩論中的禮義美學思想

一、「詩言是，其志也」：對《詩》的詮釋與創新

荀子所處的時期，以詩教為主的文學評判標準始終佔據主導地位，具體表現為「詩言志」「溫柔敦厚」「文以載道」等主流範式。關於「言志」說源自何處的問題，學界基本否定了著書時間富有爭議的《尚書·堯典》中舜帝率先提出「詩言志」的觀點，即「詩言志，歌永言，聲依永，律和聲」〔註78〕。實際上，「詩言志」這種詩學觀念最早體現在《詩》當中，但只是作為作者關於作詩目的論述而出現的。如陳良運先生所說：「《詩》三百中的每一首詩，都是作者們因情因事而發，並沒有明確『言志』的動機。」〔註79〕但不可否認的是，《詩》作為能夠激發讀者情感、意願的詩作，常被用來抒發讀者內心的思想，也就帶有明顯的審美意識覺醒的色彩。孔子繼承了周禮重「文」的詩教傳統，並將其審美功能概括為：「詩，可以興，可以觀，可以群，可以怨」〔註80〕。

〔註78〕（漢）孔安國傳，（唐）孔穎達疏，廖名春，陳明整理：《尚書正義》，北京：北京大學出版社，2000年，第95頁。
〔註79〕陳良運：《中國詩學體系論》，北京：中國社會科學出版社，1992年，第38頁。
〔註80〕楊伯峻：《論語譯注》，北京：中華書局，1980年，第185頁。

孔子認為，「興」與「觀」側重於個體之情懷志向的表達，而「群」與「怨」則側重於人之社會價值的塑造。直到《左傳》時，「詩言志」才真正作為一個理論概念被提出。魯襄公二十七年，晉國大臣趙文子對叔向所說的：「伯有將為戮矣，詩以言志，志誣其上而公怨之，以為賓榮，其能久乎？幸而後亡。」〔註81〕從歷史文獻考究的角度來看，荀子沿襲了先秦以來的「詩言志」的詩學傳統，並在新文體創作和引《詩》、論《詩》方面進行了改革和創新。在他看來，《詩》能夠體現民風、表達心志，起到維護國家根本利益的作用，而且還能抒發詩人心中的情感意願，展現詩人豐富的心靈世界。因此，《詩》作為文學作品的典範，被荀子納入到了審美意識形態的理論範疇，並由此奠定了後世文學創作以情道志的基礎。

　　《荀子》全書 32 篇，其中引《詩》、論《詩》共 116 次（含引逸詩 7 次）〔註82〕。顯然，荀子十分注重對《詩》《書》《禮》《樂》《春秋》為代表的經典文本的誦讀與學習。他對詩學的貢獻，主要是將《詩》還原為詮釋儒家道德的文體詩，並對「詩言是，其志也」〔註83〕這一詩學觀念進行了詳盡地闡述，對「志」的內涵作出了界定和規範。後世學者在定義「志」的內涵時，呈現出了不同的看法，有的認為荀子受到先秦儒家思想和所處政治背景的影響，故對「志」的理解側重於「聖道之志」，也就是政治上的理想抱負；而有的學者卻提出荀子所言之「志」應從人之性情來理解，也可稱為「性情之志」。事實上，戰國中期以後，隨著騷體賦等新詩體的流行，荀子所言之「志」可看作對兩者的融合，既有遠大的抱負和理想，又包含著人之心靈深處所流露出的思想、情感、意願等豐富內容。這種融合表明，荀子已經認識到詩歌不僅對人的外在言行具有約束力，而且對人的內在精神也發揮著調節作用，從而夯實了中國古代「詩言志」的實質內涵。所以，對荀子「詩言志」思想的解讀要從兩個方面來分析，切不能片面而言。

　　具體說來，在當時戰爭頻仍、民不聊生的環境下，荀子以移風易俗、匡世救國、救民於水火為己任。所以，他在徵引並解釋《詩》的時候具有很強的目的性與工具性。〔註84〕荀子認為，《詩》所言之「志」要與「聖人之道」抑或

〔註81〕楊伯峻：《春秋左傳注》，北京：中華書局，1990 年，第 1135 頁。

〔註82〕參見董治安：《先秦文獻與先秦文學》，濟南：齊魯書社，1994 年，第 67～71頁。

〔註83〕（清）王先謙撰，沈嘯寰，王星賢點校：《荀子集解》，北京：中華書局，1988年，第 158 頁。

〔註84〕參見劉延福：《荀子詩學研究》，北京：人民出版社，2019 年，第 101 頁。

「治國之道」緊密聯繫在一起。作為禮義的制定者，聖人異於平常人，是天下之道的統領者。《詩》所表達的思想情感要合乎聖人的主張，要符合禮義的要求。故《成相》篇曰：「治之志，後埶富，君子誠之好以待。處之敦固，有深藏之能遠思。思乃精，志之榮，好而壹之神以成。精神相反，一而不貳為聖人。」〔註85〕所謂「成」，就是演奏的意思，而「相」則是古代的一種詩歌體裁。在這裡，荀子通過新文體的詩歌形式和民間通俗易懂的語言對「志」的內涵作了闡述，認為「志」與「道」同屬於禮義的理論範疇，兩者是相通的，即「禮者，人道之極也」〔註86〕。實際上，這與傳統儒家「修身、齊家、治國、平天下」的思想也是一脈相承的。對此，荀子在《儒效》篇中又作了進一步的闡釋：

> 聖人也者，道之管也。天下之道管是矣，百王之道一是矣，故詩、書、禮、樂之歸是矣。詩言是，其志也；書言是，其事也；禮言是，其行也；樂言是，其和也；春秋言是，其微也。故風之所以為不逐者，取是以節之也；小雅之所以為小雅者，取是而文之也；大雅之所以為大雅者，取是而光之也；頌之所以為至者，取是而通之也，天下之道畢是矣。〔註87〕（《荀子·儒效》）

這一段明確地表達了荀子對於《詩》的基本認識和整體態度，也就是說，《詩》《書》《禮》《樂》等作為創作者抒發情感、表達意志的重要載體，共同構成了君子修身治國的道德規範，這是荀子對「聖人之道」基本內涵的獨特理解。正因為《詩》的創作受到禮義的約束，所以《國風》才能「不淫」，而有所節制，《小雅》才能富有文采，《大雅》才能道理通達，《頌》才能達到「道」的至高無上，順從「志」的發展，就能實現「聖王之道」。荀子認為，天下學問都包含在聖王遺留下來的文學典籍當中，這是後人學習知識和修身養性的文化寶庫，故又曰：「不聞先王之遺言，不知學問之大也」〔註88〕。對此，陳良運先生在論述荀子的詩學觀時就指出：「荀子如此闡釋《詩》之志，雖然是說已成為歷史文獻的『故而不切』的古人之作，但無形中為此後興起的文體詩

〔註85〕 （清）王先謙撰，沈嘯寰，王星賢點校：《荀子集解》，北京：中華書局，1988年，第545頁。

〔註86〕 （清）王先謙撰，沈嘯寰，王星賢點校：《荀子集解》，北京：中華書局，1988年，第421頁。

〔註87〕 （清）王先謙撰，沈嘯寰，王星賢點校：《荀子集解》，北京：中華書局，1988年，第158頁。

〔註88〕 （清）王先謙撰，沈嘯寰，王星賢點校：《荀子集解》，北京：中華書局，1988年，第2頁。

之言『志』作出了界定：大凡作詩者都要以體現聖人之道為己志。而他自己，率先進行了這方面的創作實踐。」〔註89〕相較於《左傳》《尚書》等前人關於詩歌「言志」的觀點，荀子所言之「志」不僅融合了新詩體的表現形式，並且主張通過禮義之道來規範所言之「志」，從而賦予了詩歌以更加豐富的政治與道德內容。顯然，荀子是為了適應建立統一的封建秩序的需要，在詩歌社會功用的闡釋上，形成了更為切合現實實際的詩學觀念。〔註90〕

　　值得注意的是，荀子雖然強調詩歌的政治功能，但是他又第一次將「情」與詩歌聯繫起來，對中國詩學傳統進行了大膽的改革和創新。他認為詩歌創作源於情感的需求，是人內心情緒的一種外在表現形式，故曰：「歌謠謸笑，哭泣諦號，是吉凶憂愉之情發於聲音者也」〔註91〕。詩歌是表達人類情感的有效方式，具有感動人心的藝術功能。或者說，詩歌作為儒家思想中一個重要的藝術形式，不僅是實現君王與百姓溝通的重要手段，同時在對人之情性的審美教化方面發揮著功不可沒的作用。對此，劉延福就解釋說：「『詩言志』之『志』在某種程度上是外在的、異己的某種社會價值，在客觀上是對人的本質力量的束縛與限制，這就需要以某種內在於人的東西與之加以調和，使其在表達人類內在本質的效果中達到最佳，這便是『情』。」〔註92〕如《賦》篇結尾出現的《佹詩》借助四言為主的創作形式、押韻規則的語言表達、比喻生動的修辭手法，較為集中地展現了荀子對於國家不治、社會混亂的憤懣之情和強烈的個人批判意識，這也可以看作是荀子不同於古體詩，而勇於將個人情感融入到新文體詩歌創作的重要標誌。如荀子所說：

　　　　天下不治，請陳佹詩：天地易位，四時易鄉。列星殞墜，旦暮晦盲。幽晦登昭，日月下藏。公正無私，反見從橫，志愛公利，重樓疏堂，無私罪人，憼革貳兵。道德純備，讒口將將。仁人絀約，敖暴擅疆，天下幽險，恐失世英。〔註93〕（《荀子·賦》）

〔註89〕陳良運：《論荀子和屈原的詩學觀》，《暨南學報（哲學社會科學）》1993年第4期。

〔註90〕參見谷云義：《荀子的文學主張及其特徵》，《東北師大學報（哲學社會科學版）》1986年第4期。

〔註91〕（清）王先謙撰，沈嘯寰，王星賢點校：《荀子集解》，北京：中華書局，1988年，第430頁。

〔註92〕劉延福：《荀子詩學研究》，北京：人民出版社，2019年，第164頁。

〔註93〕（清）王先謙撰，沈嘯寰，王星賢點校：《荀子集解》，北京：中華書局，1988年，第567～569頁。

荀子開篇便先聲奪人，直抒胸臆：現在天下並不安寧，請允許我吟唱這一首激憤的詩歌。天與地突然交換了位置，四季次序也發生了顛倒。此時，群星隕落，晝夜昏暗，是非顛倒，正如陰險奸詐的小人成為了顯赫的官員，而光明磊落的君子卻被埋沒。剛正無私的君子，卻被誣陷為肆意放縱；熱心奉獻的君子，反被認為是中飽私囊；絕不徇私舞弊的君子，卻被看作要蓄意加害於他人；道德情操高尚的人，又常常受到流言蜚語的傷害。這一系列難以言說的現狀最終造成了仁人志士在仕途上的被排擠、被限制，而使傲慢殘暴之人的陰謀得逞。據此，荀子吶喊道，如果這一日漸惡化的現狀得不到及時地遏制與有效地治理，那麼天下會變得越來越腐敗、險惡，落得英雄豪傑散去、百姓民不聊生，最終國力不堪一擊。句句都能感受到荀子內心對於國家危亡的無限擔憂，對於官員昏庸無能、腐敗行為的痛斥，並將這份憤懣之情完美的融入到整首詩的行文氣勢當中，達到了一觸即發、一氣呵成的文學效果。

可以說，荀子這種帶有諷諫性質的新文體抒情詩作為一種對於《詩》的突破，對後世詩歌創作產生了深遠的影響，並且我們也看出荀子對於《詩》的文藝特征和創作形式有了較為深入的瞭解。他認識到詩歌具有自身獨特的藝術本質和社會功能，能夠表現相對於天人相和中的自由生命力量。《詩》不僅具備人文關懷的精神追求，而且是具有崇高地位的經典訓誡。正如陸德明在《經典釋文》中所說：「《詩》者，所以言志、吟詠性情以諷其上者也。古有采詩之官，王者巡守，則陳詩以觀民風、知得失、自考正也。動天地、感鬼神、厚人倫、美教化、移風俗，莫近乎詩。」〔註94〕荀子認為，《詩》是先王禮樂體系中的重要組成部分，也就同樣具有能夠教化人性、移風易俗、抒發情感的詩教功能，故曰：「先王惡其亂也，故制雅、頌之聲以道之，使其聲足以樂而不流，使其文足以辯而不諰，使其曲直、繁省、廉肉、節奏足以感動人之善心，使夫邪污之氣無由得接焉」〔註95〕，從中可以看到荀子重視文學教育的原因。

除此之外，《荀子》當中大量引用《詩》主要是為了加強自己論證觀點的說服力，同時，又能對《詩》的原意進行引申、拓展，並結合他自身獨特的詮釋，使其獲得了濃重的政教色彩和美學意義。關於此，學者郭志坤將荀子對

〔註94〕　（唐）陸德明撰，張一弓點校：《經典釋文》，上海：上海古籍出版社，2012年，第11~12頁。

〔註95〕　（清）王先謙撰，沈嘯寰，王星賢點校：《荀子集解》，北京：中華書局，1988年，第448頁。

《詩》的引徵手法歸結為:「只引不議,引中見理」「先引後議,引議結合」「先議後引,議引結合」三個特點。〔註96〕荀子對《詩》的靈活處理和運用,既發揮了《詩》所具有的歷史文獻表徵功能,而且推進了抒情、言志與《詩》的融合。應當說,這種引議結合的方式,「在《詩》與作為論說對象的禮義政教、忠信倫理之間建立了一種不可分割的聯繫」〔註97〕,從而使最初依附於樂的《詩》,逐漸演變為禮義的附庸。當《詩》被遷移到一個新的語境當中時,聖人所言之志就必定會受到語義的影響而存在準確與非準確兩種情況,以下將結合《荀子》中的幾處言論加以說明:

第一,「準確引用」

　　螾無爪牙之利,筋骨之強,上食埃土,下飲黃泉,用心一也。蟹六跪而二螯,非蛇蟺之穴無可寄託者,用心躁也。是故無冥冥之志者無昭昭之明,無惛惛之事者無赫赫之功。行衢道者不至,事兩君者不容。目不能兩視而明,耳不能兩聽而聰。螣蛇無足而飛,梧鼠五技而窮。詩曰:『尸鳩在桑,其子七兮。淑人君子,其儀一兮。其儀一兮,心如結兮。』故君子結於一也。〔註98〕(《荀子・勸學》)

在這裡,「淑」指賢能,美善;「儀」指儀表,行為;「一」是專心致志的意思;「結」是凝結,堅定的意思。荀子認為,蚯蚓沒有銳利的爪牙,沒有堅硬的筋骨,向上能吃泥土,向下能飲泉水,是因為它專心致志。螃蟹有八隻腳,兩隻螯,卻沒有棲身之處,是因為它用心浮躁。所以,人不僅要立志,而且志向要專一,更要身體力行。如果一個人無法保持內心的專一,就不能詳盡地洞察萬物,沒有埋頭實幹的精神,就不會取得顯著的成績。據《詩經・曹風・鳲鳩》載:「鳲鳩在桑,其子七兮。淑人君子,其儀一兮。其儀一兮,心如結兮」〔註99〕,君子要將心志歸結到專一上來,其言行一致才具備高尚的品格,所引《詩》與荀子本意完全符合。又比如:

　　川淵深而魚鱉歸之,山林茂而禽獸歸之,邢政平而百姓歸之,禮義備而君子歸之。故禮及身而行修,義及國而政明,能以禮挾而貴名白,天下願,令行禁止,王者之事畢矣。詩曰:『惠此中國,以

〔註96〕參見郭志坤:《荀學論稿》,上海:上海三聯書店,1991年,第67～68頁。

〔註97〕馬銀琴:《荀子與〈詩〉》,《清華大學學報(哲學社會科學版)》2008年第3期。

〔註98〕(清)王先謙撰,沈嘯寰,王星賢點校:《荀子集解》,北京:中華書局,1988年,第10～11頁。

〔註99〕高亨注:《詩經今注》,上海:上海古籍出版社,1980年,第196頁。

綏四方。』此之謂也。〔註100〕（《荀子・致士》）

意思是說，江流湖泊的水足夠深，魚鱉自然就會歸向它。山林茂盛，禽獸就會歸向它。法令制度合理的國家，百姓自然會歸順它。禮義完備的先王，君子也會主動歸順於他。因此，荀子認為統治者必須從修身治國抓起，施行禮義教化，才能實現天下歸一。而荀子所引《詩經・大雅・民勞》：「惠此中國，以綏四方」〔註101〕，同樣是在強調天子要施行德政，就必須先從個體教化做起，由近及遠、以小見大，國家興隆安定了自然能夠吸引四方聖人的歸順，這也完全契合了荀子的思想主張。

第二，「非準確引用」

> 天地合而萬物生，陰陽接而變化起，性偽合而天下治。天能生物，不能辨物也；地能載人，不能治人也；宇中萬物、生人之屬，待聖人然後分也。詩曰：「懷柔百神，及河喬嶽。」此之謂也。〔註102〕（《荀子・禮論》）

天地配合萬物生長，陰陽結合發生變化，天道與人性統一才能實現天下太平。天能造就萬物生長，但是不能統率治理；地能承載人生百態，卻不能管乎人心。荀子認為，人是自然界的產物，但是又能夠作用於自然，兩者是化合而生的。誠如韋政通先生所言：「天是自然的，人性也是自然的，天與人在自然的意義上也是同質的。天與人性既只是自然，所以要理天地和治天下，都不能從這兩方面得到任何的支持。這就是說天道與人性，不是能治的依據，相反地，它們都是被治的對象。」〔註103〕聖人通過有效地運用禮義，使自然萬物各得其所，等級秩序健全鞏固，這正是荀子重視禮義法度對客觀外物和主觀內心之約束作用的重要原因。很顯然，荀子強調充分認識和利用自然萬物，這與所引《詩經・周頌・時邁》中注重儀式的隆重和對神靈的敬重聯繫並不密切。又比如說：

> 治亂天邪？曰：日月、星辰、瑞曆，是禹、桀之所同也，禹以治，桀以亂，治亂非天也。時邪？曰：繁啟蕃長於春夏，畜積收藏

〔註100〕（清）王先謙撰，沈嘯寰，王星賢點校：《荀子集解》，北京：中華書局，1988年，第306頁。

〔註101〕高亨注：《詩經今注》，上海：上海古籍出版社，1980年，第422頁。

〔註102〕（清）王先謙撰，沈嘯寰，王星賢點校：《荀子集解》，北京：中華書局，1988年，第433頁。

〔註103〕韋政通：《中國思想史》，上海：上海書店出版社，2004年，第210～211頁。

於秋冬，是又禹、桀之所同也，禹以治，桀以亂，治亂非時也。地
邪？曰：得地則生，失地則死，是又禹、桀之所同也，禹以治，桀
以亂，治亂非地也。詩曰：『天作高山，大王荒之，彼作矣，文王康
之。』此之謂也。〔註104〕（《荀子‧天論》）

　　荀子認為，人類社會的一切混亂局面，並不是因為日月星辰、時令、天地
的變化而導致的，而是因為領導者的昏庸和百姓的盲目所導致的。他通過反問
的形式提出質疑：禹和桀所處的時代、環境都相同，卻因為採取了不同的治國
策略和對待百姓的態度，最終出現了截然不同的社會現象。荀子否定了天對人
世之治亂禍福的主宰作用，並將原因歸咎於人本身，是由人性決定的。顯然，
這與所引《詩經‧周頌‧天作》中強調的貴在人為的觀點是相契合的，但是經
過荀子的引用和闡釋，使得《天作》這一首小詩不僅抒發了作者對於自然景象
的感慨，同時又具有了國家興旺衰落由人不由天的含義。應當說，《荀子》中
「所言之志」與所引《詩》的本意完全相同的並不占多數，大量的實例證明是
在《詩》的基礎之上進行了引申與再創造，使儒家詩學具有了更加普通的現實
意義。

　　總的來說，荀子不僅肯定了《詩》在文學實踐中的重要指導意義，同時還
提出「詩言志」的核心是以人之情性為根本，以合乎聖人之道為宗要，並且將
其看作寄寓個體情感和弘揚聖人之志的最高典範，對之推崇備至，這一詩學觀
念也為後世學者的文藝創作提供了理論依據。如漢代《毛詩序》就是在荀子「詩
以言志」的基礎之上，主張情、志一體化，也就是注重詩歌吟詠情志、抒發情
感和表達志向的統一，由此確立了完善的詩學創作原則，「詩者，志之所以也，
在心為志，發言為詩。情動於中，而形於言，言之不足，故嗟歎之，嗟歎之不
足，故永歌之，永歌之不足，不知手之舞之，足以蹈之也」〔註105〕。作者主
張詩歌創作要「發乎情，而止於禮」，同時強調詩人要切身瞭解社會政治、倫
理道德等現象，重在諷刺和揭露社會現實的黑暗。《毛詩序》之所以能夠對於
文學本質和文學批評的認識更進了一步，顯然是深受荀子詩論觀的啟發，並對
後世詩論體系的發展產生了重要的影響。

〔註104〕　（清）王先謙撰，沈嘯寰，王星賢點校：《荀子集解》，北京：中華書局，1988
　　　　　年，第367～368頁。
〔註105〕　（漢）毛公傳，鄭玄箋，（唐）孔穎達等正義：《毛詩正義》，上海：上海古籍
　　　　　出版社，1990年，第15頁。

二、文以「明道」：詩歌創作的基本原則

荀子的文學思想雖然博採眾家之長，但是依舊以儒家思想為主體，他繼承了孔子思想中重文學創作與社會政治、倫理道德之間密切關聯的傳統，並且提出《詩》不僅是對聖人之道的表現，同時也是對內心世界和主觀情感的展現。在他看來，文學創作應當效法聖王，以聖王為師，體現出聖王的意志和情感，這便是荀子所說的「徵聖」思想。也就是說，荀子非常重視聖王的言辭辯說與文藝理論之間的關係，並且強調「道」（即「禮義」）是一切文學活動的根本準則，而「心」則是「道」的主宰，言辭要滿足「心」的要求，符合「道」的規範，才能根據事物的特徵得出正確無誤的判斷。正因如此，荀子提出要以「道」來消除各種「奸言」與「邪說」，強調「道」是衡量和評判言辭辯說的關鍵，故曰：

> 辨說也者，不異實名以喻動靜之道也。期命也者，辨說之用也。辨說也者，心之象道也。心也者，道之工宰也。道也者，治之經理也。心合於道，說合於心，辭合於說，正名而期，質請而喻。〔註106〕（《荀子·正名》）

> 凡言不合先王，不順禮義，謂之奸言，雖辯，君子不聽。法先王，順禮義，黨學者，然而不好言，不樂言，則必非誠士也。故君子之於言也，志好之，行安之，樂言之。故君子必辯。〔註107〕（《荀子·非相》）

在這裡，荀子把「辨說」視作梳理社會思想，端正民眾言行的武器，他強調言辭要通達精確、說理要條理清晰，才能夠深刻地理解抽象的道理。「為了達到正確的推理，他認為首先要使『辨說』符合思想所反映的『道』，命題符合辯論的宗旨，再運用正確的概念和共同遵守的規則來推理，才能得出符合實際的判斷，達到互相交流思想的目的。」〔註108〕也就是說，一切言論文辭都要以禮義規範為標準，體現出聖王之道。只有這樣，文章的邏輯推理和內在真理才能保持一致，才能充分地表達作者的觀點，如荀子說：「故凡言議期命，

〔註106〕（清）王先謙撰，沈嘯寰，王星賢點校：《荀子集解》，北京：中華書局，1988年，第500～501頁。

〔註107〕（清）王先謙撰，沈嘯寰，王星賢點校：《荀子集解》，北京：中華書局，1988年，第98頁。

〔註108〕向仍旦：《荀子通論》，福州：福建教育出版社，1987年，第187頁。

是非以聖王為師」〔註109〕。正是基於此種認知，荀子將具有實踐性的審美認
知與偉大的政治理想、以及社會現實結合起來同體考察，進而提出了「明道、
徵聖、宗經」的思想主張。這一儒家正統的文學觀念同樣受到了後世揚雄、劉
勰等文藝理論家的進一步肯定與發展，故揚雄在《法言‧吾子》篇中強調：「『人
各是其所是，而非其所非，將誰使正之？』曰：『萬物紛錯則懸諸天，眾言淆
亂則折諸聖』。或曰：『惡睹乎聖而折諸？』曰：『在則人，亡則書，其統一也。』」
〔註110〕聖人去世之後，他留下的經典書籍還在，兩者能夠合二為一繼續發揮
倫理教化的社會功能。但是，揚雄將荀子「明道、徵聖、宗經」的文學思想進
行了更加抽象化，極端化的處理，並把文學創作與批評原則完全納入到了禮教
功能的範疇，體現出了典型的復古模擬之風，也就違背了荀子文學創作要適應
時代變化的思想主張。

　　在荀子看來，語言文字作為君子抒情言志的重要載體，自然要合乎「正道」
的要求，並強調衡量和判定文辭之美的基本標準和前提就是「明道」，故《正
名》篇曰：「以正道而辨奸，猶引繩以持曲直，是故邪說不能亂，百家無所竄」
〔註111〕。但是，這裡的「道」並非傳統儒家思想中「文以載道」的「道」，而
是同時包含著遠大志向和人之性情在內的更加充實的「道」。也就是說，「明道」
作為君子效法聖人的重要方式，唯有真正把握了「道」的內涵，才能做到言必
有理，行之有效，並且達到修身養性和塑造品格的最終目的，「故必由其道至，
然後接之，非其道則避之」〔註112〕。荀子所說的「道」，包括「天道」和「人
道」兩個方面。「天道」就是世間萬物所蘊含的本質規律，只有全面地認知和
掌握了自然界千變萬化的發展規律，才能堅持正確的道德和原則方向，從而保
障君子之辨說的準確性，故曰：「萬物為道一偏，一物為萬物一偏」〔註113〕。
而「人道」是指聖人之道，處於道德規範的最高層次，能夠為普通人樹立傚仿
的榜樣。荀子認為，唯有使這些修身治國的道理和規範得以普及，才能從根本

〔註109〕（清）王先謙撰，沈嘯寰，王星賢點校：《荀子集解》，北京：中華書局，1988
　　　　年，第404頁。

〔註110〕汪榮寶撰，陳仲夫點校：《法言義疏》，北京：中華書局，1987年，第82頁。

〔註111〕（清）王先謙撰，沈嘯寰，王星賢點校：《荀子集解》，北京：中華書局，1988
　　　　年，第501頁。

〔註112〕（清）王先謙撰，沈嘯寰，王星賢點校：《荀子集解》，北京：中華書局，1988
　　　　年，第20頁。

〔註113〕（清）王先謙撰，沈嘯寰，王星賢點校：《荀子集解》，北京：中華書局，1988
　　　　年，第377頁。

上實現人之道德修養的提高和社會人倫秩序的穩定，也就能夠釐清君子在抒情言志過程中的感性因素，從而獲得更為純粹的審美體驗。因此，荀子強調符合「道」的要求便可以做，偏離「道」的要求就不能做，否則就會造成差錯，引發混亂，故曰：

> 至道大形，隆禮至法則國有常，尚賢使能則民知方，纂論公察則民不疑，賞克罰偷則民不怠，兼聽齊明則天下歸之。〔註114〕（《荀子·君道》）

顯然，荀子強調君子之言辭不僅要滿足「正道」的要求，同時也要注重「明道」的對象，即提出了「徵聖」的理論主張。在荀子看來，自然和社會是不斷變化的，而人的思維也要順應時代的變化進行創新，因而他在《儒效》篇中將人分為了四類：俗人，俗儒，雅儒，大儒。荀子將那些不學不問，沒有正義，唯利是圖的人稱為「俗人」，即「不學問，無正義，以富利為隆，是俗人者也」〔註115〕。而將那些只能簡單地傚仿先王，既不能順應時勢模仿後王，又不崇尚「禮義」而貶低《詩》《書》，從而導致社會秩序混亂的人稱為「俗儒」，即：

> 略法先王而足亂世術，謬學雜舉，不知法後王而一制度，不知隆禮義而殺詩、書；其衣冠行偽已同於世俗矣，然而不知惡者；其言議談說已無以異於墨子矣，然而明不能別；呼先王以欺愚者而求衣食焉，得委積足以揜其口則揚揚如也；隨其長子，事其便辟，舉其上客，億然若終身之虜而不敢有他志：是俗儒者也。〔註116〕（《荀子·儒效》）

所謂「雅儒」，就是能夠傚仿後王統一制度，遵從禮義之道，但是輕視《詩》《書》的作用，其智慧也就無法解決所有的問題。在荀子看來，如果我們拘泥於《詩》《書》等典籍，同樣無法真正地瞭解聖王之道的內在精髓，更無法將其付諸於實際行動，故曰：

> 法後王，一制度，隆禮義而殺詩、書，其言行已有大法矣，然

〔註114〕（清）王先謙撰，沈嘯寰，王星賢點校：《荀子集解》，北京：中華書局，1988年，第282頁。

〔註115〕（清）王先謙撰，沈嘯寰，王星賢點校：《荀子集解》，北京：中華書局，1988年，第164頁。

〔註116〕（清）王先謙撰，沈嘯寰，王星賢點校：《荀子集解》，北京：中華書局，1988年，第164～165頁。

　　而明不能齊法教之所不及，聞見之所未至，則知不能類也。知之曰
　　知之，不知曰不知，內不自以誣，外不自以欺，以是尊賢畏法而不
　　敢怠傲，是雅儒者也。〔註117〕（《荀子·儒效》）

　　荀子認為，那些被稱為「大儒」的人不僅能夠傚仿後王，遵從禮義道德統一制度，而且能夠用淺顯的道理去把握廣博的知識，並且能夠用現代的眼光審視古代的情況，將個體性與普遍性問題予以解決，他說：

　　法先王，統禮義，一制度，以淺持博，以古持今，以一持萬，
　　苟仁義之類也，雖在鳥獸之中，若別白黑，倚物怪變，所未嘗聞也，
　　所未嘗見也，卒然起一方，則舉統類而應之，無所儗怍，張法而度
　　之，則晻然若合符節，是大儒者也。〔註118〕（《荀子·儒效》）

　　不難發現，荀子肯定了「先王」「後王」之知識積累的重要性，並通過對比突出了「雅儒」「大儒」的特殊地位，但其最終目的依舊是為了強調「明道」在新時代背景下所發揮的指導作用。無論是「先王」還是「後王」，都是禮義之道的創造者和踐行者，對於君子人格的養成具有重要意義。所以，荀子強調文學創作要以聖王為楷模，遵循聖王的原則，傚仿聖王的言行。在他眼中，「《詩》《書》雖也重要，然而人為學之目的，仍須以禮義為最後依歸，方可使《詩》《書》之價值與功能，發揮到最高點」〔註119〕。事實上，這也是荀子在借鑒和吸收了法家思想中重現實意義的積極一面之後，而對孔子儒家思想中的保守部分作出的改革創新。

　　如上所述，那些能夠順應時代變化的「大儒」是不需要預先思考和謀劃的，其言辯就能符合「道」的規範，所寫文章也有邏輯性，還能夠應對層出不窮的形勢變化。聖人之辯天生合道，並作為連接「正道」的重要樞紐，是實現「天下道畢」的關鍵所在，故《非相》篇曰：「不先慮，不早謀，發之而當，成文而類，居錯遷徙，應變不窮，是聖人之辨者也」〔註120〕。荀子把盡善盡美、道德完備的聖人作為學習和傚仿的目標，並將聖人之道作為衡量天下的標準

〔註117〕　（清）王先謙撰，沈嘯寰，王星賢點校：《荀子集解》，北京：中華書局，1988年，第165～166頁。

〔註118〕　（清）王先謙撰，沈嘯寰，王星賢點校：《荀子集解》，北京：中華書局，1988年，第166～167頁。

〔註119〕　林素英：《荀子詩教觀及其對傳統文論之影響》，《河北師範大學學報（哲學社會科學版）》2014年第6期。

〔註120〕　（清）王先謙撰，沈嘯寰，王星賢點校：《荀子集解》，北京：中華書局，1988年，第103～104頁。

來看待，故言：「聖人備道全美者也，是縣天下之權稱也」〔註121〕。他認為君子的一切言辯都應該以聖人的道德標準為評判準則，要受到禮義規範的約束，這樣的理論主張同樣在文藝創作和文學批評方面發揮重要的指導作用。也就是說，荀子的文學理論觀點始終立足於社會現實層面，凡是君子要言談立論，或者社會秩序的重塑，就必須以聖王的要求和國家的利益為參考標準和根本準則，這就更加明確了君子「明道」必須要「徵聖」的思想主張。

在荀子視閾中，儒家經典能夠完美地詮釋「天道」與「人道」關係及其內涵，同時能夠體現經世致用的實用精神。所以，荀子十分重視文學的思想內容和社會價值，強調文學應以「宗經」為根本準則，並且積極號召百姓「始乎誦經，終乎讀禮」〔註122〕。顯然，「誦經」重在理解經典之義，「讀禮」重在知行合一。從兩者的關係來看，「誦經」是前提，「讀禮」則是目的。〔註123〕在荀子眼中，《詩》《書》《禮》《樂》《春秋》等儒家經典本來就不是平庸之人所能理解的，知識淺薄的人不能妄談聖人的言論，必須通過學習和積累才能掌握五經的真理。荀子便說：「故書者，政事之紀也；詩者，中聲之所止也；禮者，法之大分、類之綱紀也，故學至乎禮而止矣。夫是之謂道德之極。」〔註124〕《尚書》是政事的記錄，《詩經》是情性的歸結，《禮經》是法制的前提，道德律例的綱領，唯有多方面地學習和掌握其中的道理，才能實現道德修養的登峰造極。與此同時，荀子又深受「法後王」思想的影響，提出學習儒家經典必須適應於當下社會的需求，也就是倡導文學創作和文藝批評要從現實出發，不能拘泥於陳舊的條條框框，故曰：

學莫便乎近其人。禮、樂法而不說，詩、書故而不切，春秋約而不速。方其人之習君子之說，則尊以徧矣，周於世矣。〔註125〕（《荀子‧勸學》）

〔註121〕（清）王先謙撰，沈嘯寰，王星賢點校：《荀子集解》，北京：中華書局，1988年，第383頁。

〔註122〕（清）王先謙撰，沈嘯寰，王星賢點校：《荀子集解》，北京：中華書局，1988年，第13頁。

〔註123〕參見許春華：《「詩」與「儒」——荀子論詩思想旨趣探奧》，《燕山大學學報（哲學社會科學版）》2022年第5期。

〔註124〕（清）王先謙撰，沈嘯寰，王星賢點校：《荀子集解》，北京：中華書局，1988年，第13～14頁。

〔註125〕（清）王先謙撰，沈嘯寰，王星賢點校：《荀子集解》，北京：中華書局，1988年，第16頁。

其意是說，《禮》《樂》有法度卻有疏略之處；《詩》《書》古老陳舊而不切近現實；《春秋》內容簡略而不夠嚴謹。傚仿良師的知識和方法，就必須崇尚真理而全面學習，並且要懂得通達世事。對於那些年代久遠的五經當中存在著不合時宜的缺陷，就必須加以剔除，以此實現文藝理論的革故鼎新。荀子認為，禮義作為構成人類社會的基本準則，也是進行詩歌創作的基本原則，具有指導和規範作用。如果我們拘泥於典籍而不能靈活運用，僅僅從其表面意義上來理解的話，就無法深入地領悟其中所傳達的真正涵義。所以，荀子感慨說：「不道禮憲，以詩、書為之，譬之猶以指測河也，以戈舂黍也，以錐餐壺也，不可以得之矣」〔註126〕。這段話表明，禮義之道才是經書的核心，如果我們只專注於誦讀《詩》《書》，而缺少禮義作為統領，終究只能是一個普通的讀書人。所以，詩歌不僅是抒發情志的載體，更是一種成人之道，是倫理教化體系中的一個重要環節。

總之，荀子由於時代環境之影響，主張以禮義來主導詩學理論，旨在加強詩歌與社會政治的互動關係。荀子論《詩》的真正目的，不只是對其內容的解釋與重申，而是要充分發揮其經世致用的社會功能，引導人民回歸禮義之道。正如劉延福所說：「《詩》《書》等是體現『道』——禮義的，在詮釋《詩》《書》等經典文獻的過程中，應以「道」作為最高準則，只有合乎禮義的解讀才是恰當的解讀」〔註127〕。也就是說，荀子的明道、徵聖、宗經思想旨在說明詩歌應當追本溯源，找到有利於教化民性、整治民風的禮義之道，才能保證創作出優秀的詩歌作品。荀子通過對五經的批判繼承，有力地推進了經學的體制化發展，並且形成了以儒家經典為中心的學術與知識研究體系，更為後世經學時代和禮治時代的到來奠定了理論基礎。

第三節　「文理成章」：文論中的禮義美學思想

一、「文而致實」：內容與形式的融合

縱觀先秦各派文學學說的發展，「文」逐漸與「詩」「樂」「舞」等分離，「文」的文學性和政教性日益顯現，並且具有修飾增採的意義，這便是「文」

〔註126〕（清）王先謙撰，沈嘯寰，王星賢點校：《荀子集解》，北京：中華書局，1988年，第19～20頁。
〔註127〕劉延福：《荀子文藝思想研究》，濟南：山東大學出版社，2015年，第259頁。

所蘊含的獨特審美質素。諸子百家對「文」作出了不同的解釋，但是都與孔子所倡導的文質兼備，盡善盡美的本質內涵相近，即「文質彬彬，然後君子」〔註 128〕。「文」也就是言辭、文字、物象等內容，也可以指聲色味臭，還包括禮樂、詩文、玉帛等繁複的藝術形式；「質」指周禮的法制精神，是規範和約束人之言行的根本原則。孔子認為，思想內容必須要借助於具體的藝術形式才能呈現，運用語言最基本的要求就是達意，故曰：「辭達而已矣」〔註 129〕。對於文學整體性的研究，古人習慣於將其放置於廣袤的宇宙空間與複雜的社會環境當中加以討論，並就其內在的精神活動與外部世界的密切關係進行深入的分析。因此，「文」作為中國古代思想文化體系中最基本的元素，不僅涵蓋了天地陰陽、倫理道德、社會政治等諸多話題，同時也為後世「尚文」思想的形成奠定了基礎。正如夏靜所說：「『尚文』作為一種思維模式反映出先民對於天、地、人總體特徵的看法，作為一種文化基因衍生出思想傳統中眾多核心範疇，以此開啟了中國古代文學及文論的知識維度、邏輯空間、精神氣質與價值取向，影響到古人對於文學性質、特徵、規律及其功能等根本問題的認識。」〔註 130〕

在此背景之下，荀子延續了自古以來「文」所固有的內在德修和外在文飾的雙重含義，而且進一步拓展了「文」的知識維度和思想空間，這不僅充實了「文」的社會屬性，也突出了「文」之純粹的審美特性，為後人能夠從更廣泛的意義層面理解「文」之審美內涵提供了理論依據。據統計，「文」在《論語》中共出現了 29 次，在《孟子》中共出現了 4 次，而在《荀子》共出現了 143 次。〔註 131〕顯然，「文」在荀子文藝美學思想中佔據重要的位置。一方面，荀子強調文學活動必須歸結於「文」「性」「禮」三者間相互融合的知識體系當中，也就使其具有了審美感知、倫理教化的基本文藝功能。荀子直率地批評了「墨子蔽於用而不知文」〔註 132〕的輕文非文思想，他認為墨子只重實用而忽略了文學作品的文飾特性。另一方面，荀子還強調文學創作離不開對於「文」「情」

〔註 128〕楊伯峻：《論語譯注》，北京：中華書局，1980 年，第 61 頁。

〔註 129〕楊伯峻：《論語譯注》，北京：中華書局，1980 年，第 170 頁。

〔註 130〕夏靜：《禮樂文化與中國文論早期形態研究》，北京：中華書局，2007 年，第 198 頁。

〔註 131〕引得編撰處編纂：《荀子引得》，上海：上海古籍出版社，1986 年，第 374～376 頁。

〔註 132〕（清）王先謙撰，沈嘯寰，王星賢點校：《荀子集解》，北京：中華書局，1988 年，第 463 頁。

「道」三者間互為表裏關係的探討，即作為主觀情思寄予客觀物象的藝術創作途徑，能夠使其具有抒發情感、表達志向、表徵精神的特定文藝功能，故曰：「人情之所必不免也」〔註133〕。荀子從自然本性的角度，肯定了精神情感作為人之存在必不可少的一部分，可以在藝術作品這一重要載體中自由地馳騁、宣洩。上述兩方面，共同構成了荀子具有獨立性、自覺性、超越性的文論思想的本質。

對於「文」的界定，荀子主張要從「文」和「實」兩個方面來界定。他說：「文而致實，博而黨正」〔註134〕，這裡「文」，就是文飾，指藝術形式的外在規範；「實」就是宗經，尊崇儒家的經典義理；「博」代表著淵博的知識；「黨」即君子之所言。可以說，較之以往儒家傳統文學觀念中重內容而輕形式的文學主張，荀子強調美好的文學形式與真實的文章內容要充分結合，這樣文學作品才能實現其真正的價值。更為重要的是，他還將「文而致實」的要求融入到了自己的文學創作當中，透過《荀子》一書便能感受到荀子的文學創作不僅富於文采，講究對偶、排比、比喻等修辭手法，使得說理更加生動透徹，而且其觀點明確、論證嚴謹，從而建構了一個相對完整的知識譜系和思想空間。所謂對偶，是由字數相等、意義對稱的短語或句子組成，並通過相互映襯、照應的形式使表達的意思更加充實、明朗。在《荀子》中經常出現對仗工整、平仄相調的句子，能夠使前後兩部分的內容凝練集中，從而形成密切的內在關聯，就其主要的表現形式可劃分為「正對偶」「反對偶」和「串對偶」三種。

（一）「正對偶」表達的意義相近或相同，互為補充，如：

天有常道矣，地有常數矣。〔註135〕（《荀子·天論》）

牆之外，目不見也；裏之前，耳不聞也；而人主之守司，遠者天下，近者境內，不可不略知也。〔註136〕（《荀子·君道》）

川淵深則魚龍歸之，山林茂則禽獸歸之，刑政平而百姓歸之，

〔註133〕（清）王先謙撰，沈嘯寰，王星賢點校：《荀子集解》，北京：中華書局，1988年，第448頁。

〔註134〕（清）王先謙撰，沈嘯寰，王星賢點校：《荀子集解》，北京：中華書局，1988年，第104頁。

〔註135〕（清）王先謙撰，沈嘯寰，王星賢點校：《荀子集解》，北京：中華書局，1988年，第368頁。

〔註136〕（清）王先謙撰，沈嘯寰，王星賢點校：《荀子集解》，北京：中華書局，1988年，第287～288頁。

禮義備而君子歸之。〔註137〕（《荀子‧致士》）

很明顯，天與地相呼應，常道與常數則是較為穩定的內在規律，都是為了突出強調自然界的運行發展規律。荀子強調君子要時刻掌握廣闊疆域中不斷變化的禮義，無論是牆外看不見的，還是遠處聽不見的，都要全面瞭解才能不被此類阻礙所局限。同時，他還通過比喻來論證自己的觀點：山川水流枯竭與山林險惡、錯誤的國家政策相對應，其結果就會導致龍魚離開、鳥獸離開以及士兵百姓的離開。荀子從這三個不同的層面共同表達出對於準確、適當的禮義的側重，即對治理措施的要求，借助生動的論述來增強說服力。

（二）「反對偶」表達的意義相反或相對，多為一個道理的兩個方面，如：

生，人之始也；死，人之終也：終始俱善，人道畢矣。〔註138〕

（《荀子‧禮論》）

君子敬其在己者，而不慕其在天者；小人錯其在己者，而慕其在天者。〔註139〕（《荀子‧天論》）

在儒家哲學視閾中，生死自始而終是一個極為重要的存在。生與死、始與終作為相反的詞，唯有在禮義的指導下，才能處理妥善，從而實現對人道的整體掌握。荀子在辨析君子和小人時也善於將兩者進行對照分析：君子看重自身的努力，而不是祈求於老天；小人則完全顛覆君子的世界觀和認識觀，這與孔子所言「君子喻於義，小人喻於利」〔註140〕的寫作手法如出一轍，更利於普通百姓對禮義的準確理解。

（三）「串對偶」又稱為流水對，所表達的意義緊密連貫，如：

實不喻然後命，命不喻然後期，期不喻然後說，說不喻然後辨。〔註141〕（《荀子‧正名》）

故有社稷者而不能愛民，不能利民，而求民之親愛己，不可得也。民不親不愛，而求其為己用，為己死，不可得也。民不為己用，不為

〔註137〕（清）王先謙撰，沈嘯寰，王星賢點校：《荀子集解》，北京：中華書局，1988年，第306頁。

〔註138〕（清）王先謙撰，沈嘯寰，王星賢點校：《荀子集解》，北京：中華書局，1988年，第424頁。

〔註139〕（清）王先謙撰，沈嘯寰，王星賢點校：《荀子集解》，北京：中華書局，1988年，第369頁。

〔註140〕楊伯峻：《論語譯注》，北京：中華書局，1980年，第39頁。

〔註141〕（清）王先謙撰，沈嘯寰，王星賢點校：《荀子集解》，北京：中華書局，1988年，第499頁。

己死，而求兵之勁，城之固，不可得也。兵不勁，城不固，而求敵之
不至，不可得也。敵至而求無危削，不滅亡，不可得也。〔註142〕（《荀
子・君道》）

　　荀子強調君主的德行品質是百姓學習的榜樣，並且告誡君主，如果不能愛
護百姓，為百姓謀福利，就無法贏得民心。君主既不愛民，又不利民，自然不
會獲得百姓為其賣命效力，卻又要求兵力強勁，城池堅固，這是顯然相互矛盾
的。從這一系列的連鎖反應來看，君主想要實現權力地位的穩固，就必須依靠
百姓，唯有民富，國家才能強盛，歸根結底就是要滿足統治者的政治需求。在
這裡，荀子通過對偶兼對照的表現手法突出強調了以民為本的核心思想，同時
也體現出了嚴謹、辯證的文藝思想。除此之外，荀子將對偶與排比結合起來用
於說理，使行文說理更具節奏感和說服力，增強了氣勢和表達效果，如：

　　　　君者，儀也，儀正而景正；君者，槃也，槃圓而水圓；君者，
　　盂也，盂方而水方。〔註143〕（《荀子・君道》）

　　　　無國而不有治法，無國而不有亂法；無國而不有賢士，無國而
　　不有罷士；無國而不有願民，無國而不有悍民；無國而不有美俗，
　　無國而不有惡俗。〔註144〕（《荀子・王霸》）

　　　　君子也者，道法之摠要也，不可少頃曠也。得之則治，失之則
　　亂；得之則安，失之則危；得之則存，失之則亡。〔註145〕（《荀子・
　　致士》）

　　荀子通過兩兩相對的句式結構形成排比，行文相異相續，氣勢如虹，不僅
增添了論述內容的文采效果，同時使得表達的觀點更加鮮明、更加充沛，更有
利於揭示內在的真理。與此同時，對偶與比喻相結合的修辭手法在《荀子》當
中也十分常見，荀子擅長運用生活中的實例來說理論證，言簡意賅、巧妙生動，
能夠將抽象的道理形象化，進而使人受到心性上的感染與啟發，比如：

〔註142〕（清）王先謙撰，沈嘯寰，王星賢點校：《荀子集解》，北京：中華書局，1988
　　　　年，第277～278頁。
〔註143〕（清）王先謙撰，沈嘯寰，王星賢點校：《荀子集解》，北京：中華書局，1988
　　　　年，第277頁。
〔註144〕（清）王先謙撰，沈嘯寰，王星賢點校：《荀子集解》，北京：中華書局，1988
　　　　年，第259頁。
〔註145〕（清）王先謙撰，沈嘯寰，王星賢點校：《荀子集解》，北京：中華書局，1988
　　　　年，第307頁。

　　青，取之於藍而青於藍；冰，水為之而寒於水。木直中繩，輮
以為輪，其曲中規，雖有槁暴，不復挺者，輮使之然也。故木受繩
則直，金就礪則利，君子博學而日參省乎己，則知明而行無過矣。
〔註146〕（《荀子・勸學》）

　　無不愛也，無不敬也，無與人爭也，恢然如天地之苞萬物，如
是則賢者貴之，不肖者親之。〔註147〕（《荀子・非十二子》）

　　需要注意的是，荀子強調過於追求文飾，講究形式之美，勢必會出現本末
倒置的混亂現象，從而忽略了「文」的內在美。所以，荀子十分注重文學的思
想性與藝術性的統一，並主張摒棄和去除那些過於浮華而阻礙文學創作的文
飾，從而真正體現出「文而致實」的理論價值。在此基礎之上，荀子又明確地
指出一切追求美好文采形式的藝術創作都離不開對禮義這一精神實質的依
賴，不僅強調形式之美的修飾作用，又講究文章內容的實用性。荀子主張以形
式來烘托內容的魅力，用內容來鞏固形式的獨特，形式與內容的結合才能形成
理想的文藝批評觀念，故曰：

　　文貌情用，相為內外表裏，禮之中焉。〔註148〕（《荀子・大略》）

　　凡禮，始乎梲，成乎文，終乎悅校。故至備，情文俱盡。〔註149〕
（《荀子・禮論》）

　　文理繁，情用省，是禮之隆也；文理省，情用繁，是禮之殺也；
文理、情用相為內外表裏，並行而襍，是禮之中流也。〔註150〕（《荀
子・禮論》）

　　顯然，「文」之所以能夠得以弘揚，離不開人的傳承，更離不開禮義的指
導。荀子認為，語言文字所表達的心志意願要合乎禮義的要求，具有極強的感
染力和說服力。換言之，真正能夠不朽的言辭必定是基於道德修養而被創作出

〔註146〕（清）王先謙撰，沈嘯寰，王星賢點校：《荀子集解》，北京：中華書局，1988
　　　　年，第 1～2 頁。

〔註147〕（清）王先謙撰，沈嘯寰，王星賢點校：《荀子集解》，北京：中華書局，1988
　　　　年，第 117～118 頁。

〔註148〕（清）王先謙撰，沈嘯寰，王星賢點校：《荀子集解》，北京：中華書局，1988
　　　　年，第 587 頁。

〔註149〕（清）王先謙撰，沈嘯寰，王星賢點校：《荀子集解》，北京：中華書局，1988
　　　　年，第 419～420 頁。

〔註150〕（清）王先謙撰，沈嘯寰，王星賢點校：《荀子集解》，北京：中華書局，1988
　　　　年，第 422～423 頁。

來的，並且能夠滿足人之情感和精神層面的需求，故曰：「人之於文學也，猶玉之於琢磨也」〔註151〕。按其意，普通百姓創作文學要如同雕琢玉器一樣，必須要以禮義為標準，更要付出努力和耐心，在經歷「如切如磋，如琢如磨」的過程之後才能掌握豐富的知識和技巧。在這裡，荀子以琢玉成器來譬喻文學修習、治學化性，不僅體現了創作者應該具備的文學素養，同時也直觀地回答了文學化人的途徑與目標。〔註152〕

　　基於上述觀點，荀子主張判斷一個人是否為君子，不能只觀察他的外表，同時也要注重其內在的情感機理，並考察他的言辭辯說是否符合禮義規範。在他看來，行為和思想都端正的人，即使形體醜陋，也不妨礙他成為君子；形體雖美，卻言行拙劣、品德醜惡的人，終究會成為小人。「故君子之於言無厭。鄙夫反是，好其實，不恤其文，是以終身不免埤污傭俗」〔註153〕。也就是說，普通的人在言談過程中只顧及實際而不注重形式文采，所以始終脫離不了卑賤和庸俗的地位。正因如此，荀子強調運用語詞表達概念必須確切而統一，否則就會名實淆亂，擾亂人的思想。〔註154〕這也是為什麼荀子會極力反對墨子形而上的文學主張，並強調文學作品既要有豐富的文化內涵，同時也要有文采之美的主要原因。唯有達到語言規範標準的文學作品才能深入人心，起到陶冶性情、審美育人的社會功能。

　　總之，荀子的文學主張和批評實踐表明，他對文學問題的看法，顯然是以禮義作為基本的衡量標準。〔註155〕他將文學與人性教化、道德培育結合起來，而且把文學與安邦治國，政治改良聯繫起來，認為文學是實現理想人格和理想社會的重要手段，進而使文學作品表現出強烈的政治和道德色彩。可以看出，荀子「文而致實」的文學思想不僅實現了對孟子「以意逆志」與「知人論世」的文學批評觀的突破和創新，同時還有力地批判了墨子只重實用而不懂文飾

〔註151〕　（清）王先謙撰，沈嘯寰，王星賢點校：《荀子集解》，北京：中華書局，1988年，第600頁。

〔註152〕　參見唐啟翠：《〈荀子〉「文學」觀的譬喻化建構及影響》，《文學遺產》2022年第4期。

〔註153〕　（清）王先謙撰，沈嘯寰，王星賢點校：《荀子集解》，北京：中華書局，1988年，第99頁。

〔註154〕　參見王運熙，顧易生主編：《中國文學批評史新編》，上海：復旦大學出版社，2007年，第25頁。

〔註155〕　參見谷云義：《荀子的文學主張及其特徵》，《東北師大學報（哲學社會科學版）》1986年第4期。

的片面性文學觀念，對漢代以後的理論批評產生了深遠的影響，如劉勰的「稟經以制式」〔註156〕的文學批評觀。

二、「中和」之美：文學批評標準的形成

「中和」在中國古代思想文化中佔據著十分重要的地位，是一個融合了古人天地宇宙意識、社會政治秩序、倫理道德品格以及原始宗教元素等為一體的審美範疇。在經歷了夏商周三代的歷史過程之後，「中和」的思想內涵被學者們廣泛地應用到中華傳統文化和道德品性當中，確立了具有普遍認同感的理想審美境界，並逐漸演變成一種流行的文藝批評標準。如《國語》記載，周景王向樂官伶州鳩詢問音律，伶州鳩認為神瞽通過中和之音來制定十二律的音高，使諸多音調趨於和諧，並將這個音樂問題上升到了政治的高度，故曰：

> 律所以立均出度也。古之神瞽，考中聲而量之以制，度律均鍾，百官軌儀，平之以六，成於十二，天之道也。〔註157〕（《國語·周語》）

《中庸》也曾提到：

> 喜怒哀樂之未發，謂之中；發而皆中節，謂之和。中也者，天下之大本也；和也者，天下之達道也。致中和，天地位焉，萬物育焉。〔註158〕

顯然，「中」是心中有喜怒哀樂的情緒不表現出來，具有「含蓄性」；「和」是將情緒表現出來卻有所節制，具有「適當性」。所以，「中和」便具有含蓄、適當、節制與協調之意，既可以看作為人處世之道、穩定天下之本，又可以看作天地萬物、陰陽兩極和諧統一的運行規律，也就是中國古代文化和美學原則的根本規律。荀子在融合了前人觀念的基礎之上，主要突出了「中和」思想中的含蓄性與適當性美學特徵，並注重提倡一種利於穩定社會秩序的中和之美，從而拓展了「中和」所蘊含的豐富思想內涵與價值功用。

所謂「中」，就是禮義法則。如荀子所說：「先王之道，仁之隆也，比中而

〔註156〕劉勰著，范文瀾注：《文心雕龍注》，北京：人民文學出版社，1962年，第23頁。

〔註157〕徐元誥撰，王樹民，沈長雲點校：《國語集解》，北京：中華書局，2002年，第113頁。

〔註158〕（宋）朱熹撰：《四書章句集注》，北京：中華書局，1983年，第18頁。

行之。曷謂中？曰：禮義是也」〔註159〕。先王在具體實踐中遵循中道，實際上也就是以禮義來衡量一切言說和行為。在荀子看來，「中」作為中國傳統文化的美學原則和價值尺度，能夠在矛盾雙方互相滲透和統一的過程中，客觀地反映社會人事和文學藝術的發展規律。在「中」的引導與規範之下，才能實現情文俱盡、文以致實的文化繁榮，以及人與社會的等級有序、和諧共處。故《儒效》篇曰：「凡事行，有益於理者立之，無益於理者廢之，夫是之謂中事。凡知說，有益於理者為之，無益於理者捨之，夫是之謂中說」〔註160〕，認為凡是做事要遵守原則，有聖人之道為依據；知識辯說要表達合理，有利於世道的平治，從而形成一種統一的標準。誠然，荀子主張以「中」釋「禮」，反映了禮義在文學批評中的重要地位。學者陳光連就解釋說：「中是一種行為處事的方式，是倫理的基本原則，是倫理的實然與應然的統一；中，也是行為的目標，體現人類對價值追求的源頭和歸屬。」〔註161〕

　　所謂「和」，就是調和、諧和、統一的意思。荀子說：「萬物各得其和以生，各得其養以成」〔註162〕，說明天地之道萬物得之則生，得之則和諧相處，得之則生生不息。人只有遵循這種「和」的原則，才能形成井然有序的秩序，才能構建人與社會和諧相處的大同世界，故又曰：「人何以能群？曰：分。分何以能行？曰：義。故義以分則和，和則一，一則多力，多力則彊，彊則勝物，故宮室可得而居也」〔註163〕。很明顯，「和」是相較於「分」而言的。群居的前提在於「分」，而「分」的標準則是禮義。荀子認為，唯有「制禮義以分之」，才能規避人之性情的放縱與利益的紛爭，從而達到治「亂」致「和」的目的。可以看出，「中」與「和」兩者，與「禮」與「義」的關係一樣，是相互補充的。人與人之間要依靠禮義的標準，使其各得其所、貴賤相等，這樣才能實現社會各要素的有機統一。概言之，「中和」作為天地萬物發展的普遍規律和評

〔註159〕（清）王先謙撰，沈嘯寰，王星賢點校：《荀子集解》，北京：中華書局，1988年，第144頁。

〔註160〕（清）王先謙撰，沈嘯寰，王星賢點校：《荀子集解》，北京：中華書局，1988年，第146頁。

〔註161〕陳光連：《知識與德性：荀子「知性」道德哲學研究》，南京：東南大學出版社，2014年，第132頁。

〔註162〕（清）王先謙撰，沈嘯寰，王星賢點校：《荀子集解》，北京：中華書局，1988年，第365頁。

〔註163〕（清）王先謙撰，沈嘯寰，王星賢點校：《荀子集解》，北京：中華書局，1988年，第194頁。

判標準而客觀存在，是實現社會性、政治性、文化性等眾多因素和諧統一的關鍵。

在荀子看來，「中和」具有豐富的人性情感和倫理道德的屬性，可以有效地遏制那些庸俗淫邪的情慾表達。文學作品正是實現這一目標的重要形式，它能夠借助禮義原則直接作用於人的性情，並能夠豐富和指導人的心志。文學作品通過對精神文化的不斷積累和對社會人倫秩序的重構，將邪惡、粗魯、混亂的社會生活，逐漸轉變為文明的、儒雅的、有序的理想生活狀態。顯然，荀子文學思想中對「中和」的推崇，與其樂論思想中對「和」的推崇構成了互文關係。如果按照「中和」的標準進行創作和評價，則可以使得百姓按照禮義的規範行事，從而達到穩定有序的理想社會目標。換句話說，「中和」作為儒家審美教化的標準尺度，對於個體修養來講，就是血氣平和、心志向善；對於社會發展而言，就是和睦相處、同心同德。如荀子說：

故書者，政事之紀也；詩者，中聲之所止也。〔註164〕（《荀子·勸學》）

禮之敬文也，樂之中和也，詩、書之博也，春秋之微也，在天地之間者畢矣。〔註165〕（《荀子·勸學》）

且樂也者，和之不可變者也。〔註166〕（《荀子·樂論》）

荀子認為，言行合乎「中和」之美的道德要求，正是人應當遵守的根本原則。「中和」不僅能夠使人遵循等級秩序，實現各守其位、各得其所，同時還兼具著辯證統一的思想內涵和價值意義。如果用「中和」原則來制約情感欲求，就能安寧而不混亂；如果縱容欲求而不加以限制，就會膨脹而迷失自我。文藝作品離不開「中和」原則的引導和規範，一旦離開了這種引導和規範，就會產生混亂。也正因如此，荀子主張通過「中和」的審美準則，來批判和抵制威脅個體健康發展和國家安全治理的淫逸之音，並且將符合「中和」要求的《禮》《樂》《詩》《書》作為審美教育的工具，來培育人的倫理道德和審美情感。可以說，「中和」作為一種至高原則，在文學批評中得以具體的運用，既注重倫

〔註164〕（清）王先謙撰，沈嘯寰，王星賢點校：《荀子集解》，北京：中華書局，1988年，第13頁。

〔註165〕（清）王先謙撰，沈嘯寰，王星賢點校：《荀子集解》，北京：中華書局，1988年，第14頁。

〔註166〕（清）王先謙撰，沈嘯寰，王星賢點校：《荀子集解》，北京：中華書局，1988年，第452頁。

理道德的教化，也重視人格境界的提升，由此拓展了「中和」思想的審美意蘊。

　　除此以外，荀子還認識到風俗作為一種文化範疇，是具有群體性質的地域文化，它往往會以民族的、國家的意識形態為原則發展壯大，不會顧及個體的自由發展。荀子與大多數的儒家學者一樣，認為人性的向善能夠形成淳樸的民風，進而促進社會秩序的改善。易言之，習俗可以改變人的意志，並且長久地改變人的素質。故荀子說：

　　　　論禮樂，正身行，廣教化，美風俗，兼覆而調一之，辟公之事

　　也。〔註167〕（《荀子·王制》）

　　　　樂者，聖人之所樂也，而可以善民心，其感人深，其移風易俗，

　　故先王導之以禮樂而民和睦。〔註168〕（《荀子·樂論》）

　　在荀子看來，文學作品能夠對人性、人情起到引導的作用，而導向雅正還是淫邪，就會直接影響人之道德品格的差異，以及國家的治亂安危。誠然，只有美善相樂的文學作品，才能使人的性情變得平和，言行符合禮義規範的要求，進而使民風民俗變得和諧，實現社會的安定。所以，荀子十分重視對人性的教化和對民族習俗的培育，倡導借助「中和」的詩樂評判標準加以規範和引導，為百姓廣泛提供合乎禮義規範的文學作品，從而消除社會中淫靡的文藝亂象，達到改良社會風氣的目的。故曰：

　　　　性也者，吾所不能為也，然而可化也；情也者，非吾所有也，

　　然而可為也。注錯習俗，所以化性也；並一而不二，所以成積也。

　　　　習俗移志，安久移質，並一而不二則通於神明、參於天地矣。〔註169〕

　　（《荀子·儒效》）

　　顯然，荀子不僅肯定了文學作品與人性道德之間的相關性，並且提出以「中和」作為區別文學作品雅正或淫邪的關鍵。如果從美學理論的角度來分析和評價荀子的這一評判標準，就能夠發現他更加明確了「中和」的審美功能。荀子在論及文學創作時，試圖將自己的政治理想融合到審美評判的過程當中，主張通過移風易俗的方式來凝聚個體力量，從而達到和諧統一的社會秩序。也

〔註167〕（清）王先謙撰，沈嘯寰，王星賢點校：《荀子集解》，北京：中華書局，1988
　　　　年，第 201～202 頁。

〔註168〕（清）王先謙撰，沈嘯寰，王星賢點校：《荀子集解》，北京：中華書局，1988
　　　　年，第 450 頁。

〔註169〕（清）王先謙撰，沈嘯寰，王星賢點校：《荀子集解》，北京：中華書局，1988
　　　　年，第 170 頁。

就是說，荀子關於「中和」之美的論述，帶有明顯的價值指向，其最終目的是為了使人的言行符合禮義法度的要求，並由此實現人格道德的提升。對此，郭紹虞先生曾總結說：「孔子以後，孟荀並稱，但是從文學批評來講，荀子要比孟子為重要。荀子《非十二子》篇之論子思孟子，稱為『略法先王而不知其統』；的確，就文學批評講，也是荀子為得其統。所以荀子奠定了後世封建時代的傳統的文學觀。」〔註170〕對於荀子在儒家文學批評史中的地位和貢獻，我們要給予充分的重視和客觀的評價。

在此背景之下，荀子進一步提出「和樂」則「人以致和」，「和文」則「心平德和」。他看到了「禮」「樂」「文」之間的同一性，故曰：「仁、義、禮、樂，其致一也」〔註171〕。事實上，「樂」和「文」作為「禮義」框架下真正意義上的文化思想整合，不僅能夠對人的道德和言行進行有效地規範，也超越了其音樂功能的界定，能夠成為心靈情感的寄託，也就有別於傳統意義上享樂主義的審美理想。雖然，荀子的「中和」之美思想帶有明顯的功利色彩，但不可否認的是，其文化層面所包含的原初性情感、宗法倫理道德以及初具文學批評的意識形態，對後世文學創作和理論批評具有重要的啟發意義，同時也使得中國傳統美學體系的建構表現出了多元性、豐富性的客觀需要和歷史價值。正如夏靜在論述儒家文藝思想時所說：「禮教所內蘊的文學價值體系，在長期的文學創作與批評實踐中，積澱成為中華文化深層的觀念結構與思維模式，並逐漸滲入到日常文化心理及行動方式之中，其意義不僅在於對歷史上經典文本的詮釋，更在於對未來的人文化成提供一種內在的範導，在於與社會政治、文學實踐有著更為切近的關係，總能作為穩定的思維定勢、審美原則、人生態度制約著廣義的人文創造過程。」〔註172〕

總之，樂論、詩論、文論作為有機整體，共同構成了荀子傳統的文藝審美觀，並且涵蓋了政治制度、人文教化、宗教信仰等多方面的內容，三者在精神品格、價值取向上具有高度一致性，在某種意義上講更是相輔相成、混融一體的關係。荀子充分認識到了《詩》《書》《樂》為代表的文藝作品具有規範主體情感欲望和培育理想人格的審美功用，並由此形成了自己對於文藝作品的感

〔註170〕郭紹虞：《中國文學批評史》，上海：上海古籍出版社，1979年，第18頁。
〔註171〕（清）王先謙撰，沈嘯寰，王星賢點校：《荀子集解》，北京：中華書局，1988年，第581頁。
〔註172〕夏靜：《禮教與中國文論的發生特徵》，《首都師範大學學報（社會科學版）》2011年第5期。

性與理性、自然性與社會性的審美認知。荀子強調文藝作品能夠對人之生理感官和心靈世界起到感染、教化的作用，而文藝作品又必須借助禮義規範才能得到理想化、標準化的展現和表達，故曰：「窮本極變，樂之情也；著誠去偽，禮之經也」〔註173〕。普通百姓在禮義的指導之下，接受了文學藝術的教化之後，方可顯明真誠、去除虛假，成為賢人儒士。除此之外，荀子還進一步強調了文藝作品具有「善民心」「美政治」的社會功用，將詩樂看作維護社會秩序的有效工具，能夠促進國家的和諧與穩定。從這個意義上來說，荀子的文藝主張對於中國早期文學觀念中政教品格、審美意識及藝術觀念的發展都有重要的啟發意義，成為後期儒家文藝思想的代表。

〔註173〕（清）王先謙撰，沈嘯寰，王星賢點校：《荀子集解》，北京：中華書局，1988年，第452頁。

第四章　禮義美學思想在荀子自然
　　　　觀念中的呈現

　　在儒家天命觀思想中，荀子批評地總結了先秦諸子百家的自然觀念，從實用功利性的角度對「自然天道」提出了新的解釋：「天有常道矣，地有常數矣」〔註1〕。他認為，自然界中的萬物都有其客觀的發展規律，不會以人的主觀意志為轉移，天地合和，自然萬物才能各得其生，各得其養。否則，自然萬物就會喪失根本而走向滅亡。荀子深刻認識到人與自然發展過程中各自所需承擔的責任、義務，由此形成了初具辯證唯物主義傾向的「天人之分」思想，即天有天的職能，人有人的職能，天既不能主宰世間的萬事萬物，也不能決定人的凶吉禍福，而取決於人的主觀能動性，並不在於天的意志。而且，荀子又提出要達到「知天」的目的，就必須通過「制天命而用之」的方式來掌握自然規律，並強調只有尊重和認識客觀規律，才能發揮人的主觀能動性，實現對自然的準確認知。除此之外，荀子的生態美學思想對於改善自然環境和提高人的生活質量具有實踐性、指導性的重要作用。在他看來，想要取得理想的生態價值和審美體驗，就必須依靠具有生態啟發意義的禮義原則來限制審美主體的本能欲望，才能實現人與自然的平衡發展與和諧相處。應當說，荀子突破了傳統道家「有物混成，先天地生」〔註2〕和傳統儒家「知其性，則知天矣」〔註3〕的神

〔註1〕（清）王先謙撰，沈嘯寰，王星賢點校：《荀子集解》，北京：中華書局，1988年，第368頁。

〔註2〕（魏）王弼著，樓宇烈校釋：《老子道德經注校釋》，北京：中華書局，2008年，第62頁。

〔註3〕楊伯峻：《孟子譯注》，北京：中華書局，1960年，第301頁。

秘天道觀，並為探索和實現「天地與人相參」的生態理想目標提供了具有可行性的建議，從而奠定了荀子生態審美智慧在中國美學建設發展中的重要地位。

第一節 「明於天人之分」：對神秘天人觀的突破

關於自然天道的認識，荀子雖然延續了傳統儒家天命觀思想中關於自然萬物的探討，但他又明確指出，「天」並非統攝世間萬物及其意識形態的最高主宰者，而是客觀存在的自然形態，也就否定了孔子所認為的「不知命，無以為君子也；不知禮，無以立也」〔註4〕，以及孟子所強調的「天將降大任於是人也」〔註5〕的思想主張。可以說，荀子對於「天」的理解和認知不再局限於至高無上的「神」的層面，而是逐漸擺脫了孔孟「泛神論」思想中濃厚的唯心主義傾向。他認為，這種「天意難違」的主張是治國者用來迷惑那些對自然界缺乏理性認知的百姓的手段，目的是為了恢復和維護國家的統治，故《天論》篇曰：「日月、星辰、瑞曆，是禹、桀之所同也，禹以治，桀以亂，治亂非天也」〔註6〕。日月星辰、四時規律都未曾變化，然而禹做天子的時候天下大治，桀做天子的時候天下大亂，可見，天下的「治」「亂」與宇宙自然是沒有直接關係的。概言之，世間的一切治亂、禍福、凶吉都不在於「天」，而在於「人」。荀子通過客觀理性地分析之後，顛覆了傳統觀念中對「天」的無限敬畏，突破了民眾對於自然界的片面性認識，更加指出這一切並非取決於天的精神屬性，而是遵循其自身特定的發展規律之後的自然現象。

一、「天行有常」：萬物運化的內在定律

針對那些帶有神學色彩的自然觀，荀子強調「天」就是客觀存在的自然世界，是天下萬物賴以生存的根源，並擁有自身獨特的運行規律和法則，從根本上否定了「天道賞善而罰淫」〔註7〕的觀點。在荀子看來，自然與人之間存在著辯證統一的關係，用平治的社會應對它就能取得順利，用混亂的世道來應對它就會招致禍患，故《天論》篇曰：「天行有常，不為堯存，不為桀亡。應之

〔註4〕楊伯峻：《論語譯注》，北京：中華書局，1980 年，第 211 頁。

〔註5〕楊伯峻：《孟子譯注》，北京：中華書局，1960 年，第 298 頁。

〔註6〕（清）王先謙撰，沈嘯寰，王星賢點校：《荀子集解》，北京：中華書局，1988 年，第 367～368 頁。

〔註7〕徐元誥撰，王樹民，沈長雲點校：《國語集解》，北京：中華書局，2002 年，第 66 頁。

以治則吉，應之以亂則凶」〔註8〕。自然萬物與人類社會屬於不同的範疇，擁有相對獨立的發展規律和職能特性，自然界的內在規律無法用人類社會的發展經驗加以說明和解釋，人類更無法從本質上改變自然的運行法則，而只能在充分認識自然的基礎上調和與自然的關係。因此，人絕不能僭越自然規律、違背自然法則，甚至於對自然為所欲為、妄加破壞。荀子認識到「天行」是獨立於人類社會而真實存在的，且不以人為意志而轉移的客觀定律，這與神秘莫測的天人觀思想是截然不同的。故荀子所言之「天」並不包括主體的意志在內，「天」只是一個純粹的客觀自然而已。這也是荀子之所以提出「天行有常」的自然觀念，而不是「天道無常」思想主張的主要原因。梁啟雄先生在評述荀子思想時，就指出荀子眼中的「天不是有意識的主宰而是無意識的物質而已。在這一點上，荀子確能做到否定了主宰之天，肯定了物質之天。是一個由虛反實的轉變，是有歷史進步意義的。」〔註9〕與此同時，牟宗三先生也認為：「荀子之天非宗教的，非形而上的，亦非藝術的，乃自然的，亦即科學中『是其所是』之天也。」〔註10〕在這裡，荀子逐漸揭去了「天」之至上神靈的面紗，強調自然界是具有內在價值的生態實體，並且提出了認知生態美學觀和生態倫理觀的必要條件和基本要求。

　　從事實的角度來講，自然變化的實質具有永恆性，而從價值的層面來講，自然變化的意義就在於永生不息的創造力。荀子認為，自然界是運動變化的物質世界，任何自然現象都與人的精神意志並無必然的聯繫。一切星辰相隨旋轉、日月交替、四季變換等現象都是自然規律所致，萬物各自得到相應的條件而發生，各自得到足夠的資源而成長，故曰：「天地合而萬物生，陰陽接而變化起」〔註11〕。在他看來，人類只有觀察這種變化的過程和形式，分析所掌握的自然現象，才有可能推測和掌握其演變的規律。基於此種認知，荀子對「天」作出了兩種不同的解釋：

　　第一層是不可知、不可控制的「神」或「道」所造成的現象。

　　　　萬物各得其和以生，各得其養以成，不見其事而見其功，夫是

〔註8〕（清）王先謙撰，沈嘯寰，王星賢點校：《荀子集解》，北京：中華書局，1988年，第362頁。

〔註9〕梁啟雄：《荀子思想述評》，《哲學研究》1963年第4期。

〔註10〕牟宗三：《名家與荀子》，臺北：臺灣學生書局，1979年，第214頁。

〔註11〕（清）王先謙撰，沈嘯寰，王星賢點校：《荀子集解》，北京：中華書局，1988年，第433頁。

之謂神。〔註12〕（《荀子・天論》）

在這裡的「神」絕不是宗教意義上的「神」，而是表示「奇妙」「神秘」「難以解釋」的意思。神秘的天道「不為而成，不求而得」，不需要經過人的創造就客觀存在，乃是一種自然而然的現象。天地萬物都在大自然的和諧秩序中得到生長與養成，但是自然又是怎樣形成它那和諧秩序的呢？〔註13〕顯然，荀子受到對自然認識程度的限制，只是簡單地記錄了自然界運動的畫面與結果，並沒有對其細枝末節進行詳盡而深入地解釋，而是巧妙將這些未知的元素用「神」這一概念籠統地概括，也就不可避免地體現出了他對生態審美認知的樸素性。但不可否認的是，荀子已經「把過去被看作是最高主宰的神秘的『天』，還原為運動變化著的物質自然的天，從而使他的自然觀有了一個基本的唯物主義的立足點」〔註14〕。

第二層是能被人所知、所控制的自然對象。

皆知其所以成，莫知其無形，夫是之謂天。〔註15〕（《荀子・天論》）

荀子認為，「天」是能夠被人所認知的物質世界，唯有瞭解和掌握天的職能，並且明確「天」所運行的特定規律，才能不歸功或怪罪於「天」。所以，當人類面對自然界中星辰的隕落，鳥蟲的鳴叫時人也不會為之驚訝、害怕，而是能夠明白這只是天地萬物、陰陽二氣等自然現象及其生態環境的變化過程而已，故曰：「夫星之隊，木之鳴，是天地之變、陰陽之化、物之罕至者也」〔註16〕。依荀子之意，日月星辰、春生夏長、秋收冬藏等季節時令對所有人都是公平的，不會因為人的主觀意志而發生質變，即天道並非人道所能改變。人類遵循自然的規律就能夠生生不息，否則就會自掘墳墓。足見，荀子眼中的「天」並不是超乎現象之上的存在，而是經驗世界中純粹客觀的大自然。所謂「神」也並非傳統觀念中神靈的意思，而是用來形容大自然鬼斧神工的造化功能。

〔註12〕（清）王先謙撰，沈嘯寰，王星賢點校：《荀子集解》，北京：中華書局，1988年，第365頁。

〔註13〕參見陳修武：《荀子：人性的批判》，北京：九州出版社，2018年，第151頁。

〔註14〕夏甄陶：《論荀子的哲學思想》，上海：上海人民出版社，1979年，第47頁。

〔註15〕（清）王先謙撰，沈嘯寰，王星賢點校：《荀子集解》，北京：中華書局，1988年，第365頁。

〔註16〕（清）王先謙撰，沈嘯寰，王星賢點校：《荀子集解》，北京：中華書局，1988年，第371頁。

　　從文化的角度看，「天」作為宇宙萬物存在和運作的終極動力來源，不僅是萬物蓬勃生長的場域，更是社會活動發生的根源，是自然屬性與文化屬性有機結合的必要條件。荀子堅持唯物主義宇宙觀，認為自然天道所蘊含的豐富文化價值皆是人類創造的產物。在社會生活中，統治者積極倡導各種神道設教的儀式性活動，既可以滿足百姓的精神需求，也可以提升人的人格道德，以此達到化成天下的目的。〔註17〕荀子曰：

　　　　雩而雨，何也？曰：無何也，猶不雩而雨也。日月食而救之，
　　　天旱而雩，卜筮然後決大事，非以為得求也，以文之也。故君子以
　　　為文，而百姓以為神。以為文則吉，以為神則凶也。〔註18〕（《荀子·
　　　天論》）

　　所謂「文」，就是指具有神學色彩的儀式，能夠對人的言行產生影響。荀子強調國家舉行祭祀、卜筮等求雨祈福的活動，目的也是為了文飾君主對治理自然災害、順應人情等政事的重視，並非相信神的存在，若肯定了神真的存在，那就兇險了。在荀子看來，天不是人的主宰，只有人才是自己的主宰。因此，他反對迷信鬼神，更加反對對自然界進行主觀臆測，任意改造，將功利性的欲望強加給自然界。人類企圖干涉自然運轉的客觀規律，則是癡心妄想的。應當說，荀子借助對自然萬象及其規律的理性認識，不僅補充說明了「天行有常」這一真實存在的自然真理，同時也否定了「畏天命」「敬鬼神」的神秘天命論，從而將「天」從神秘的虛幻世界落實到了現實的物質世界，為實現安身立命、興國安邦的理想目標提供了理論依據。毫無疑問，荀子對於自然的認識還不夠全面，但是瑕不掩瑜，他的理性認知在當時依舊具有進步意義。

　　由此可知，荀子觀念中的「天」，主要是自然之天和自然界所蘊含的客觀規律。「天」作為無意志、無功利的審美客體，是獨立於人的主觀意志而客觀存在的自然形態，並有其獨特的運行法則和發展規律，故曰：「天不為人之惡寒也輟冬，地不為人之惡遼遠也輟廣」〔註19〕。基於對自然的客觀認知，荀子強調正常的自然現象是天的運行規律，而反常的自然現象也是天的運行表現，都是無法改變的事實。而這些事實不僅否定了天有情感意志的存在，同時也反

〔註17〕參見強中華：《秦漢荀學研究》，北京：人民出版社，2017年，第28頁。

〔註18〕（清）王先謙撰，沈嘯寰，王星賢點校：《荀子集解》，北京：中華書局，1988年，第374頁。

〔註19〕（清）王先謙撰，沈嘯寰，王星賢點校：《荀子集解》，北京：中華書局，1988年，第368頁。

映了複雜多變的天人關係，進而衍生出了人與自然協調發展的生態理想追求。如荀子在《不苟》篇中說：「天不言而人推高焉，地不言而人推厚焉，四時不言而百姓期焉。夫此有常，以至其誠者也」〔註20〕。這裡的「常」也就是「君子道其常」〔註21〕中的「常」，即自然萬物生長變化的規律，而「誠」就是「君子養心莫善於誠」〔註22〕中的「誠」，即誠實，篤實不欺的品質。在荀子看來，「誠」是人類能夠認識自然、改造自然的基礎。從認識論的層面來看，唯有擁有「誠」的本質才能保證人對「常」的理性認知，故曰：

　　　　致誠則無它事矣，唯仁之為守，唯義之為行。誠心守仁則形，
　　　形則神，神則能化矣；誠心行義則理，理則明，明則能變矣。〔註23〕
　　（《荀子・不苟》）

　　　　天地為大矣，不誠則不能化萬物。〔註24〕（《荀子・不苟》）

　　人性真誠地具備仁義，其行為才能符合倫理道德的要求，才能真正做到明達事理，從而實現對自然變化規律的準確掌握。因而，荀子在「誠」的前面加上「致」，形成一個典型的動賓結構，也就是在強調人要努力地去適應和掌握不斷變化的自然規律，此既「致誠」→「仁」與「義」→「明理」→「能變」的發展過程。而此處的「仁」與「義」也就是荀子思想中的禮義主張，其表達的內容在本質是相通的，都能體現出人對自然規律和倫理道德的理性認知和準確把握。正如荀子所說：「推恩而不理，不成仁；遂理而不敢，不成義；審節而不知，不成禮」〔註25〕。由此可見，禮義不僅能夠為天道向人道的轉化指明方向，並且能夠實現天與人兩者間的密切聯繫和良性互動，進而展現了荀子「天行有常」的自然生態觀，為其生態審美思想能夠得到普遍接受奠定了理論基礎。

〔註20〕（清）王先謙撰，沈嘯寰，王星賢點校：《荀子集解》，北京：中華書局，1988年，第54頁。

〔註21〕（清）王先謙撰，沈嘯寰，王星賢點校：《荀子集解》，北京：中華書局，1988年，第368頁。

〔註22〕（清）王先謙撰，沈嘯寰，王星賢點校：《荀子集解》，北京：中華書局，1988年，第53頁。

〔註23〕（清）王先謙撰，沈嘯寰，王星賢點校：《荀子集解》，北京：中華書局，1988年，第53～54頁。

〔註24〕（清）王先謙撰，沈嘯寰，王星賢點校：《荀子集解》，北京：中華書局，1988年，第56頁。

〔註25〕（清）王先謙撰，沈嘯寰，王星賢點校：《荀子集解》，北京：中華書局，1988年，第580頁。

二、「天人之分」：天人合一的前提條件

　　中國傳統思想中關於人與自然關係的論述是一個相當複雜的理論體系，以道家、儒家為核心的思想觀念就呈現出了不同性質、不同形式的天人觀思想和審美主張。老子否定了殷商以來對「神」或「天」至上權威的崇拜，將「道」作為宇宙萬物的本體，並將其作為「自然無為」的生態哲學思想的核心。所以，老子在《道德經・第一章》就開宗明義地提出：「道可道，非常道；名可名，非常名。無名天地之始；有名萬物之母」〔註26〕，即萬事萬物都是從「道」衍生而來的。「道」是一切邏輯思維的開始，同樣也是約束人的言行的根本準則。正因為「道」生萬物的過程是一種無以名狀、朦朧混沌的特殊狀態，是陰陽之氣相互交融的結果，所以使人對自然的認知表現出了唯心主義和神秘主義傾向。

　　莊子基本沿襲了老子對人與自然關係的認識，並對世界本原問題加以深究。他認為，人作為自然界密不可分的一部分，應當充分肯定和尊重其平等的身份和基本權利，進而提出了「萬物齊一」的思想主張。或者說，人在自然面前，一切都只能聽天由命，而不能有所作為，也就模糊了人在認識自然過程中的能動作用，從而混淆了人道與天道之間明確的辯證關係，故莊子曰：「無為而尊者，天道也；有為而累者，人道也。主者，天道也；臣者，人道也」〔註27〕。毫無疑問，這種主客渾融的思想，始終以感性的哲學形態而存在，也就無法以理性的思維方式來解釋現實世界中人與自然的內在關係。在荀子看來，老莊思想中的「道」是一個抽象的概念，包含著濃厚的神道色彩和意志元素，更傾向於解釋自然之天，如果，將「道」歸之於天地萬物之中加以闡述，就會發現其理論內涵缺乏客觀的實踐性論證和社會性考量。故荀子曰：

　　　　禮義是也。道者，非天之道，非地之道，人之所以道也，君子
　　　之所道也。〔註28〕（《荀子・儒效》）

　　　　凡人之患，蔽於一曲而暗於大理。治則復經，兩疑則惑矣。〔註29〕

〔註26〕（魏）王弼注，樓宇烈校釋：《老子道德經注校釋》，北京：中華書局，2008年，第1頁。

〔註27〕（晉）郭象注，（唐）成玄英疏，曹礎基，黃蘭發點校：《莊子注疏》，北京：中華書局，2011年，第217頁。

〔註28〕（清）王先謙撰，沈嘯寰，王星賢點校：《荀子集解》，北京：中華書局，1988年，第144頁。

〔註29〕（清）王先謙撰，沈嘯寰，王星賢點校：《荀子集解》，北京：中華書局，1988年，第456頁。

（《荀子・解蔽》）

　　　莊子蔽於天而不知人。故由用謂之道，盡利矣。〔註30〕（《荀子・解蔽》）

　　很顯然，天道並非人道，自然界的運行規律無法決定社會人事的變化，人的活動也無法從根本上改變自然界的客觀規律。在荀子看來，自然是孕育萬物的源泉，而人則是社會進步的動力，人可以通過自身的努力來認識自然，利用自然，從而形成符合禮義的價值尺度。在此基礎上，荀子明確批評了老莊之道是基於形而上而提出的抽象之道，是缺乏來自物質生活與社會實踐的思想考量的不可知論和消極無為的思想。一方面，荀子認為「道」包含道家「道法自然」的文化內涵，也就是形成於客觀萬物的自然原始力量。另一方面，荀子提出自然界並不神秘，它可以被人所認識，從而指明了人在生產活動中的社會性和能動性。可以說，「道」就是禮義，它既包括自然運行的客觀規律，也包括人人遵循的普遍原則，具有豐富的現實價值和社會功用。唯有將儒道兩家人文性與自然性主張融合到一起，才能真正起到統攝天道和人道的作用，這也就初步構成了荀子生態美學思想的精神內核。

　　先秦儒家關於人道問題的探討也離不開對天道問題的思考，天與人的關係始終處於相互聯繫、相互依賴、相互轉化的動態過程之中。在孔子看來，「天」是社會文明和自然現象背後的決定性力量，並進一步提出了「天之將喪斯文」「天生德於予」的哲學觀念。孔子將生命精神與聖賢之德融入到了天人觀的論述當中，使「天」具有了人格化的色彩。這也說明，「天」在孔子心目中佔據十分重要的地位，並且根植於他精神生命的深處。唯有「敬天修德」「以德配天」，才能進入人與自然相融相和的境界，從而達到聖賢人格的理想目標。在此背景之下，孟子繼承了孔子關於「天」在宇宙創生中佔據主宰地位的思想，但他更傾向於探討具有先驗性的義理之天，也就是從人的內在心性方面來省察自身和把握天命，從而使天命與心性趨於合一，故曰：「盡其心者，知其性也。知其性，則知天矣」〔註31〕。孟子重視以心論性，「開闢了盡心知性以知天的心學路徑，在很大程度上將天內在化了」〔註32〕。不難發現，孔子和孟子

〔註30〕（清）王先謙撰，沈嘯寰，王星賢點校：《荀子集解》，北京：中華書局，1988年，第464頁。

〔註31〕楊伯峻：《孟子譯注》，北京：中華書局，1960年，第301頁。

〔註32〕趙法生：《荀子天論與先秦儒家天人觀的轉折》，《清華大學學報（哲學社會科學版）》2015年第2期。

並未明確地將天與人的界限劃分清楚，依舊是一種主客渾融的哲學觀念，由此混淆了天與人的差別與職責。在荀子這裡，所謂「知天」，應當是發揮人自身的主觀能動作用，充分認識和瞭解自然規律，實現管理天地、役使萬物，使自然為人類需要服務的目的。〔註33〕這是荀子思想不同於先秦儒家哲學的一個重要特點。

《易傳》作為先秦儒家的經典之作，也旨在強調永恆的天道不僅賦予了自然萬物之生生不息的生命力，同時又致力於實現人與自然的和諧相參，正如《易傳·乾》所言：「夫大人者，與天地合其德，與日月合其明，與四時合其序，與鬼神合其吉凶」〔註34〕。這種天道觀既顯示了自然之天的運行法則，又包含著對傳統儒家道德的解釋，進而要求人要以至誠之心順應天地萬物的發展規律，做到不違天時、不違天命，亦即「天人合一」，才能逢凶化吉。所以說，在論證天人關係時，雖然傳統儒家有別於老莊「道法自然」「萬物齊一」的哲學思想，而側重於人格道德的闡述。但不可否認的是，儒道兩家也始終沒能突破對至高無上的「天」的敬畏和崇拜，並帶有某種神學目的論色彩。然而，我們不能就此否定了人與自然的獨立價值和基本需求，而將兩者籠統地歸之為主客不分的混沌狀態。「天人合一」的價值指向本身就具有渾融性和模糊性，甚至帶有物我不分，人我不分的「一元論」思想傾向，也就無法準確地解釋人與自然兩者間的辯證關係。

確切地說，中國傳統的「天人合一」思想主要缺乏「主客二分」的思維模式，遮蔽了人的主體性與能動性，從而造成了觀念形態和思想意識中自我個性的缺失。這種直接越過「量變」過程而進入「質變」狀態的探索方式，是缺少科學精神和演繹內涵的，也就不可避免地加劇了形而上的神秘色彩。張世英先生就曾提出：「所謂『天人合一』『萬物一體』中人與自然之間的『合一』『一體』，也不是指人作為主體，以認識作為客體的自然，從而達到主客對立統一之後的一種通透的精神狀態，而是一種朦朧模糊的混一景象。在原始的『天人合一』中，人不理解（不認識）自然，故不能說與自然相通。」〔註35〕按此理

〔註33〕參見夏甄陶：《論荀子的哲學思想》，上海：上海人民出版社，1979年，第57～58頁。

〔註34〕（魏）王弼著，樓宇烈校釋：《王弼集校釋》，北京：中華書局，1980年，第217頁。

〔註35〕張世英：《從「萬物一體」到「萬有相通」：建構之中的中國文化新形態》，《南國學術》2015年第4期。

解，真正意義上人與自然的「相通」關係是發生在兩者的客觀規律和個體價值得以明確之後的，否則，主體意識的缺失勢必會造成人與自然關係的失衡，以及人與社會矛盾的爆發。

正如我們所知，荀子的哲學思想是建立在物質世界先於理念世界而存在的唯物主義觀念基礎之上的，並且主要通過對自然之天的部分祛魅，來顛覆原始觀念中天與人混為一談的神秘論思想。荀子已經深刻意識到中國傳統哲學觀念中強求一致、簡單求同的思想具有片面性和局限性。所以，荀子基於對自然現象的客觀認知，對先秦以來的天人關係進行了批評和總結，進而提出了「天人之分」的觀點。在他看來，唯有明確了天與人職能的劃分，才能準確地揭示出人與自然的內在價值和邏輯關係，從根本上解決人與自然、個體與整體間的矛盾關係。故曰：

> 本荒而用侈，則天不能使之富；養略而動罕，則天不能使之全；
> 倍道而妄行，則天不能使之吉。故水旱未至而饑，寒暑未薄而疾，
> 祆怪未至而凶。受時與治世同，而殃禍與治世異，不可以怨天，其
> 道然也。故明於天人之分，則可謂至人矣。〔註36〕（《荀子‧天論》）

意思是說，天與人分別有各自的職責和功能。一方面，天是無目的意志的，不能主宰、干預人事，人不能用自然現象來解釋社會現象；另一方面，人也不可將自己的意志強加於天，人的活動不能違背自然規律。〔註37〕可見，荀子將「分」作為認識世界的邏輯起點，其根本目的不在於「分」，而在於「合」。荀子否定了以往「天」對「人」的絕對權威性這一錯誤觀念，進而將人與自然從簡單同一的認識關係中區分開來。人與自然之間既存在著明顯的差異性，又蘊含著內在的統一性，只有將人與自然嚴格區分開來，才可以更好地認識、接受、運用自然界的價值功能。這種先分離後整合的邏輯範式，能夠更有效地實現人與自然相融共生的理想目標。馮友蘭先生就指出，荀子將「『天』與『人』的界限嚴格地劃分開來；這就把自然和社會、物質和精神、客觀和主觀的界限，嚴格地劃分開來」〔註38〕，這樣的劃分使「天」與「人」超越了傳統儒道觀中「天人合一」的形而上意義，而具有了更加現實的形而下的思想內涵，這無疑是對天與人關係認識的深化。

〔註36〕（清）王先謙撰，沈嘯寰，王星賢點校：《荀子集解》，北京：中華書局，1988年，第364頁。

〔註37〕參見邵漢明：《荀子天人觀論析》，《管子學刊》1992年第2期。

〔註38〕馮友蘭：《中國哲學史新編》，北京：人民出版社，1998年，第689頁。

　　應當說，荀子在一定程度上超越了前人理論中關於中國古代先民原始審美特徵的片面認知，實現了對於世界本源的全面深入探究和對人生價值的進一步追求，故曰：「萬物為道一偏，一物為萬物一偏」〔註39〕。而這裡的「道」正是禮義法度，是審美主體在社會實踐中的基本準則，並在自然界運行發展的過程中起到基礎性和指導性的作用。荀子強調天道與人道都有其相應的職能，唯有明確天與人之間的辯證關係，才能充分地認識天的功能，並且實現對自我價值的瞭解，從而構成人與自然和諧共處的有機整體。實際上，生態人文思想的要義就在於人要懂得尊重事物本身的自然狀態和發展規律，而且要主動避免以人類為中心的經驗主義和唯利是圖的思想傾向，同時需要人主動地融入到與大自然的良性互動當中，對大自然的特徵和規律進行更加徹底、更加深入地認知與感悟，然後在滿足人類發展需求的同時學會尊重和順應自然而不是控制和破壞自然。如學者程相占所說：「在生態審美體驗中，生態學知識加深了我們對於事物生態屬性及其特徵的理解，引導我們按照生態系統及其構成要素之間的關係展開想像，去體驗大自然無限神奇的造化力量。」〔註40〕因此，荀子在新的歷史條件下對天與人、社會與自然關係的嚴格界定與區分，充分肯定了人的創造精神和實踐能力，揭示了人在自然中的特殊地位。

　　更為重要的是，「明於天人之分」的「分」並非本質上的對立、衝突之意，而是指其職責、任務的相異。人既不能妄自菲薄，將自身的命運發展都寄託於上「天」；更不能妄自尊大，把所有的欲望意願都強加於「天」，抑或隨意違背自然的運行準則，而是要將兩者區分開來，客觀理性的對待。唯有如此，才能推動人對自然的理解和尊重，才能保證人在生態實踐中找到解決問題的正確途徑，進而實現人與自然的有機融合。從審美的角度看，人「只有深深包含著對自然的責任，才更能體驗到自然的美」〔註41〕，其中包含著人與自然和諧的審美體驗。相對於作為具有認識能力和能動性的人來說，自然界中的其他生命體同樣具有對人的自然和義務，兩者間是相互擔當，相輔相成的統一關係。事實上，無論是自然萬物還是人類社會都有其特殊的存在價值和發展規律，這就

〔註39〕（清）王先謙撰，沈嘯寰，王星賢點校：《荀子集解》，北京：中華書局，1988年，第377頁。

〔註40〕程相占：《論生態美學的美學觀與研究對象——兼論李澤厚美學觀及其美學模式的缺陷》，《天津社會科學》2015年第1期。

〔註41〕周維山：《中國當代生態美學需要解決的三對關係》，《鄱陽湖學刊》2017年第3期。

造成了人與自然關係的複雜性，同樣造成了人在參與自然的過程中價值取向的多重性。所以，荀子始終強調「天有其時，地有其財，人有其治，夫是之謂能參」〔註42〕，唯有肯定了人異於天的能動性和創造性，消除了人與自然的對立關係，並將天、地、物看作可以溝通的整體之後，才能引發出「天地與人相參」的博大胸懷。對此，方克先生就解釋說：「所謂『明於天人之分』，就是說把自然界及其規律性與人為及其能動性的界限劃分清楚；實際上也就是把物質與精神，客觀與主觀的界限劃分清楚，確立自然界與客觀事物是獨立於人為與主觀意識之外而存在的。」〔註43〕在荀子眼中，自然界的價值和規律是內在的、固定的、必然的，並不是人類所賦予的。如果不將這一複雜的關係加以釐清，就會形成對荀子生態思想本質內涵的誤讀，這也是造成當下部分學者認定荀子的「明於天人之分」等同於西方傳統觀念中二元對立的人類中心主義思想的主要原因。

從上述可見，荀子主張「天人之分」看似與當下生態美學思想中強調「融合」「共生」的觀點相悖，但其實荀子所持的觀點是以明確人與自然各自職責為前提的，最終目的則是為了更深一步地實現人與自然的完美融合，這就有別於傳統自然觀中較為籠統的思想主張，這也是荀子在構建人與自然融合關係時的深刻之處。如英國環境美學家埃米莉·布雷迪在闡述「融合美學」時，她提到：「人類主體並沒有消失在審美對象／環境中，審美對象／環境也沒有消失在審美主體中。更確切地說，當審美主體積極地融合於自然或文化環境之中時，他們也保留著其身份，保留著他們作為欣賞者的人類特性。同樣重要的是要認識到，自然整體有其自身的生命，按照不同於人類生命和人類價值的方式發揮著功能、展示著生命樣式。」〔註44〕雖然布雷迪是從環境美學的角度對人與自然的關係加以辯證，但是這種觀點對於我們探索荀子生態美學思想是有很大借鑒價值的，並不能簡單地將其歸屬於傳統認識論的層面。人生活在大自然當中，首先要充分認識各自的責任與任務，要努力實現人與自然的良性互動，才能達到和諧共處的理想境界。這也意味著，「天人之分」並不是一種人對自然的爭勝觀點，也不是現代意義上的「邏各斯中心主義」，抑或淺層含義

〔註42〕（清）王先謙撰，沈嘯寰，王星賢點校：《荀子集解》，北京：中華書局，1988
年，第364～365頁。
〔註43〕方克：《中國辯證法思想史（先秦）》，北京：人民出版社，1985年，第472頁。
〔註44〕（英）埃米莉·布雷迪著，程相占譯：《走向真正的環境審美：化解景觀審美
經驗中的邊界和對立》，《江蘇大學學報（社會科學版）》2008年第4期。

上的二元對立關係，而是強調人與自然職責和功能的明確劃分。荀子樸素的
「天人之分」思想是對人與自然混沌關係的突破，對於建構新型的生態倫理觀
具有深刻的啟發意義。

　　與此同時，荀子還提出人類社會的價值和規則必須通過生產勞動和學習
積累才能獲得，是後天所形成的，而且是不穩定的。在荀子看來，人之所以能
夠「明於天人之分」，並不在於人的生命特徵或者自然本性，而是得益於人與
自然的良性互動，從而賦予了人之倫理意識和社會實踐真正的現實意義，也就
使人獲得了生態實踐的可能性。故荀子曰：「天能生物，不能辨物也；地能載
人，不能治人也；宇中萬物、生人之屬，待聖人然後分也。」〔註45〕雖然天地
自然先於人類而存在，是萬事萬物生命的始源和根基，但是也不能辨析萬物；
「地」能承載民生，但是也不能治理百姓。唯獨人能夠進行「辨物」「治人」
等意識活動，並且按照自身的規律來認識自然，改造自然。依荀子之意，人只
有遵循禮義法度，協調好天、地、人三者的關係，方能達到治理天下的目的。

　　對於生命個體來講，人的意識源於對宇宙自然的整體認知，是一種社會實
踐的產物。這種意識不僅是推進人類文明發展的內在動力，同時在人類改造自
然的過程中發揮自我調節、自我激勵和自我評價的重要作用。在此背景之下，
荀子明確提出自然天象的變化與人類社會的發展之間並沒有先天性的必然聯
繫，而是由於人沒有從根本上認識自然規律，以及沒有處理好兩者間和諧統一
的關係，最終才導致了人與自然之間的矛盾衝突。於是，荀子進一步強調如果
人在農業荒廢的情況下依舊浪費奢侈，上天也無法使他們富裕；如果衣食等生
活資料不足還不努力改善，上天也不能使他們得以保全；如果違背禮義規範而
任意妄為，上天也不會使他們得到好的結果。換句話說，即使沒有遇到自然災
害等客觀因素的阻礙，在相同的時代背景和正常的自然條件下，百姓違背自然
的客觀規律又任意妄為的話，同樣會經受天災人禍的打擊，從而導致人類無法
抗拒的自然災害。因而，決定人之凶吉禍福、貧富貴賤的關鍵，並不在天道，
而真正導致社會混亂的原因在於「人祆」，也就是人為的怪事，故荀子說：「物
之已至者，人祆則可畏也」〔註46〕。在這裡，荀子突破性地將社會治安治亂的

〔註45〕　（清）王先謙撰，沈嘯寰，王星賢點校：《荀子集解》，北京：中華書局，1988
　　　　　年，第 433 頁。

〔註46〕　（清）王先謙撰，沈嘯寰，王星賢點校：《荀子集解》，北京：中華書局，1988
　　　　　年，第 371 頁。

根源從傳統觀念中對「天命」的依附轉移到了對複雜人事的探討。對此，他分別從三個方面作出了詳細地解釋：

其一，粗放的耕種方式不利於莊稼的發展，會造成糧食的減產。同時，險惡的政局和繁重的賦稅也會損失民心，從而誘發百姓食不果腹，餓死於路邊的慘狀。故曰：

> 楛耕傷稼，耘耨失歲，政險失民，田穢稼惡，糴貴民饑，道路有死人，夫是之謂人祅。[註47]（《荀子·天論》）

其二，採取的政策不明晰，實施的舉措不合時宜，就會導致無法抓住機遇，從而錯失安排農業生產的最佳時機。故曰：

> 政令不明，舉措不時，本事不理，夫是之謂人祅。[註48]（《荀子·天論》）

其三，無法通過禮義規範來規約人性，人沒有高低等級之分，就會引發男女淫亂，物慾橫流，從而導致內憂外患的混亂現象。故曰：

> 禮義不修，內外無別，男女淫亂，則父子相疑，上下乖離，寇難並至，夫是之謂人祅。[註49]（《荀子·天論》）

在荀子看來，要實現對社會的治亂，以及人與自然的和諧共處，首先要解決「人祅」的問題，而並非杞人憂天。換句話說，既然天決定不了社會人事，也就不可能成為人們仰慕和崇拜的對象。怨天並不能從根本上解決關乎人事的社會問題，而必須在遵循禮義法則的基礎上充分發揮人的主觀能動性，消除對人生不利的因素，從而改變自身命運。荀子說：「自知者不怨人，知命者不怨天，怨人者窮，怨天者無志。」[註50]可見，他深刻地認識到人們通常會從自身立場出發，去評判事物的存在價值，甚至僅為了迎合自己的審美喜好和價值觀念而任意地決定事物的取捨，從而形成了一種愚昧的自然觀念。荀子的生態智慧要義就在於克服人類中心主義的偏見，倡導人與自然的平等相處，並要尊重萬事萬物的內在價值和生存權利。荀子這一社會反思無疑帶有濃厚的生

〔註47〕（清）王先謙撰，沈嘯寰，王星賢點校：《荀子集解》，北京：中華書局，1988年，第371頁。

〔註48〕（清）王先謙撰，沈嘯寰，王星賢點校：《荀子集解》，北京：中華書局，1988年，第371頁。

〔註49〕（清）王先謙撰，沈嘯寰，王星賢點校：《荀子集解》，北京：中華書局，1988年，第371頁。

〔註50〕（清）王先謙撰，沈嘯寰，王星賢點校：《荀子集解》，北京：中華書局，1988年，第67～68頁。

態情懷，而且具有跨越不同時代不同空間阻礙的超越性美學特徵，與當下流行的生態美學思想具有異曲同工之妙，都是為了限制和約束人性中的貪婪愚昧，旨在解決人類所面臨的生態危機和生存危機問題。

　　總的來說，荀子強調「天人之分」的前提就是要充分肯定大自然的特殊功能，以及人的認知性和能動性，而後才能認識到自然有其所能，也有其所不能，人亦也。他並沒有對兩者間的統一性給予充足的肯定或解釋，而是選擇了「懸擱」的處理方式，更多地去注重兩者間的不同。荀子肯定了人與自然在本質上是共榮共生的整體，並強調人是有別於自然而真實存在的個體，人具有認識自然和融入到自然當中的強烈意願和自覺性。在此前提下，他認為人對世界的把握並不是通過對物象的體察來認識自我，也不是通過心性的融通來認識世界，而是通過自身與世界的接觸來認識自我，認識自然。〔註51〕可以說，荀子所倡導的「天人之分」實現了對天人關係認識的飛躍，並在一定程度上否定了傳統天人觀中對於神秘天神的崇拜，為後世學者能夠科學地認識自然奠定了思想基礎。

第二節　「制天命而用之」：對主體創造性的肯定

　　自西方工業革命以來，人類在對於自然界的認識和改造方面取得了顯著的成就，實現了現代經濟和文化形態的突飛猛進。一方面，近代實業家深受商業利益的誘惑，將自然作為人的對立面，為了滿足自身的物質欲求而對自然進行過度地開發與利用，從而走向了無情掠奪、浪費資源、破壞生態平衡的末路。另一方面，受到上世紀 50 年代美學大討論中實踐論美學和辯證唯物論思想的影響，國內多數學者對於荀子天人觀思想的理解陷入了非此即彼的二元對立的誤區。他們普遍將「人定勝天」視為荀子理論的核心，認為荀子違背了人類歷史的發展規律，無法順應自然原則，而且過分強調人對自然的控制與改造作用，從而致使荀子的「制天命而用之」思想一直以來為人所誤讀，甚至與狹隘的「人類中心主義」相等同。事實上，持這一觀點的學者僅僅注意到了荀子倡導天與人相互規定、牽制的存在關係，以及人憑藉「人定勝天」的積極進取精神介入自然之後所引發的各種生存危機與生態危機，然而卻忽略了荀子在這

〔註51〕參見陳默：《荀子的道德認識論》，北京：中國社會科學出版社，2016 年，第53 頁。

個探索過程中所體現出的生態意識和審美智慧，這也是影響我們準確理解荀子生態思想內涵的原因所在。

一、「善假於物」：人之能動作用的體現

從天與人相區別的觀念出發，荀子摒棄了「畏天命」「敬鬼神」的人生信仰，否定了人在自然面前消極無為的處世態度，而是倡導「制天命而用之」的積極進取精神。應當說，荀子的這一觀點既是對「天人之分」哲學思想的進一步演繹和運用，也是對傳統認識論中「二元對立」思維模式的超越，更與西方傳統哲學觀中的「自然中心主義」有著根本性差異。在荀子眼中，自然之天作為認識客體，雖然有其自身的客觀規律，但並非是神秘莫測的，而是能夠被人所認識的，也就從某種程度上肯定了人可以通過對事物的探索和求知來實現對其內在本質的把握。基於此種觀點，荀子主張要發揮人的主觀能動性，並將人看作一股能夠與天地相平衡的力量，可以為人類生存發展創造有利的條件。荀子深刻認識到，只有在保證人的能動性的基礎之上，掌握自然規律和踐行禮義法度，才能達到人與自然的平衡發展，故曰：「凡以知，人之性也；可以知，物之理也。以可以知人之性，求可以知物之理而無所疑止之，則沒世窮年不能偏也」〔註52〕。誠如學者邵漢明所說：「天的功能即是無意識無目的的產生萬物，成就萬物，並為人類提供生存和活動空間；人的功能是有意識有目的地治理自然、治理社會，並利用天時地利以造福於人類。」〔註53〕可見，荀子不僅意識到了人與自然之間相互制約、相互影響的關係，並且強調人的價值就在於利用自然和治理社會，然後各得其所，各得其宜。他說：

> 大天而思之，孰與物畜而制之？從天而頌之，孰與制天命而用之？望時而待之，孰與應時而使之？因物而多之，孰與騁能而化之？思物而物之，孰與理物而勿失之也？願於物之所以生，孰與有物之所以成？故錯人而思天，則失萬物之情。〔註54〕（《荀子・天論》）

這裡的「天命」既包括內在於自然界的運行規律，也包括人類社會中的客

〔註52〕（清）王先謙撰，沈嘯寰，王星賢點校：《荀子集解》，北京：中華書局，1988年，第480頁。

〔註53〕邵漢明：《荀子天人觀論析》，《管子學刊》1992年第2期。

〔註54〕（清）王先謙撰，沈嘯寰，王星賢點校：《荀子集解》，北京：中華書局，1988年，第374～375頁。

觀原則。所謂「制天命」，並非制服自然的意思，而是掌握自然規律；「應時」
指順應季節的變化；「因物」就是適應自然萬物的發展；「騁能」是施展人的才
能。荀子認為，與其茫然無知地推崇和敬畏上天，不如將它作為平凡動物一樣
畜養起來，使其為己之友；與其不假思索地頌揚和順應上天，不如學會掌握它
的發展規律和本質內涵，能夠為己所用；憑藉萬物的生長規律而仰慕它，不如
施展人的才能去改造它；思慕和辨賞上天，哪比得上充分發揮它的價值而後擁
有它呢？顯然，荀子已經認識到了人在自然界中「制之」「用之」「化之」「使
之」的能動作用，一旦放棄了這種人對自然萬物的積極主動的關係，而把希望
寄託於自然，就會錯失自然能夠造福人類的實用價值。正因為自然不會主動地
滿足人的需求，所以需要人發揮主觀能動性，積極地探索自然、掌握自然和開
發自然，從自然界中獲取更多的生存資源，由此實現國家的長治久安，這就構
成了荀子「王者之制」的基本內容。故曰：

> 王者之制：道不過三代，法不二后王。道過三代謂之蕩，法二
> 后王謂之不雅。衣服有制，宮室有度，人徒有數，喪祭械用皆有等
> 宜，聲則凡非雅聲者舉廢，色則凡非舊文者舉息，械用則凡非舊器
> 者舉毀。夫是之謂復古，是王者之制也。〔註55〕（《荀子・王制》）

可見，荀子十分重視人的創造能力，主張效法奉行王道的君主所實行的
制度，以此來實現對個體性情的教化和對社會秩序的維繫。無論是對倫理道
德的把握，還是對物質屬性的認知，其最終目的都在於治理國家，從而建構
有分有序的理想社會。人對萬事萬物的認知不能只為了實用性目的而要征服
和控制自然，而是要通過平等、自由的方式與自然萬物和諧共處，也就是要
追求超越功利性、目的性實踐活動之外的生命融合。所以說，「制天命而用
之」強調的不僅是要在現實物質層面有所建樹，同時也要在精神道德方面實
現突破。在荀子眼中，人能夠在自然世界與人文世界之間架起一座橋樑，並
在推動人類社會發展的進程中發揮決定性的作用，即人善於利用外界事物和
他人經驗來提升自己，造福社會，故曰：「君子生非異也，善假於物也。」
〔註56〕又曰：「君子之於禮，敬而安之；其於事也，徑而不失；其於人也，

〔註55〕（清）王先謙撰，沈嘯寰，王星賢點校：《荀子集解》，北京：中華書局，1988
　　　　年，第 187～188 頁。
〔註56〕（清）王先謙撰，沈嘯寰，王星賢點校：《荀子集解》，北京：中華書局，1988
　　　　年，第 5 頁。

寡怨寬裕而無阿；其所為身也，謹修飾而不危；其應變故也，齊給便捷而不惑；其於天地萬物也，不務說其所以然而致善用其材；其於百官之事、技藝之人也，不與之爭能而致善用其功。」〔註57〕依荀子之意，人的主體性特徵主要有以下幾點：

第一，人是具有理性思維的生命個體。荀子認為，人的本質不僅包括「氣」「生」「知」三方面的能力，更在於人具有超越狹隘的物質需求的意識，也就是擁有「義」之道德理性，故《王制》篇曰：「水火有氣而無生，草木有生而無知，禽獸無生而無義，人有氣、有生、有知，亦且有義，故最為天下貴也」〔註58〕。人作為生命個體具備一般物種所不存在的精神追求和道德意識，這既表現在人能夠認識自然和改造自然的主觀能力，還表現在人的實踐活動具有鮮明的指向性和目的性，能夠產生喜、怒、哀、樂的生命體驗。所以說，荀子不僅打破了人在自然面前坐以待斃的原始觀念，同時也肯定了精神意志在生命活動中的重要意義，如果忽略了人之為人的特性，生態審美也就無從談起。實際上，荀子這種帶有人文性和自然性的生態美學思想，不僅使他準確認識到了人的本質特徵和內在需求，而且能夠按照一定的禮義原則開展生產活動，從而使自然更好地服務於人類社會。這一觀點與馬克思在《1844 年經濟學哲學手稿》中所提出的人道主義和自然主義相結合的生態審美意識是相類似的，只是馬克思是通過對造成人和生態異化的資本主義的深刻批判為依據，分別對人的生產與動物的生產加以區分，從而形成了具有濃厚生態審美意味的唯物實踐論觀點。原文如下：

> 誠然，動物也生產。它也為自己營造巢穴或住所，如蜜蜂、海狸、螞蟻等。但是動物只生產它自己或它的幼仔所直接需要的東西；動物的生產是片面的，而人的生產是全面的；動物只是在直接的肉體需要的支配下生產，而人甚至不受肉體需要的支配也進行生產，並且只有不受這種需要的支配時才進行真正的生產；動物只生產自身，而人則自由地對待自己的產品。動物只是按照它所屬的那個種的尺度和需要來建造，而人卻懂得按照任何一個種的尺度來進行生產，並且懂得怎樣處處都把內在的尺度運用到對象上去；因此，人

〔註57〕（清）王先謙撰，沈嘯寰，王星賢點校：《荀子集解》，北京：中華書局，1988年，第 276 頁。

〔註58〕（清）王先謙撰，沈嘯寰，王星賢點校：《荀子集解》，北京：中華書局，1988年，第 194 頁。

也按照美的規律來建造。〔註59〕

　　所謂「美的規律」，也就是強調人能按照人與自然和諧發展的規律來認識世界、改造世界。所謂內在的「尺度」，即包括人在內的自然萬物所必須的基本發展需求。對此，曾繁仁先生也曾提出：「馬克思這裡所說『尺度』（standards）其含義為『標準、規格、水平、規範、準則』，結合上下文又包含『基本的需要』之意。所謂『任何一個種的尺度』即廣大的自然界各種動植物的基本需要，『美的規律』要包含這種基本需要，不能使之『異化』，變成人的對立物。這已經帶有承認自然的價值之意。」〔註60〕不難發現，馬克思所說的「尺度」和「美的規律」在本質上與荀子所倡導的禮義之道在人的行為實踐和精神意識方面都能發揮著重要的指導、約束作用。

　　第二，人具有能「群」與「分」的社會屬性。荀子強調人既然作為自然與社會中必不可少的一部分，雖然與其他動植物同屬一個生態系統，但又能夠起到超越其他生物所不能發揮的調和人與自然、人與社會之間矛盾衝突的積極作用，即人能「群」，而動物不能「群」。人可以通過自身的努力，將不同等級的人與事管理的井井有條，使其產生一種強大的凝聚力。故曰：

　　　　力不若牛，走不若馬，而牛馬為用，何也？曰：人能群，彼不能群也。人何以能群？曰：分。〔註61〕（《荀子・王制》）

　　　　君者何也？曰：能群也。能群也者何也？曰：善生養人者也，善班治人者也，善顯設人者也，善藩飾人者也。〔註62〕（《荀子・君道》）

　　顯然，人的生存離不開社會組織，如果沒有其他成員的合作與支持，其生活質量和生活環境是得不到改善的。荀子眼中能「群」之人，就是能夠遵循等級原則進行分工、組織的人，也就是善於養育百姓、善於治理安定社會、善於安排任用賢人、善於使百姓行為規範的人。為了使社會成員組織起來，必須使

〔註59〕中共中央馬克思恩格斯列寧斯大林著作編譯局譯：《馬克思恩格斯全集（第四十二卷）》，北京：人民出版社，1979 年，第 96～97 頁。

〔註60〕曾繁仁：《馬克思、恩格斯與生態審美觀》，《陝西師範大學學報（哲學社會科學版）》2004 年第 5 期。

〔註61〕（清）王先謙撰，沈嘯寰，王星賢點校：《荀子集解》，北京：中華書局，1988年，第 194 頁。

〔註62〕（清）王先謙撰，沈嘯寰，王星賢點校：《荀子集解》，北京：中華書局，1988年，第 280 頁。

用共同的行為準則，於是，禮義就從其誕生。在這裡，荀子不僅對「群」的概念作出了解釋，而且還指出「分」是「群」的手段，是推動社會秩序正常運轉的關鍵，故曰：「有夫分義則容天下而治，無分義則一妻一妾而亂」〔註63〕。人可以依託禮義原則來規範人之性情和實踐活動，使社會中的人能按照社會地位、道德修養進行等級分化，從而實現倫理道德和社會秩序的穩定。人們只有在社會組織中，明確各自的職責，協同合作，才能滿足各自的需求。所以說，「分」就是禮義的具體體現，是社會存在和發展的根本。對此，學者廖名春也解釋說：「『分』是人類組織社會的最根本的條件」〔註64〕，而「明分」的準則就是「禮義」。他認為「『義』是『分』能實行的根據」，「『禮』是最大的『分』」〔註65〕。人類要想認識自然、改造自然，就不能無所作為的期盼上天的恩賜，而是需要發揮人在自然、社會中「明分使群」的主觀能動性，不斷鞏固人在生產勞動和審美認知過程中的主體地位，並且逐漸形成具有共同生態理念的社會整體，以此來避免「爭」與「亂」等混沌現象的發生，故荀子說：「君者，善群也。群道當則萬物皆得其宜，六畜皆得其長，群生皆得其命」〔註66〕。

第三，人具有主觀能動的創造能力。荀子深刻認識到生命主體與自然客體之間存在著動態的相互作用，並將其視為開展生產實踐的重要前提。人作為自然中的一部分，可以充分發揮自身的感官和認知能力，利用規律來改造自然，使天地萬物為己所用。所以，荀子十分重視人的主觀創造性，並且總結出了諸多實踐方法和生活技巧，唯有如此，才能夠實現對自然萬物的應用和對自然環境的改造，故曰：

> 所志於天者，已其見象之可以期者矣；所志於地者，已其見宜之可以息者矣；所志於四時者，已其見數之可以事者矣；所志於陰陽者，已其見知之可以治者矣。官人守天而自為守道也。〔註67〕（《荀子・天論》）

按其意，人們之所以期望於上天，是因為它所顯現出來的自然現象，可以

〔註63〕（清）王先謙撰，沈嘯寰，王星賢點校：《荀子集解》，北京：中華書局，1988年，第611～612頁。
〔註64〕廖名春：《〈荀子〉新探》，北京：中國人民大學出版社，2013年，第94頁。
〔註65〕廖名春：《〈荀子〉新探》，北京：中國人民大學出版社，2013年，第95頁。
〔註66〕（清）王先謙撰，沈嘯寰，王星賢點校：《荀子集解》，北京：中華書局，1988年，第195頁。
〔註67〕（清）王先謙撰，沈嘯寰，王星賢點校：《荀子集解》，北京：中華書局，1988年，第367頁。

預測天象的變化；之所以期望於大地，是因為它生產孕育出了豐富的物產；之所以期望於四季，是因為根據時令的變化可以安排農業生產；期望於陰陽二氣，是因為可以根據它所顯現出來的道理去調和治理萬事萬物。荀子強調唯有在禮義思想的指導之下，落實該做的事情，考慮該思考的問題，並且要通過對利害關係的準確判斷，才能實現自然萬物的多樣性以及生態系統的平衡發展。正如學者程相占在總結指導生態審美的原則時，提出：「（1）有利於生物多樣性、物種豐富性者為益，反之為害；（2）有利於保持生態系統動態的自然平衡者為益，反之為害。」〔註68〕這也說明，生態審美旨在克服人性惡的本能欲望，也就是要避免人的審美偏好，更要加強人對生態倫理和生態價值的體識與認知，從而保證人的審美活動和生產實踐符合生態價值標準的根本要求。

在荀子的生態價值觀中，人作為能與天溝通互動的生命體，可以從生態文明的視野來建構理想的自然觀，故曰：「天職既立，天功既成，形具而神生，好惡、喜怒、哀樂臧焉，夫是之謂天情」〔註69〕，他認為天的職能和功績建立之後，人的職能也會隨之產生。天地萬物都是自然演化的結果，只有人的形體結構形成了，才能產生精神活動。「形具而神生」這一命題說明了「形體和精神的主從關係，即精神對形體的依賴關係」〔註70〕。天地萬物只有作為人探索和共生的對象才能具有存在的價值，而人的發展也始終離不開對於自然界的依賴。從審美的角度來看，人對自然的審美觀照不可避免地帶有功利性的色彩，但是自然審美活動本身就不可能完全是非功利性的。審美活動離開了任何一方，都無法在現實中得以實現。荀子指出，人的自然本性中充滿對世間萬物探索和佔有的衝動，並以此來滿足自己的私欲，這是人的一種本能的生理反應。荀子說：

> 在天者莫明於日月，在地者莫明於水火，在物者莫明於珠玉，在人者莫明於禮義。故日月不高，則光暉不赫；水火不積，則暉潤不博；珠玉不睹乎外，則王公不以為寶；禮義不加於國家，則功名不白。〔註71〕（《荀子·天論》）

〔註68〕程相占：《論生態審美的四個要點》，《天津社會科學》2013年第5期。

〔註69〕（清）王先謙撰，沈嘯寰，王星賢點校：《荀子集解》，北京：中華書局，1988年，第365頁。

〔註70〕廖名春：《走近荀子》，濟南：濟南出版社，2020年，第23頁。

〔註71〕（清）王先謙撰，沈嘯寰，王星賢點校：《荀子集解》，北京：中華書局，1988年，第374頁。

一切理想的實踐活動和審美活動，都是基於人對禮義原則的學習和掌握而實現的。荀子告誡人們，要明確人在天人關係中的責任與地位，而且要學會順應自然規律，遵從自然法則，將人類對自然的破壞程度降到最低，最終才能獲得最大的效益，否則就要受到自然的懲罰。在他看來，正確地處理人與自然的關係，既要發揮人作為生命個體的主觀能動性，又要積極主動地引導民眾接受禮義的規訓，提升道德修養，才能真正地參與到生態家園建設的過程當中。顯然，荀子將自然視為研究的對象，也就是肯定了人的能動創造性，但同時也間接否定了人類繼續深入探索天道的必要性，而採取了較為中和的思想主張。在荀子眼中，天道是神秘多變的，是人類所無法掌握的。從這一層意義上說，荀子已經將傳統天人觀裡人對自然天道的依附關係中分離了出來，又從實用主義的角度明確了人與自然之間的辯證統一關係，最終取得了始料未及的實際應用價值和生態實踐意義。

二、「天地官而萬物役」：人與自然的良性互動

在社會的發展過程中，人類能夠認識萬物，必然能夠對自然產生能動作用；相反，萬物也通過自然規律的永恆作用，制約著人類。〔註72〕人與自然之間始終保持著相參相依的內在聯繫，構成了一種生生不息的存在關係。誠然，荀子肯定人在生態系統中的價值和地位，絕不是為了突出人與自然的對立關係，而是旨在闡發人與自然的互動關係，從而更好地發揮人的主體意識和能動作用。或者說，荀子反覆申說人在萬物中的特殊地位，並不是人類中心主義的做法。他致力於對人與自然各自功能的辨析，是為了加強對人與自然親近關係的認識，最終實現和諧共處的理想目標。故其曰：

> 聖人清其天君，正其天官，備其天養，順其天政，養其天情，以全其天功。如是，則知其所為，知其所不為矣，則天地官而萬物役矣。其行曲治，其養曲適，其生不傷，夫是之謂知天。〔註73〕（《荀子‧天論》）

在這段話中，荀子分別將「天」字放在認知、感官、侍養、政務和情感的前面，進而構成了「天君」「天官」「天養」「天政」「天情」五個不同的概念，

〔註72〕參見蔣述卓，冀紅月，程京武主編：《新編中國傳統文化概論》，廣州：廣東高等教育出版社，2021 年，第 16 頁。

〔註73〕（清）王先謙撰，沈嘯寰，王星賢點校：《荀子集解》，北京：中華書局，1988年，第 366 頁。

以此對天地萬物與人之關係予以進一步解釋。所謂「官」，是指熟知和掌握的意思，「役」則是強調萬物承其責任而為人服務的意思，而並非階級對立層面人對萬物奴役之意。荀子認為，人在治理和利用自然時，必須要遵循自然規律，要懂得有所為與有所不為，如果過分地追求物質享受而掠奪自然資源，勢必會釀成災難性的人禍。在這裡，荀子通過對聖人能夠「知其所為，知其所不為」的主觀意志的肯定，以及對「清、正、備、順、養、全」等認知與實踐能力的描述，不僅彰顯了人與自然所各自擁有的價值意義，而且也說明了人與天既相互獨立、又相互交融的動態關係。對此，學者趙法生就曾解釋說：「荀子給人加上這樣多的天字，並非要將人提升人的地位，而是要將天從以往的聖壇上拉下來與人平起平坐，不但天失去了所有曾經擁有的神聖意蘊，人也已經沒有什麼神聖性可言，人的諸般功能如同天的其他物質化的自然功能並沒有本質區別。」〔註74〕所以，荀子主張首先要敬畏與順應自然，更要將個體生命融入到自然活動當中，去深刻體驗宇宙天地的奧秘，才能使自己獲得最大的收益。

　　進一步說，「知天」的目的就是要充分瞭解自然的特性，更要瞭解人與自然之間千絲萬縷的密切聯繫，這不僅體現在審美認知方面的主客體統一，還要求在具體的審美實踐和社會活動中達到主客體的融合。雖然，荀子強調人具有超越自然萬物的崇高地位和能動意識，但始終是從屬於「天地官而萬物役」的生態倫理責任之中的，也就不會陷入唯利是圖的人類中心主義的思想極端，同時也肯定了人作為與自然共榮共生的共同體，是能夠促進萬物和諧發展的積極力量。在尋求生存和發展的過程中，人類「可以發揮自身的優勢、彰顯人性中能動而光輝的一面，找到個性的歸屬與自由的尺度」〔註75〕，進而建構起一個有分有序的和諧整體。所以，荀子說：「順其類者謂之福，逆其類者謂之禍，夫是之謂天政」〔註76〕。如果人類不能順應自然的變化及其規律，那就會妨礙自己的發展，甚至遭受災禍。這就說明，荀子的思想主張並非單純意義上人對自然界的征服與霸佔，而是人在對「天」準確認知的基礎之上，側重於發揮人在「天地官而萬物役」過程中的主觀認知能力和實踐能動性，並努力實現人與

〔註74〕趙法生：《荀子天論與先秦儒家天人觀的轉折》，《清華大學學報（哲學社會科學版）》2015年第2期。

〔註75〕楊艾璐：《解蔽與重構：多維視界下的荀子思想研究》，北京：中國社會科學出版社，2015年，第32頁。

〔註76〕（清）王先謙撰，沈嘯寰，王星賢點校：《荀子集解》，北京：中華書局，1988年，第366頁。

自然的和諧相處、互利共贏。荀子的最終目標是為了實現審美主體的內在心靈與審美對象的客觀價值之間的完美融合，而不是貪得無厭的情感和欲望的外化與顯現。應當說，荀子不僅解放了審美意識對於生命情感的附庸關係，同時也超越了役使自然而為己所用的狹隘思想。他主張要將人與自然之間看似矛盾對立關係加以辯證地看待，正因為兩者間所具有的相反相成、相互牽制的內在張力，才構成了其生態整體觀的價值內涵。

事實上，關於人與自然生態關係的界定，我們也常常會陷入兩難的境地。如果過於強調人的能動性和創造性則會被認為是「人類中心主義」的傾向，反之，著重突出自然的生態價值同樣會陷入「生態中心主義」的狹隘範疇。從本質上講，人的一切活動是不可能不圍繞著自身的生存和發展而進行的，人對自然的認知也是首先要以自身的生理需求和精神需求為等價條件的，否則，人類文明早已被自然界的其他生物所取代。荀子深刻意識到只承認自然的重要性，而忽略人的主體性這種非此即彼的觀點是十分片面的，是不符合人類歷史發展規律的，甚至會造成人與自然矛盾關係的激發。所以，他在傳統道家和佛家的生態哲學思想基礎之上進行了融合，提出要充分顧及人作為實踐主體和自然客體之間的辯證統一關係，不僅要對人的自身生命價值予以肯定，還要重視對其周圍的外在物象的體認。或者說，荀子不僅強調人要尊重自然的客觀價值，同時也要明確人在物質世界中的能動作用和生理需求，也就理性的肯定了人認識自然和改造自然這一過程的正當性，從而形成了具有理論價值和實踐意義的生態審美觀。正如陳炎先生所講：「如果我們真的像道家學者所宣揚的那樣，只是順應自然，不去改造自然，那麼我們的人類根本不會發展到今天，而是早被自然界的其他物種所征服了。即使我們可以像佛門弟子所堅持的那樣，不殺生，只吃素，那麼我們也不可能不吃不喝，對同樣具有生命的植物不加破壞，否則的話，我們自己的生命也將難以為繼了。」〔註77〕從某種意義上來看，荀子認識到了人有別於其他生物所具有的特殊性和優先性，強調人能夠從自然環境中獲取維持人之生存的必要材料。一方面，荀子的生態觀念相較於佛道兩家的主張來說，更具靈活性、實際性、全面性，並由此形成了「天地官而萬物役」的理論思想；另一方面，荀子並不是從二元對立的角度將人與自然的關係加以解構，而是通過強調兩者相反相成的張力關係，來試圖尋求實現人與自然相融合的途徑。

〔註77〕陳炎，趙玉：《儒家的生態觀與審美觀》，《孔子研究》2006 年第 1 期。

　　在此基礎之上，荀子又進一步指出人能否按照客觀規律實現「知天」，關鍵就在於人對自然界的認知程度和能動作用，以及兩者間相互配合、相互補充的良性互動。換言之，人能否真正地融入到自然當中，能夠設身處地的為人與自然的和諧共生而思考，並在符合自然規律的前提下進行生產實踐和審美體驗活動，其所產生的結果是截然不同的。在荀子眼中，人始終處在一個相對複雜的社會體系當中，同時又深受傳統儒家「修身、齊家、治國、平天下」思想觀念的影響，進而豐富了人的主體性功能。基於此，荀子則提出了積極有為和消極無為這兩種不同的處世態度和人生觀念，並對兩種不同的結果作出了比較分析，他說：

> 故君子敬其在己者，而不慕其在天者；小人錯其在己者，而慕其在天者。君子敬其在己者而不慕其在天者，是以日進也；小人錯其在己者而慕其在天者，是以日退也。故君子之所以日進與小人之所以日退，一也。君子小人之所以相縣者在此耳。〔註78〕（《荀子·天論》）

　　君子主張「敬其在己」，也就是重視人的主觀能動性，並堅信人能夠憑藉自身力量認識自然，從而實現人與自然的共存；小人則崇尚「慕其在天」，是指肯定自然的主導性，並忽略人的能動作用和獨立價值，因而聽天由命。可見，盲目地崇拜自然力量和追求自然利益的價值觀是不可取的，這不僅是對「畏天命」「知天命」思想的歷史倒退，而且與人類社會的發展進步也是相違背的。在荀子看來，「慕其在天」的消極方式並不能幫助人們解決現實生活中所面臨的生態危機與生存危機，唯有「敬其在己」才能在人類認識自然、改造自然的過程中發揮決定性作用。既然人在自然面前並非無能為力，也就沒有必要慕天，反而可以借助主觀努力和後天的努力去探索自然，使之成為造福人類、服務人類的生命之源。在此背景之下，荀子將「敬其在己」和「慕其在天」來區分君子和小人，指出君子能夠憑藉自身的道德素質和主動性實現日復一日的進步，而小人則止步於人性的改造和對大自然的探索，因而日漸退步。這就與孔子所講「天何言哉？四時行焉，百物生焉。天何言哉」〔註79〕的觀點形成了鮮明的對照，也就否定了孔子對天之主宰地位的讚歎和敬慕之情。

〔註78〕（清）王先謙撰，沈嘯寰，王星賢點校：《荀子集解》，北京：中華書局，1988年，第369頁。
〔註79〕楊伯峻：《論語譯注》，北京：中華書局，1980年，第188頁。

　　荀子認為，人與自然的和諧相處是開展生態審美活動的重要前提，它既表現為人在認識和改造自然過程中的能動性，同時體現在主體的內在融合與外在和諧的辯證統一關係上。或者說，生態審美意識不僅受制於主體內在情感的外化與投射，也受到人的社會屬性和道德修養的影響。荀子將這種認知轉化成以「道」為核心的生存法則，也就是以禮義規範和等級分化來指導生產實踐，認為只有這樣才能實現百姓的安居樂業，故曰：

　　　　故序四時，裁萬物，兼利天下，無它故焉，得之分義也。〔註80〕
（《荀子·王制》）

　　　　本荒而用侈，則天不能使之富；養略而動罕，則天不能使之全；
倍道而妄行，則天不能使之吉。〔註81〕（《荀子·天論》）

　　顯然，「道」不僅是治理社會的標準，同時也是改造自然的尺度，因此要全面地暸解和掌握道的內涵，根據事物變化的規律來以小見大，這樣才能從根本上解決人與自然的矛盾衝突，實現人與自然的和諧共處。關於此，韋政通先生在論及荀子的天道觀時也提出：「能理天地能治天下者，是君子、聖人（即所謂『人成』），君子、聖人所以能理天地治天下，不是靠他道德人格的成就，而是在能運用禮義，他所以能有效地運用禮義，是因他有辨物的智慧，這種智慧不是生而有的，是經由『為之、貫之、積重之、致好之』的工夫才學到的」〔註82〕。也就是說，如果百姓缺乏禮義法則的教化，就會缺乏做出正確主觀判斷的能力，從而影響正常的生產生活秩序，最終導致禍患，引發社會的混亂局面。要想實現「天地官而萬物役」的理想目標，就必須發揮禮義制度對人的教化功能，規範和克制人的主體欲望，幫助人樹立正確的生態意識觀念，並且能夠積極調動人作為生產主體的能動性，從而順利開展探索自然和運用自然的生產實踐。

　　不難發現，荀子「天地官而萬物役」的思想是基於人的現實經驗而提出的，並在協調人與自然的關係方面發揮基礎性的作用。對於一個農耕民族來講，自然界中所蘊含的物質財富不僅能夠滿足人目欲美色、口欲美味的生理需求，同時有利於實現自然資源的可持續發展，從而推動社會文明的進步。因此，在改

〔註80〕（清）王先謙撰，沈嘯寰，王星賢點校：《荀子集解》，北京：中華書局，1988年，第194頁。
〔註81〕（清）王先謙撰，沈嘯寰，王星賢點校：《荀子集解》，北京：中華書局，1988年，第364頁。
〔註82〕韋政通：《中國思想史》，上海：上海書店出版社，2004年，第211頁。

造自然方面,荀子衝破了老莊所主張的返璞歸真的原始生產方式,也就是反對墨守成規、停滯不前的生產技術,而大力推動生產工具和生產方式的創新與發展,故曰:「修隄梁,通溝澮,行水潦,安水臧,以時決塞,歲雖凶敗水旱,使民有所耘艾,司空之事也。」〔註83〕在這裡,為了防治水潦災害而興建水庫、堤壩和橋樑,疏通田間的溝渠,並且按照時令開放或關閉水庫。如此一來,即使遇到凶荒水旱的年份,百姓也能夠正常耕種。

　　除此之外,荀子還十分重視培養百姓的生產技能,並強調生產過程要誠信忠實、專心致志,這樣才能使工匠生產出來的器具巧妙而便於應用,才能使農民的耕種達到天時地利人和的理想狀態,故曰:「百工忠信而不楛,則器用巧便而財不匱矣。農夫樸力而寡能,則上不失天時,下不失地利,中得人和,而百事不廢」〔註84〕。為了支持與養育百姓,促進社會的繁榮和發展,荀子提出要加強不同地區之間自然資源的流通與共享,並按照土地的優劣等級來徵收賦稅,這種具有超越性的生態實踐理念不僅能從根本上解決資源分配不均衡的社會性問題,又能保障生產者的利益,從而實現四海之內如一家的理想社會,故曰:

> 相地而衰政,理道之遠近而致貢,通流財物粟米,無有滯留,
> 使相歸移也。四海之內若一家,故近者不隱其能,遠者不疾其勞,
> 無幽閒隱僻之國莫不趨使而安樂之。〔註85〕(《荀子·王制》)

　　不難發現,荀子的生態智慧不僅肯定了人作為實踐主體所具有的主觀能動性,同時也蘊含著豐富而科學的生態實踐知識。在荀子看來,人作為自然中的一部分,既要努力開發和實現潛在的能力和自身的價值,並使個體生命意義逐漸融入到集體利益的發展當中,因為只有超越了狹隘視野中的小我,才能實現宏觀視閾中的大我。換句話說,「天道的活力和創造性無窮無盡,這對於人類的教導是明顯的:我們應當傚仿天道無窮無盡的活力和創造性,通過不斷的自我修養之努力,參與到人類的創造之中。」〔註86〕探索人之本性與自然界內

〔註83〕（清）王先謙撰,沈嘯寰,王星賢點校:《荀子集解》,北京:中華書局,1988年,第 198 頁。

〔註84〕（清）王先謙撰,沈嘯寰,王星賢點校:《荀子集解》,北京:中華書局,1988年,第 271 頁。

〔註85〕（清）王先謙撰,沈嘯寰,王星賢點校:《荀子集解》,北京:中華書局,1988年,第 190 頁。

〔註86〕程相占:《生生美學論集——從文藝美學到生態美學》,北京:人民出版社,2012 年,第 133 頁。

在機理的關鍵，並不在於人道對於天道的依附程度，而是取決於人與自然的雙向互動過程，也就是要綜合地分析人在生態實踐中的具體位置和能動作用，以及自然界給予人在生態實踐中的信息反饋。要想實現人與自然的和諧共處，就必須全面否定傳統「天人觀」中的思想糟粕，並要正確地發揮自然的實用價值和人的審美經驗作用。荀子「天地官而萬物役」的主張恰好契合了這一基本要求，能夠為實現人的價值認同提供多種途徑，而且對於拓展人的生態智慧、培養人的實踐能力都有著積極的指導作用。所以說，「天地官而萬物役」作為生產者反對守舊、主張變革的思想武器，不僅適應了社會秩序重構和禮法制度建設的需求，同時也體現了人民改造自然、促進生產的信心和要求，具有現實性和可行性的實踐意義。

總之，荀子一而再、再而三地強調人的主體性和禮義規範的內在關聯，就旨在說明禮義既可以對人的價值取向和實踐行為加以約束，從而樹立正確的倫理觀念，同時又能確保人在自然整體中活動的自由和權利，並努力為人與自然的和諧共生創造有利的條件。誠如蔡仁厚先生所講：「人以禮義明分，各任其事，各得其宜，因而和衷共濟，上下齊心，於是便有了力量。強有力則可控制自然，利用自然」〔註87〕，進而利用自然萬物的常道、常數來造福人民，改善人類生活。所以說，荀子的生態倫理觀是基於人與自然的特殊功能和整體利益的尊重而展開的，能夠使宇宙萬物保持相對穩定的和諧秩序，具有超越傳統認識論的進步意義。

第三節 「天地與人相參」：對生態倫理觀的探尋

早在春秋時期，先哲們就開始關注自然問題，並且萌發了保護自然的生態意識，這對我國傳統生態倫理觀的形成奠定了基礎。如《禮記·月令》中所載：「乃修祭典，命祀山林川澤，犧牲毋用牝。禁止伐木，毋覆巢，毋殺孩蟲、胎、夭、飛鳥、毋麛、毋卵。」〔註88〕《漢書·宣帝紀》中也曾提到：「其令三輔毋得以春夏摘巢探卵，彈射飛鳥，具為令。」〔註89〕荀子在整合前人觀點的基

〔註87〕蔡仁厚：《孔子的生命境界——儒學的反思與開展》，長春：吉林出版集團，2010 年，第 74 頁。
〔註88〕（清）孫希旦撰，沈嘯寰，王星賢點校：《禮記集解》，北京：中華書局，1989 年，第 418〜419 頁。
〔註89〕（漢）班固著，（唐）顏師古注：《漢書》，北京：中華書局，1962 年，第 258 頁。

礎之上，又吸收融合了孟子「不違農時，穀不可勝食也；數罟不入洿池，魚鱉
不可勝食也；斧斤以時入山林，材木不可勝用也」〔註90〕的生態思想，進而強
調人要尊重天地萬物的自然法則，並嚴格遵循「以時禁發」「不失其時」「長慮
顧後」「節用御欲」等生存法則，才能保證自然資源的良性循環和高效利用。
應當說，荀子通過對先秦諸子的天人觀和自然觀思想的批判與總結，不僅消解
了原始主義觀念中人對自然的盲目崇拜，還進一步超越了人與自然之間渾然
未分的關係，由此提出了以天、地、人三位一體為核心的生態倫理觀。這種生
態倫理觀不僅包括著關於自然環境和資源保護方面的知識，還蘊含著複雜的
政治思想和倫理道德等人文因素，它們共同構成了荀子具有進步意義的生態
思想，如他所說：

> 天地者，生之始也；禮義者，治之始也；君子者，禮義之始也。
> 為之、貫之、積重之、致好之者，君子之始也。故天地生君子，君
> 子理天地。君子者，天地之參也，萬物之揔也，民之父母也。〔註91〕
> （《荀子‧王制》）

荀子認為，人類的發展過程不同於其他物種的發展過程，它具有複雜性和
多元性的特徵，又是一個融合了生命有機體和制度原則的相對完整的發展體
系，體現著人們對於萬物和諧的理想生活狀態的共同追求。「天地與人相參」
作為荀子生態倫理道德的最高指引，不僅是以禮義法則和道德經驗為價值取
向而建構起來的倫理觀念，而且也體現著早期儒家的情感訴求在倫理觀念中
的具體應用，主要包括著「平等意識」「和諧意識」和「整體意識」這三個方
面。

一、「不與天爭職」與「仁愛萬物」：平等意識的顯現

從本質上講，生態倫理觀是建立在人與自然平等共生的基礎之上的，強調
人與自然萬物之間是相互關愛、相互責任的平等關係，這與荀子「仁愛萬物」
的思想主張也是相契合的。荀子認為，自然本身就是生命的載體，所有生命都
在其中繁衍化育，維繫著生態系統的平衡。換言之，自然就代表著生命，具有
至高的地位。所以，仁人不僅要敬愛親人、敬愛百姓，還要敬愛天地萬物，旨
在追求一種人與自然萬物平等並重的存在關係，如荀子所說：

〔註90〕楊伯峻：《孟子譯注》，北京：中華書局，1960 年，第 5 頁。
〔註91〕（清）王先謙撰，沈嘯寰，王星賢點校：《荀子集解》，北京：中華書局，1988
　　　　年，第 192～193 頁。

親親、故故、庸庸、勞勞，仁之殺也。貴貴、尊尊、賢賢、老老、長長，義之倫也。行之得其節，禮之序也。仁，愛也，故親。義，理也，故行。禮，節也，故成。仁有里，義有門。仁非其里而虛之，非禮也。義非其門而由之，非義也。推恩而不理，不成仁；遂理而不敢，不成義。〔註92〕（《荀子‧大略》）

荀子認為，人與自然只有復歸本然狀態，使仁愛之心落實到萬物，使人切實踐行仁愛之事，「才能創造一種有利於人與萬物美好生活的境遇」〔註93〕。應當說，這種帶有平等意識的生態觀念，正是荀子對孔子「仁者愛人」和孟子「仁民愛物」思想的繼承與延伸，共同推進了中國古代生態倫理觀的初步形成。在荀子思想中，天、地與人之間有著內在深層的關係，「它們既是各自獨立的，擁有屬於自己的特殊身份，同時又是相互依存的」〔註94〕，共同促進著大自然的和諧發展。在人與自然的關係方面，荀子肯定了自然中的動物、植物等都有其內在的價值，強調人作為積極的參與者，在保護自然資源和維繫生態平衡的進程中承擔著重要責任，體現了傳統儒家「泛愛眾而親仁」的人本主義思想。故曰：

仁者必敬人。凡人非賢則案不肖也。人賢而不敬，則是禽獸也；人不肖而不敬，則是狎虎也。〔註95〕（《荀子‧臣道》）

無不愛也，無不敬也，無與人爭也，恢然如天地之苞萬物。〔註96〕（《荀子‧非十二子》）

在這裡，如果將「仁者必敬人」的「人」的範圍加以拓展，「延伸到自然萬物的話，就是人對自然萬物的仁愛精神，是一種典型的古典生態人文主義」〔註97〕。在荀子看來，仁者不論對人，還是對萬物，都要始終充滿敬意。人要

〔註92〕（清）王先謙撰，沈嘯寰，王星賢點校：《荀子集解》，北京：中華書局，1988年，第 579～580 頁。

〔註93〕曾繁仁：《生態存在論美學視野中的自然之美》，《文藝研究》2011 年第 6 期。

〔註94〕李晨陽：《是「天人合一」還是「天、地、人」三才──兼論儒家環境哲學的基本構架》，《周易研究》2014 年第 5 期。

〔註95〕（清）王先謙撰，沈嘯寰，王星賢點校：《荀子集解》，北京：中華書局，1988年，第 300 頁。

〔註96〕（清）王先謙撰，沈嘯寰，王星賢點校：《荀子集解》，北京：中華書局，1988年，第 117 頁。

〔註97〕曾繁仁：《弘揚儒家古典生態智慧，建設中國特色生態文化》，《百家評論》2013年第 1 期。

秉承著對自然萬物的敬愛和關懷之心，不能以自然萬物作為滿足自身欲望的工具，而要充分認識到人與自然之間是相輔相成的平等對話關係，並由此形成一種對宇宙生命更具深度和廣度的關愛與責任。也就是說，我們要把人以外的所有生命物體當作活物來對待，而不要把它們當作死的物質世界。〔註98〕唯有充分尊重和關心生命共同體，對萬物取之有時、用之有度，才能實現人與自然的和平共處，彼此發展又無傷害。正是基於對人與自然之間相對均衡與對稱關係的體識，才凝結成了荀子對自然整體的統籌與兼顧，從而構成了具有進步意義的生態倫理觀的哲學基礎。

　　平等意識作為生態倫理觀的核心思想，不僅重新界定了人與自然的內在關聯性，同時也建構起了一種新的道德價值體系。這種道德價值體系主要對人的感性認識和實踐行為加以改造和指導，並且直接體現在人與自然「相持而長」的合作關係當中，如荀子曰：「使欲必不窮乎物，物必不屈於欲，兩者相持而長，是禮之所起也」〔註99〕。人類在尋求發展的過程中，不能為了滿足私欲而向自然肆意掠奪。相反，我們在考慮自身需求的同時，也要兼顧自然利益，並對自然萬物保持適度的敬畏和相應的責任。在此背景下，荀子明確提出「不與天爭職」，既明確「天」和「人」兩者間不同的基本職責和發展規律，又要實現人與自然的和諧共處，看似矛盾的理論主張，卻使得荀子的生態美學觀得以確立。換句話說，荀子所強調的「不與天爭職」，並非字面意義上人與自然的矛盾對立關係，而是注重兩者內在機理的關聯與融合，並將其上升到了審美的領域，故曰：

　　　　故明於天人之分，則可謂至人矣。不為而成，不求而得，夫是
　　之謂天職。如是者，雖深，其人不加慮焉；雖大，不加能焉；雖精，
　　不加察焉：夫是之謂不與天爭職。〔註100〕（《荀子・天論》）

　　這裡的「為」是行動、操作的意思；而「求」則是求取，所要的意思。所謂「天職」，也就是自然界中不必刻意操作就能夠成功，不必刻意去索取就能獲得結果。荀子認為人的職能就是承認和順應客觀存在的自然規律，不做違背和喪失自然法則的事情，更不能與大自然相抗衡。荀子深刻認識到，「不與天

〔註98〕參見杜維明：《二十一世紀的儒學》，北京：中華書局，2014年，第82頁。

〔註99〕（清）王先謙撰，沈嘯寰，王星賢點校：《荀子集解》，北京：中華書局，1988年，第409頁。

〔註100〕（清）王先謙撰，沈嘯寰，王星賢點校：《荀子集解》，北京：中華書局，1988年，第364頁。

爭職」的生態倫理意識對於解決有限的資源與無限的欲望兩者間的矛盾衝突，有著至關重要的指導意義。「不與天爭職」不僅最大限度地保留了人的原始本性和能動力量，而且有效地克制了人對自然萬物的肆意掠奪，是現實社會進步和自然保護的必要手段。在審美的層面上，荀子的這種生態意識又是建立在人對自然審美對象的體認和感悟基礎之上的，並不是一種純粹科學的理性認知，而是具備濃厚的人文精神和審美意識，體現了生態美學的基本內涵。對此，徐恒醇先生就解釋說：「所謂生態美，並非自然美，因為自然美只是自然界自身具有的審美價值，而生態美卻是人與自然生態關係和諧的產物，它是以人的生態過程和生態系統作為審美觀照的對象。」〔註101〕所以說，荀子的生態審美意識是有別於專注於自然美的欣賞模式，而是以具有社會屬性的人作為參與主體，以具有自然性的自然環境作為認識客體，並且按照美的規律而進行的審美實踐活動，既要符合物種的內在要求，也要滿足人的內在要求，這就肯定了兩者間相互依存、相互補充的辯證統一關係，同時也突出了人相較於其他物種的社會屬性。

由上可知，荀子對人與自然平衡發展，及其互惠共利關係的追求，也都是出於自身的責任意識和對長遠利益的考慮。他充分認識到了生態共同體中的所有成員都具有平等的生存權利，一旦失去了這種生態倫理意識和仁者愛物思想，也就無法從根本上解決人與自然之間的矛盾衝突，甚至會加劇人類對自然環境的破壞，從而誘發一系列的生態危機問題。所以說，「儒家強調人在萬物中的至靈、至貴地位，其目的不是突出人類為萬物的主宰，而是為了強化其『超物』的責任意識，意在賦予人類對於自然界的責任感」〔註102〕。在荀子看來，解決生態危機的關鍵就在於使人懂得尊敬自然萬物，唯有如此，才能保證自然秩序和社會秩序的相對穩定，才能更好地實現人與萬物之間平等共處、相互持養的理想目標。

二、「以時禁發」與「不失其時」：和諧意識的形成

生態倫理觀作為一種價值取向，不僅是對主體生命的體認和對自然價值的肯定，而且強調主體心靈與客體對象的相互融合。誠然，「人與自然的和諧

〔註101〕徐恒醇：《生態美學》，西安：陝西人民教育出版社，2000年，第119頁。
〔註102〕陳業新：《儒家生態意識與中國古代環境保護研究》，上海：上海交通大學出版社，2012年，第49頁。

是人的審美活動的前提，它既表現在人的受動性與能動性的統一上，也表現在主體內在和諧與外在和諧的統一上。」〔註 103〕這種新型的倫理觀要求我們必須突破傳統認識論當中人視自己是自然的主人，以及視自然是被利用的對象的思維定式，而是強調審美主體的參與性和對自然的依存關係，真正體現了人與萬物的融會貫通。正如蒙培元教授所說：「人與自然界是有機整體，不可分離。客觀地說，人是自然界的一部分；主觀地說，自然界又是人的生命的組成部分。在一定層面上雖有內外、主客之分，但從整體上說，則是內外、主客合一的。」〔註 104〕這也意味著，人與自然之間的和諧並非只是齊一而無差異，而是基於個體差異的統一。若將這種主體間的差異視作是一種分離關係的話，也就無法實現「人與天地相參」的終極目標。在荀子看來，導致人與自然關係惡化，抑或人對自然役化的根源，就是人之性惡。應當說，荀子的生態審美智慧正是在這種特定的思想背景下形成的，反映了人的內在情感和外在自然之間的辯證統一關係，能夠給人以生態平衡所產生的審美意趣和倫理秩序感，有利於生命客體與生態環境的互利共贏。

　　在荀子看來，天、地、人作為客觀的存在體，始終處於動態生成的發展過程當中，共同推進著宇宙生命的勃勃生機。學者陳昭瑛就曾提出：「荀子對天、地、人的合一懷有存有論的信念，天地人固然各有職分，但可以合作無間。人參天地正顯示一種宇宙大生命的有機整體。天與人在宇宙化育工作中的分配、分擔與分享，強烈而明顯的指向雙方的和諧而不是分離。」〔註 105〕可以說，強烈的主體意識是人類區別於自然萬物的根本所在，作為自覺的人不僅能夠根據自然界顯現出來的規律和特徵來實現對自然價值的開發利用，還可以通過對禮義規範的創造與落實，最終達到人與自然和諧共處的理想境界。這種在「美的規律」基礎之上建構起來的生態倫理觀，與實踐美學只強調人的「內在尺度」，而忽略客體「種的尺度」的偏激觀點也是不盡相同的。荀子主張要在人的生態實踐過程中，對人的生產意識和生產行為加以限制，以此保證生態體驗和審美價值的最優化、最大化。人們要觀察和總結自然萬物的生長規律，並且遵循和維繫這種規律，方可實現農業生產的有序發展和資源利用的長久循

〔註 103〕徐恒醇：《生態美學》，西安：陝西人民教育出版社，2000 年，第 10 頁。

〔註 104〕蒙培元：《人與自然——中國哲學生態觀》，北京：人民出版社，2004 年，第 6 頁。

〔註 105〕陳昭瑛：《荀子的美學》，臺北：國立臺灣大學出版中心，2016 年，第 32 頁。

環。故曰：

> 王者之等賦、政事，財萬物，所以養萬民也。田野什一，關市
> 幾而不徵，山林澤梁以時禁發而不稅。〔註106〕（《荀子‧王制》）

> 修火憲，養山林藪澤草木魚鱉百索，以時禁發，使國家足用而
> 財物不屈，虞師之事也。〔註107〕（《荀子‧王制》）

這種帶有對自然界造化功能的尊重和敬畏之情，不僅具有生態本體論和生態倫理意識相統一的特點，而且湧現出了人與自然萬物之間具有濃厚家園感的價值指向，兩者共同形成了荀子的生態審美智慧。這裡的「時」就是時間、時令；「禁」指禁止、關閉的意思；「發」指開發、利用的意思；「屈」是盡；「等賦」指等級規定賦稅。「禁」與「發」看似矛盾衝突，實則相互平衡補充，兩者的配合才能取得理想的治理效果。在荀子看來，唯有掌握了自然萬物的內在機理和生長規律，並以此因地制宜地進行耕種、收穫和貯藏，才能最大限度地保證莊稼的自由生長，才能實現百姓獲得更為豐富的自然饋贈。而且，荀子還強調徵收賦稅要與田間耕種的時間相配合，否則，過度徵稅反而會加劇人對自然的破壞。在此背景之下，禮義法則的制定和等級賦稅的實施，可以從法律層面對人的性惡本質和貪婪欲望起到約束限制的作用，有助於引導人們樹立正確的生態道德觀念和生態實踐意識，從而確保自然資源的可持續利用與保護，這不僅從根源上解決了人與自然的矛盾關係，而且也保證了人文社會的繁榮與穩定。

正因如此，「時」作為利用自然和改造自然的關鍵，被荀子提高到了生態實踐的核心位置。時間不僅在生產實踐中發揮重要作用，同時與孝道、禮義、天道也緊密聯繫在一起。荀子強調人要配合季節時令的運行規律，並且順應天時地利來合理地安排農業生產，讓天地萬物各得其宜，以利於其生長與繁衍。此外，他還強調對自然資源的開發利用要在適當的時機進行，要根據實際需求進行開採，不能盲目地征服和掠奪自然。荀子認為，在不同的季節適時安排農活，則能保證五穀糧食的充足，使得百姓生活富裕，從而養成主動養護生態環境和生態資源的可持續發展意識，故曰：

> 君者，善群也。群道當則萬物皆得其宜，六畜皆得其長，群生

〔註106〕 （清）王先謙撰，沈嘯寰，王星賢點校：《荀子集解》，北京：中華書局，1988年，第189～190頁。

〔註107〕 （清）王先謙撰，沈嘯寰，王星賢點校：《荀子集解》，北京：中華書局，1988年，第199頁。

皆得其命。故養長時則六畜育，殺生時則草木殖，政令時則百姓一，
賢良服。聖王之制也，草木榮華滋碩之時則斧斤不入山林，不夭其
生，不絕其長也；黿鼉、魚鱉、鰍鱣孕別之時，罔罟毒藥不入澤，
不夭其生，不絕其長也；春耕、夏耘、秋收、冬藏四者不失時，故
五穀不絕而百姓有餘食也；污池、淵沼、川澤謹其時禁，故魚鱉優
多而百姓有餘用也；斬伐養長不失其時，故山林不童而百姓有餘材
也。〔註108〕（《荀子‧王制》）

　　其意是說，飼養和宰殺牲畜適時，就能使得六畜興旺；砍伐和種植樹木適
時，就能保證森林的茂盛繁殖；制定和實施政策適時，就能實現社會的穩定統
一，這樣賢良之才就會心悅誠服，甘願為己所用。因此，荀子不僅強調對自然
資源的索取要遵守「時」的規律，同時也要在恰當的時間對自然進行保護和培
育，使其得到休養生息，從而形成可持續發展的良性生態系統。如果人類過度
掠奪自然資源，隨意地開發利用，就會自食惡果、招致禍患，故《致士》篇曰：
「川淵枯則龍魚去之，山林險則鳥獸去之」〔註109〕。荀子認為，江河湖泊枯
竭之後，龍魚就會離開；山林樹木稀疏之後，鳥獸也終將離去。自然資源的衰
竭，就會引發矛盾衝突，民不聊生，國家難以穩定。所以說，尊重自然萬物的
生長規律和發展需求對於它們的成長繁衍有著至關重要的作用。對於自然資
源的開發和利用也必須要以遵循自然界的時間規律和發展要求為前提，唯有
如此，才能使得百姓擁有自己安定的居所和生存家園，從而構建有利於人與自
然和諧發展的生態秩序和社會準則。荀子曰：

　　　輕田野之稅，平關市之征，省商賈之數，罕興力役，無奪農時，
　　如是，則國富矣。〔註110〕（《荀子‧富國》）

　　　故先王明禮義以壹之，致忠信以愛之，尚賢使能以次之，爵服
　　慶賞以申重之，時其事、輕其任以調齊之，潢然兼覆之，養長之，
　　如保赤子。〔註111〕（《荀子‧富國》）

〔註108〕（清）王先謙撰，沈嘯寰，王星賢點校：《荀子集解》，北京：中華書局，1988
　　　　年，第195頁。
〔註109〕（清）王先謙撰，沈嘯寰，王星賢點校：《荀子集解》，北京：中華書局，1988
　　　　年，第306～307頁。
〔註110〕（清）王先謙撰，沈嘯寰，王星賢點校：《荀子集解》，北京：中華書局，1988
　　　　年，第211～212頁。
〔註111〕（清）王先謙撰，沈嘯寰，王星賢點校：《荀子集解》，北京：中華書局，1988
　　　　年，第226頁。

　　不富無以養民情，不教無以理民性。故家五畝宅，百畝田，務
其業而勿奪其時，所以富之也。〔註112〕（《荀子‧大略》）

　　很顯然，荀子認識到想要實現國家的昌盛和百姓的富足，就要嚴格遵循禮義原則，減輕對田土山野的賦稅，公平合理地徵收集市稅收，為百姓提供優厚的政策待遇。減少商人的數量，減少勞役，目的也是為了不要耽誤正常的農業生產。只有使百姓富裕起來，物產才會豐收，餘糧才有節餘。在荀子看來，天地萬物與人類相互依存、不可分離，人類要對自然有清晰的認知，才能合理利用和保護自然資源，使之為社會中的人提供源源不斷的物質資源。所以說，聖明的君主應當按照掌握自然的運行規律，能夠根據天時的變化隨機應變，加強農業生產和資源調配，才能促進社會秩序的穩定發展。

　　總之，荀子基於對自然資源相對匱乏的理性認知，強調人不能毫無節制的掠奪自然資源，而是要適度索取、物盡其用，唯有如此，才能實現人與自然的平衡發展。所以說，荀子的生態觀念並不是主觀臆造出來的抽象概念，而是基於百姓的生產實踐而得出的豐富經驗，具有形而下的現實意義。他將自己的生態理想寄託於人性的改良和社會的建設之中，並強調能夠遵循禮義行事的百姓自然懂得「以時禁發」「不失其時」的道理，同時民富國安的社會現狀又能夠促進百姓與自然的和諧相處，最終實現對生態資源的合理開發和有效利用。對於一個農耕民族來說，正確的生產觀念既可以幫助解決百姓所面臨的生態危機問題，還可以啟發民智，甚至改變人對自然的理性認知和實踐方式，進而深刻影響人對自然的審美方式。

三、「長慮顧後」與「節用御欲」：整體意識的建構

　　從生態的角度來看，人與自然萬物始終是宇宙整體中的不同組成部分，自然界又是孕育萬物生命的母體，是人類實現功能價值和獲得生存權利的根本所在。人一旦離開了這個生命共同體，就會喪失生命的基本條件。荀子認為，雖然萬事萬物都具有特殊的機理功能和自然結構，但是人與自然之間也從來不是誰戰勝誰的對抗關係，而是相互依存、須臾難離的整體關係，如他在《富國》篇中說：「萬物同宇而異體」〔註113〕。這種帶有價值導向性的宇宙整體意

〔註112〕（清）王先謙撰，沈嘯寰，王星賢點校：《荀子集解》，北京：中華書局，1988
　　　　年，第 589 頁。

〔註113〕（清）王先謙撰，沈嘯寰，王星賢點校：《荀子集解》，北京：中華書局，1988
　　　　年，第 207 頁。

識，構成了荀子關於天、地、人三者相參的生態倫理觀的基本要素。在荀子看來，唯有將人與自然萬物作為整體來觀察，才能摒棄多元複雜因素的干擾，從根本上把握天地自然的運行規律，最終實現人與自然的共同發展，故曰：

> 萬物莫形而不見，莫見而不論，莫論而失位。坐於室而見四海，處於今而論久遠，疏觀萬物而知其情，參稽治亂而通其度，經緯天地而材官萬物，制割大理，而宇宙裏矣。〔註114〕（《荀子·解蔽》）

荀子注重從整體的角度瞭解自然的本質、規律和特徵，在此基礎上把握天地萬物的應有的功能和價值，並以此作為治理自然的根本依據。這種由整體影響個體，再由個體組成整體的循環演變過程，充分展現了荀子的整體意識和倫理觀念。誠如學者李記芬所說：「人的整體發展意識賦予人一種創造性能力，使得人能有意識地參與天地自然的大化流行、注意到自然和人類社會在發展上的相互依存和互動；更為重要的是，人意識到要為人與自然之間的相互依存和互動關係負責。」〔註115〕顯然，生態倫理觀作為人與自然互動共參的產物，在協調人與自然的關係方面始終發揮著基礎性的指導作用，能夠實現自然生態和人類文明的可持續發展。這也說明，荀子的整體意識建立在更為廣闊的生態訴求之上，他倡導人類活動的目的應從對個體的關注擴展到對自然共同體及其所有成員的關懷，從利己的狹隘視角轉變為對集體利益的考量，故曰：「上取象於天，下取象於地，中取則於人，人所以群居和一之理盡矣」〔註116〕。荀子十分注重對天、地、人三者的客觀規律和功能價值的考察，並且積極調適三者之間互利共贏的整體關係。其中，人作為具有能動意識的生命個體，不僅要掌握充足的禮義規範，還要具備天人相合的整體意識，才能為人類發展提供源源不斷的自然資源。

在荀子看來，整體意識能夠對人的情感體驗和道德價值起到約束作用，人類不能為了實用性目的而去佔有自然資源，而是要不斷超越狹隘的功利主義，追求世間萬物各得其所、各享其樂的理想目標。正因如此，荀子在面對自然資源的紛爭問題時，他明確提出要適度索取、物盡其用，並且強調要具備長遠的發展眼光，才能達到取之不盡、用之不竭的生態理想目標。人與萬物之間是循

〔註114〕（清）王先謙撰，沈嘯寰，王星賢點校：《荀子集解》，北京：中華書局，1988年，第469頁。

〔註115〕李記芬：《荀子總萬物思想的生態倫理價值》，《道德與文明》2016年第4期。

〔註116〕（清）王先謙撰，沈嘯寰，王星賢點校：《荀子集解》，北京：中華書局，1988年，第442頁。

環往復的互動關係，而不是單向度的線性關係。可見，荀子的生態觀是在貴人而不任人、用物而不棄物的基礎之上形成的，他既沒有過分突出人的中心地位而違背生態觀念的核心主張，也沒有過分強調自然萬物的功能價值從而失去生態觀念的獨立品格。荀子說：

> 天之所覆，地之所載，莫不盡其美，致其用，上以飾賢良，下以養百姓而安樂之。夫是之謂大神。〔註117〕（《荀子‧王制》）

> 況夫先王之道，仁義之統，詩、書、禮、樂之分乎？彼固天下之大慮也，將為天下生民之屬長慮顧後而保萬世也。〔註118〕（《荀子‧榮辱》）

天地所能承載的事物無不竭盡自己的優勢，發揮自己的作用，向上供給賢能的聖人，向下供養普通的百姓，這是創立禮義法度的基本準則。所謂「長慮」，是指長遠的考慮、規劃；「顧後」，則指顧及後代的發展。在這裡，荀子想告誡人們不要放縱慾望而無限制地開墾資源，不考慮將來社會的發展，而必須節約消費以減少物質財富的流失，將剩餘的資源積累起來，這樣即使遇到自然災害，也不會造成貧困。顯然，「長慮顧後」乃是基於人民的長遠利益而提出來的，它不僅有利於促進物質資源的高效利用和循環儲備，同時還能夠滲透到人之本性和生態審美活動的意識層面，從而實現人與自然、人與社會的可持續發展生態觀的建構。

基於對自然規律和人性本質的理性認知，荀子強調「長慮顧後」既能夠符合自然的發展規律，又能準確地體現聖人應該具備的生存之道，因而是實現人與自然可持續發展的重要前提。在他看來，百姓不僅學會了蓄養雞狗豬，還懂得蓄養牛羊，而且不敢肆意地享受酒肉，也懂得了節衣縮食和蓄積財物。但是，這並不是因為人不懂得享受，而是能夠理性的認識到人與自然之間的矛盾關係，又能主動地去考慮長遠的計劃，以便來實現生態資源和社會人事的可持續發展。而唯有目光短淺，苟且偷生的小人才不懂得這些長遠的生存道理，於是過度浪費糧食，揮霍積攢的財富，使自己陷入困境，就必然要面對挨餓受凍，沿街乞討的悲劇命運，故曰：

〔註117〕（清）王先謙撰，沈嘯寰，王星賢點校：《荀子集解》，北京：中華書局，1988年，第192頁。

〔註118〕（清）王先謙撰，沈嘯寰，王星賢點校：《荀子集解》，北京：中華書局，1988年，第80頁。

　　「今人之生也，方知蓄雞狗豬彘，又蓄牛羊，然而食不敢有酒
　　肉；餘刀布，有囷窌，然而衣不敢有絲帛；約者有筐篋之藏，然而
　　行不敢有輿馬。是何也？非不欲也，幾不長慮顧後而恐無以繼之故
　　也。」〔註119〕（《荀子·榮辱》）

　　從根本上講，「長慮顧後」是具有生態意識和進步意義的理論思想，並且
作為一種人與自然和諧相處的美學主張，有別於一般美學範疇中人與自然相
對獨立的審美關係，而是強調兩者是密不可分的生態共同體。荀子認為，世間
萬物同屬一個宇宙空間，雖然外在形體各不相同，但是都有其存在的客觀價
值，如同人的等級分化一樣，各有各的地位和用途，故曰：「萬物同宇而異體，
無宜而有用，為人，數也」〔註120〕。人倫道德和生態價值的統一，也就是荀
子生態思想中人與自然和諧相處的具體體現。換句話說，人類必須充分地瞭解
和掌握世間萬物的自然本性和發展規律，能夠理智地分析和解決尊重自然內
在價值、特性與人類對自然開發、利用之間的矛盾關係，更要學會從整體生態
觀的角度來規劃和考慮未來的發展指向，這正是荀子「長慮顧後」生態理念的
核心內容。

　　如果辯證地來看待傳統儒家的生態觀，我們就能發現自然資源與人性本
能之間必定存在著不可避免的衝突矛盾，而從根本上真正解決這種矛盾衝突，
也正是實現生態可持續發展的關鍵。荀子強調人的本性是惡的，充滿了對物質
資源的無限渴望。人類所期望和所憎惡的東西都同屬於自然界，如果對人的欲
望不加以克制，抑或欲望得不到滿足時，就會引發百姓對物質資源的掠奪、濫
用，最終導致資源的枯竭和國家的衰敗。如此一來，荀子在處理人與自然消費
與被消費的關係時，既不像道家那樣倡導「無欲無求」超凡脫俗的理想境界，
也不像佛家那樣主張「禁慾」的消極思想，而是強調學會控制自身的本能欲望，
然後端正自己對待自然萬物的態度，從而主張適度消費的「節用御欲」思想。
因為唯有提倡節約物質資源，提高資源的利用率，才能實現人與自然的可持續
發展。故荀子說：

　　於是又節用御欲，收斂蓄藏以繼之也，是於己長慮顧後，幾不

〔註119〕　（清）王先謙撰，沈嘯寰，王星賢點校：《荀子集解》，北京：中華書局，1988
　　　　　年，第79頁。
〔註120〕　（清）王先謙撰，沈嘯寰，王星賢點校：《荀子集解》，北京：中華書局，1988
　　　　　年，第207頁。

甚善矣哉！今夫偷生淺知之屬，曾此而不知也，糧食大侈，不顧其
後，俄則屈安窮矣，是其所以不免於凍餓、操瓢囊為溝壑中瘠者也。
〔註121〕（《荀子·榮辱》）

足國之道，節用裕民而善臧其餘。節用以禮，裕民以政。彼裕
民，故多餘。裕民則民富，民富則田肥以易，田肥以易則出實百倍。
〔註122〕（《荀子·富國》）

從人與自然的關係來看，「節用御欲」可以減少人對自然的破壞，達到維
護和尊重自然的目的；從人與社會的關係來看，「節用御欲」不僅能夠減少百
姓對禮法的牴觸，而且能夠調動其參與的積極性，更是實現國家民富國安的必
要手段。荀子認為，唯有在禮義法度的指導之下，才能保證生態實踐和生態審
美的準確性，才能真正實現百姓的富裕、土地的肥沃、財富的積累。因此，荀
子才大力倡導百姓要遵從禮義和自然規律進行農業生產，在不觸及自然底線
的情況下，最大限度地滿足人的生存需求。反之，對於那些不懂得去奢求儉、
勤儉節約的人，荀子都給予了嚴厲的批判，並指出驕奢淫逸的腐朽生活必定會
破壞人與自然之間的生態平衡，從而造成萬物生存的困境、加劇生態惡化的狀
況，故又曰：

不知節用裕民則民貧，民貧則田瘠以穢，田瘠以穢則出實不半，
上雖好取侵奪，猶將寡獲也，而或以無禮節用之，則必有貪利糾譑
之名，而且有空虛窮乏之實矣。〔註123〕（《荀子·富國》）

由此可知，荀子強調首先要從根本上解決自然生態與人類社會發展過程
中的矛盾衝突，即克制人的本能欲望，防治不加節制地粗暴掠奪方式，要求人
類要在遵循自然規律的情況下合理地開發和高效地利用生態資源，並要樹立
正確的生態意識和長遠的發展目標，這樣才能保全生態自然的完整性和可持
續性發展。在此基礎之上，荀子總結到：「強本而節用，則天不能貧；養備而
動時，則天不能病；修道而不貳，則天不能禍」〔註124〕。其意是說，注重農

〔註121〕（清）王先謙撰，沈嘯寰，王星賢點校：《荀子集解》，北京：中華書局，1988
年，第79~80頁。

〔註122〕（清）王先謙撰，沈嘯寰，王星賢點校：《荀子集解》，北京：中華書局，1988
年，第209頁。

〔註123〕（清）王先謙撰，沈嘯寰，王星賢點校：《荀子集解》，北京：中華書局，1988
年，第210頁。

〔註124〕（清）王先謙撰，沈嘯寰，王星賢點校：《荀子集解》，北京：中華書局，1988
年，第362~363頁。

業生產，節省物質財富，上天也不會使人貧困；充分發揮生產資料的供養作用，並順應時令安排生產，上天也不會使人困苦；遵循禮義的基本原則，並且專心致力於生產生活，也就有足夠的精力去開展各種審美活動，從而實現自身道德素質和審美修養的不斷提升，這也就是荀子「天地與人相參」理想生態目標的核心思想。

總之，作為先秦儒家思想的集大成者，荀子在已有的天人思想和自然觀念的基礎之上進行了批判總結、融合創新，並且較為系統、全面地對自然、個體和社會進行了具有濃厚生態意識的理論闡釋。荀子的生態理想主要以天、地、人三位一體的生態整體觀為核心，並以「天行有常」為思想基礎，以「明天人之分」為重要前提，以「制天命而用之」為根本原則，最終歸旨於「天地與人相參」的理想生態目標。他不僅承認了自然存在的合理性，而且還提出了天和人各有其特定職能的觀念，即天職具有自然性，而人的職能則具有社會性，兩者既相互分離，又相互融合。在荀子看來，唯有認識和掌握自然規律，重視禮義法則的指導作用，才能夠充分發揮人類的主體性和能動性，從而實現人與自然的和諧相處。概言之，禮義始終是荀子思想的絕對中心，言天地之道，最終亦終歸於是。〔註125〕因此，當我們在現代語境中重新審視荀子自然觀念時，依舊能夠感受到荀子這充滿人文意識和天地精神的生態審美智慧，能夠為當下的生態美學發展提供豐富的參考價值和啟發意義。

〔註125〕參見韋政通：《荀子與古代哲學》，臺北：臺灣商務印書館，1966 年，第 125 頁。

第五章　荀子禮義美學思想的當代價值

　　荀子思想在經歷了中國千年文化思想的歷史積澱之後，其豐富的美學內涵與價值意義也逐漸被學者們所重視。荀子禮義美學思想不只是對傳統儒家美學思想的繼承與發展，也反映了戰國時期的審美追求與時代風貌，它承載人們情感訴求的同時，更加追求人與社會、人與自然的完美融合。或者說，荀子禮義思想是體現儒家智慧的、適合特定時代需求的美學思想，它「既強調倫理的秩序、等級的差別，又強調制度的統一，社會的大同」〔註1〕，有利於道德文明的建設，有利於社會的整體進步，從而促進國家的繁榮與穩定。正如郭沫若先生所講：「荀子是先秦諸子中最後一位大師，他不僅集了儒家的大成，而且可以說是集了百家的大成的。漢人所傳的詩書易禮以及春秋的傳授系統，無論直接或間接，差不多都和荀卿有關，雖不必都是事實，但也並不是全無可能。」〔註2〕其中，荀子對性、偽與審美教化關係的闡述，對禮樂、詩文與文藝制度關係的理解，以及對天、人與生態建設關係的探討等，都反映出荀子為迎合時代需求而作出的努力，這不僅極大地強化了儒家美學的現實色彩，也使得荀子禮義美學思想具有了更加鮮明的實踐意義。有鑑於此，我們主要圍繞荀子的禮義美學思想，從審美教育、文藝制度、生態建設等方面來闡釋其所具有的當代價值。

〔註1〕黃磊，陳光連：《群居和一之道——荀子的和諧理念及其現實意義》，《遼寧大學學報（哲學社會科學版）》2008 年第 5 期。

〔註2〕郭沫若：《十批判書》，北京：人民出版社，1954 年，第 185 頁。

第一節 「以美其身」：禮義在審美教育中的運用

　　傳統儒家的美育思想作為中國古代文化思想脈絡中必不可少的一支，以其獨特的藝術形式和廣泛的審美功能共同奠定了中國的美育傳統。而美育思想的傳承不僅在情感層面解決了人之性情的各種困惑，具有對理想的人格塑造和情感追求的終極關懷，而且在政治層面對於促進社會文明與和諧文化的建設具有十分重要的指導作用。自人類社會進入快速發展階段以來，我們在科技、經濟、生活等方面都取得了輝煌的成就，但是日漸緊張的生活節奏和巨大的工作壓力又造成了人類精神和心理層面的焦慮、抑鬱、空虛等問題，這些問題不僅影響到了人類自身的健康發展，同時也嚴重阻礙了人與自然、人與社會間的和諧關係。如何以審美的態度和方式來對待目前形勢下的人類、自然、社會就顯得格外重要。實際上，傳統儒家美學思想十分注重對人生價值和人生理想的探討與追求，善於將審美體悟與審美反思融入到自我完善的過程當中，對於提升自身的人文素養和道德素質都具有非凡的借鑒意義。對此，我們可以從荀子的禮義美學思想中得到一些啟示。

　　關於人的本性問題，荀子認定人有好利、疾惡、耳目好聲色之欲等生理本能和心理本能，如果這種自然屬性得不到克制，必然會誘發出一系列爭奪、殘暴、淫亂的行為，從而導致社會的混亂。為了避免欲望的無限膨脹，為了防止個體對社會秩序的惡意破壞，需要在道德規範的約束下，調制人對物質利益的欲求。所以，荀子強調要經由外在的制度、法則和規範，以及內在的道德教化以實現人性的轉變。我們可以知道這點，正是由他的性惡可塑的觀點延伸而來的。那麼如何使人性由惡轉化為善，荀子繼而提出了「師法」與「禮義」的教化方式。在學習榜樣和道德原則的雙重作用下，能夠使人的惡的欲望在感化中獲得轉化，達到情感與道德的平衡，由此實現個人價值與社會秩序的和諧統一。或者說，實現人之自然屬性向社會屬性轉化的途徑乃是審美教育，可以使其成為具備道德素養的人，也可以樹立良好的社會風氣，從而促進社會整體的發展。故荀子說：

> 禮者，所以正身也；師者，所以正禮也。無禮何以正身？無師，吾安知禮之為是也？禮然而然，則是情安禮也；師云而云，則是知若師也。情安禮，知若師，則是聖人也。[註3]（《荀子·修身》）

[註3]（清）王先謙撰，沈嘯寰，王星賢點校：《荀子集解》，北京：中華書局，1988年，第39頁。

故學者，以聖王為師，案以聖王之制為法，法其法，以求其統
類，以務象效其人。〔註4〕（《荀子‧解蔽》）

今人之性惡，必將待師法然後正，得禮義然後治。今人無師法
則偏險而不正，無禮義則悖亂而不治。〔註5〕（《荀子‧性惡》）

一方面，荀子認為道德認知不只是一種認知活動，更在於將這種認知轉化
為主體的「價值認同」〔註6〕。他強調要以禮義來約束人的言行，培育人的內
在情感和質素，才能成就理想的道德人格。因為，禮義是立足於人的性情而又
規範性情的基本原則，在實現人修身和立身方面發揮著至關重要的作用。故
《強國》篇說：「養生安樂者莫大乎禮義」〔註7〕，《禮論》篇又說：「禮者斷長
續短，損有餘，益不足，達愛敬之文，而滋成行義之美者也」〔註8〕，都可說
明荀子乃以禮義作為治學化性的最高指導原則。在他看來，人只有接受禮義的
教化，有了豐富的人文修養，其言行舉止才能符合道德規範的要求，進而養成
文明的行為習慣。換句話說，人性之善必須經過後天的教化、改造才能實現，
而教化的內容就是通過禮義法度訴諸於人的情感和心靈，方可實現由自然的
人向社會的人的轉化。這一轉化過程便是審美教育。

進一步說，審美教育就是以禮樂詩文來感化人的心靈，從而改造人的自然
之性與社會活動。以禮制欲並不是壓抑個體性情，而是在有效地滿足人的需求的
基礎上，對其進行道德教化和人格塑造，使其一舉一動都合乎禮法，故曰：「君
子知夫不全不粹之不足以為美也，故誦數以貫之，思索以通之，為其人以處之，
除其害者以持養之」〔註9〕。荀子禮義之本質仍舊是道德規範，他主張通過具有
普遍性的藝術形式來陶冶情操，使欲望受到一種情感的誘化，最終實現個體生命
價值的超越。在荀子眼中，「『陶』就是塑造，『冶』就是消融渣滓，其中包含著

〔註4〕　（清）王先謙撰，沈嘯寰，王星賢點校：《荀子集解》，北京：中華書局，1988
　　　　年，第481頁。
〔註5〕　（清）王先謙撰，沈嘯寰，王星賢點校：《荀子集解》，北京：中華書局，1988
　　　　年，第514頁。
〔註6〕　參見陳默：《荀子的道德認識論》，北京：中國社會科學出版社，2016年，第
　　　　122～123頁。
〔註7〕　（清）王先謙撰，沈嘯寰，王星賢點校：《荀子集解》，北京：中華書局，1988
　　　　年，第354頁。
〔註8〕　（清）王先謙撰，沈嘯寰，王星賢點校：《荀子集解》，北京：中華書局，1988
　　　　年，第429頁。
〔註9〕　（清）王先謙撰，沈嘯寰，王星賢點校：《荀子集解》，北京：中華書局，1988
　　　　年，第21～22頁。

樂和詩、書、禮、義的薰陶與感化，而不僅僅是道德教化」〔註10〕。以禮義為本，顯示出荀子的審美觀具有鮮明的價值取向，具體表現為對主體自我生命的終極關懷，〔註11〕並逐漸演變成衡量人性之美的標準。事實上，審美教育的最終目的正是實現「真」「善」「美」的高度統一，使人擁有健全的人格和獨立審美的能力，從而促進個體與社會的共同發展，這與荀子的禮義主張也是不謀而合的。

另一方面，荀子繼承了孔子「學而知之」的思想，認為人的知識並不是天生就具備的，也不是通過內心反思而獲得的。人們只有通過對萬物規律的觀察和總結，以及對賢師經驗的倣仿和學習，才能得到所需要的知識，才能具備「美」的素養，故曰：「身盡其故則美」〔註12〕，又曰：「君子博學而日參省乎己，則知明而行無過矣」〔註13〕。這種「知明而行無過」的能力，顯然不是人頭腦中天生固有的，而是源自後天的學習實踐和經驗積累。對於人和社會來說，教育的目的在於「美其身」，也就是要通過學習的方式來提升人的人文道德修養，進而由實踐層面轉向精神層面的超越與昇華。只有重視道德培育，整個社會才會有崇尚禮義的文化氛圍，社會成員才會以禮義作為自身的行為準則，這樣社會才能繁榮昌盛。所以說，「人們對禮義的瞭解，是一個由具體而抽象的過程，即通過研習法度的具體規定而逐漸體悟到抽象的禮義。」〔註14〕審美教育就是通過學習和踐行禮義來消解人性中的惡，以感性的藝術形式來感化人的性靈，可以使人成為人格健全、心態健康的人。如其所言：

> 君子之學也，入乎耳，箸乎心，布乎四體，形乎動靜，端而言，蠕而動，一可以為法則。小人之學也，入乎耳，出乎口。口耳之間則四寸耳，曷足以美七尺之軀哉！古之學者為己，今之學者為人。君子之學也，以美其身；小人之學也，以為禽犢。〔註15〕（《荀子·勸學》）

〔註10〕朱志榮：《荀子的性情論美育觀》，《美術研究》2020年第1期。

〔註11〕參見王楷：《天生人成：荀子工夫論的旨趣》，北京：中國社會科學出版社，2018年，第117頁。

〔註12〕（清）王先謙撰，沈嘯寰，王星賢點校：《荀子集解》，北京：中華書局，1988年，第471頁。

〔註13〕（清）王先謙撰，沈嘯寰，王星賢點校：《荀子集解》，北京：中華書局，1988年，第2頁。

〔註14〕彭歲楓：《禮義、禮法與君子——荀子「群居和一」理解社會的構建》，長沙：湖南大學出版社，2017年，第71頁。

〔註15〕（清）王先謙撰，沈嘯寰，王星賢點校：《荀子集解》，北京：中華書局，1988年，第14～15頁。

由上可知，荀子強調人經過禮義教化而有了道德修養和知識學問，也就具有了「美」。君子始於自然本性的改變，成於後天人為的修己過程，要充分發揮主體的能動作用，才能獲得源源不斷的發展動力，故又曰：「夫起於變故，成乎修修之為，待盡而後備者也」〔註16〕。荀子在論及人為與自然、先天與後天的辯證關係時突出強調人的自我改造能力，這同樣是推動「化性起偽」從可能性向現實性轉化的必要條件，只有在具體的審美實踐中才能將禮義規範變成人的生理本能，從而實現對倫理道德的準確認知和把握。這與孔子所講的「非禮勿視，非禮勿聽，非禮勿言，非禮勿動」〔註17〕那種消極的禁令與防範又是完全不同的。依荀子之意，無論是聖人還是普通人在本質上都是一樣的，其差別就在於聖人善於學習和積累，能夠主動地接受禮義規範的教化和引導，並且能夠發揮人的主體道德教育功能，「故人知謹注錯，慎習俗，大積靡，則為君子矣」〔註18〕。君子要準確地把握禮義的內在價值尺度，才能逐漸完善和提升自身的道德人格，從而不致於沉淪和迷失於外在的現實世界。這些修身養性的學習目標、修身手段和荀子所「提倡的其他諸如經典學習與禮樂訓練一起，構成了他所謂『以美其身』的『君子之學』」〔註19〕。可以說，荀子立足於「化性起偽」談理想人格的塑造，而且能夠突出後天努力的重要性，這是極具現實意義的。

此外，荀子還認識到禮義教化是治國安邦的有效途徑。教育的目的就是培養德才兼備的人才，使人自覺地遵守禮法規範，養成忠信敬讓的品格，從而營構出文明和諧的社會氛圍，故曰：「君師者，治之本也」〔註20〕。荀子認為，禮義不僅是提升道德素養的價值尺度，更是改善民風習俗的根本依據，具有重要的政治和文化功能。正因為有兼具知識修養和理想人格的聖人、大儒、君子的存在，國家政治和社會生活才會變得更美。〔註21〕荀子說：

〔註16〕（清）王先謙撰，沈嘯寰，王星賢點校：《荀子集解》，北京：中華書局，1988年，第74頁。
〔註17〕楊伯峻：《論語譯注》，北京：中華書局，1980年，第123頁。
〔註18〕（清）王先謙撰，沈嘯寰，王星賢點校：《荀子集解》，北京：中華書局，1988年，第171頁。
〔註19〕匡釗：《論荀子的「解蔽」之方與「治氣養心」之術》，《安徽師範大學學報（人文社會科學版）》2019年第4期。
〔註20〕（清）王先謙撰，沈嘯寰，王星賢點校：《荀子集解》，北京：中華書局，1988年，第413頁。
〔註21〕參見廖名春：《走近荀子》，濟南：濟南出版社，2020年，第136頁。

儒者在本朝則美政，在下位則美俗，儒之為人下如是矣。〔註22〕
（《荀子·儒效》）

　　無國而不有美俗，無國而不有惡俗。兩者並行而國在，上偏而
國安，在下偏而國危，上一而王，下一而亡。故其法治，其佐賢，
其民願，其俗美，而四者齊，夫是之謂上一。〔註23〕（《荀子·王霸》）

所謂「美俗」，是指不斷提升自身的道德品質；「美政」，則是指制定切實
可行的禮義制度。在荀子那裏，「美政」「美俗」與審美教育有著密切的因果關
係。擁有美好習俗的國家，君民才能安樂，社會才能安定。當然，歷代君主治
理國家也需要掌握方法，而不能盲目隨性，「故先王明禮義以壹之，致忠信以
愛之，尚賢使能以次之，爵服慶賞以申重之」〔註24〕。治理國家要以真實的國
情為依據，通過設置禮義制度來統一百姓，用誠信忠實愛護百姓，用高尚的道
德教化百姓，崇尚人才，並且要按照品德高低排定位置和等級，以此實現社會
的和睦，國家的穩定。荀子是從民情出發來倡導禮義法度，注重對百姓道德修
養的培育和提升，從中體現出強烈的倫理道德感和審美教育意識。

　　不難發現，荀子既肯定了人性的可塑性，同時也認識到環境對於審美教育
的重要性。如果百姓所處的環境是積極向善的，其本性也會受到薰陶和教化，
也必成為善的；如果生活在惡劣的環境中，其本性之惡只會越發嚴重，永遠不
會得到改造。荀子認為，想要「培養教育有用的人才（大儒、雅儒、法士）僅
僅停留在一般的經書教育上是遠遠不夠的，還有比這更加重要的教育內容，那
就是通過現實的教育，良師益友的言傳身教」〔註25〕，才能達到培育人才的目
的，故其曰：

　　夫人雖有性質美而心辯知，必將求賢師而事之，擇良友而友之。
得賢師而事之，則所聞者堯、舜、禹、湯之道也；得良友而友之，
則所見者忠信敬讓之行也。身日進於仁義而不自知也者，靡使然也。

〔註22〕（清）王先謙撰，沈嘯寰，王星賢點校：《荀子集解》，北京：中華書局，1988
　　　　年，第 142 頁。
〔註23〕（清）王先謙撰，沈嘯寰，王星賢點校：《荀子集解》，北京：中華書局，1988
　　　　年，第 259～260 頁。
〔註24〕（清）王先謙撰，沈嘯寰，王星賢點校：《荀子集解》，北京：中華書局，1988
　　　　年，第 226 頁。
〔註25〕胡玉衡，李育安：《荀況思想研究》，鄭州：中州古籍出版社，1983 年，第 190
　　　　頁。

今與不善人處，則所聞者欺誣詐偽也，所見者污漫、淫邪、貪利之
行也，身且加於刑戮而不自知者，靡使然也。〔註26〕（《荀子·性惡》）

　　在學習過程中，只有接受了良師益友的教誨和指導，才能深切感受到道
德倫理的影響，才能不斷進步，健康成長。審美教育不只是對經典文本的誦
讀，更為重要的是要在實踐活動中積累高尚的品德和廣博的學識，注重客觀
條件對人之教育的重要性，才能達到培養優秀人才的目的。所以說，個體的
道德修養除了自身的努力以外，還與他所處的社會環境和社會條件密切相
關，不同的物質文化生活會造就不同的人格類型。荀子的這一認識為當下的
審美教育實踐提供了良好的啟示，我們應該發揚道德風俗中優良的內容，祛
除生活中的惡俗、惡習，積極改造和創新禮義的文化內涵。例如，我們要結
合教學實際進行特色化的課程改革，通過讓學生排演文化小品或舞臺劇的形
式，在沉浸式體驗中加深對中國傳統禮義思想的理解，加強學生對理想人格
形象的審美認知，這不僅有利於傳統文化的弘揚和普及，同時也有助於提升
學生的道德知識修養。

　　總之，我們當下社會與荀子所處的時代相隔甚遠，荀子的理論觀念也有
其歷史局限性，但是他的禮義思想所產生的審美教化意義卻歷久彌新，具有
強大的生命力。禮義不僅在承載個體的情感訴求方面，而且在實現社會人文
與禮法制度之關係的調和方面，都能夠發揮長久有效的審美功效，由此成為
當代審美教育界的共有資源。荀子從外在的形式與倫理關係入手，賦予了禮
義思想豐富的社會性內容和主體能動性的實踐動力，無論是感官上的直觀享
受，還是精神上的客觀教化，都具有現實的指導意義。換句話說，禮義作為
荀子思想的核心概念，它既實現了對傳統禮制的超越，又具有對倫理道德的
理想憧憬，而這種超越性和理想性的審美特質在當下社會中又能為健全人格
發展與穩定社會秩序提供新的目標和方向。這也是為什麼在兩千多年的歷史
長河中，荀子美學思想幾經浩劫卻能經久不衰的關鍵，在於其完整的禮義思
想不僅蘊含著豐富的文化內涵，並且能夠集中反映我國傳統美育思想中的審
美趣味和情感訴求，從而為美育思想體系建構提供了現實的資源，推動了儒
家哲學研究的現代轉化。

〔註26〕　（清）王先謙撰，沈嘯寰，王星賢點校：《荀子集解》，北京：中華書局，1988
　　　　　年，第 531 頁。

第二節 「禮義之統」：禮義在文藝制度中的作用

　　自周公制禮以來，文學藝術等作為化性起偽的工具，逐漸成為國家政治體制的重要組成部分，並且輔助於主流政治而成為一種不可缺少的文化活動。依照荀子的觀點，禮義是統領自然萬物之秩序的基本綱領，也是加強道德修養的核心內容，其實質就是運用禮法制度來治理和規範世間萬物，故曰：「隆禮貴義者其國治，簡禮賤義者其國亂」〔註27〕。禮義不僅體現於政治生活當中，同時也滲透於禮樂、詩文等一切文學藝術當中，兼具禮法和審美兩個維度的內容。因此，荀子將文學藝術看作為陶冶人之性情、調節人之情感的必要途徑，亦是維護倫理道德秩序、改善政風民風的有力工具。荀子說：

> 禮樂則修，分義則明，舉錯則時，愛利則形，如是，百姓貴之如帝，高之如天，親之如父母，畏之如神明，故賞不用而民勸，罰不用而威行。〔註28〕（《荀子・強國》）

> 假今之世，飾邪說，交奸言，以梟亂天下，喬宇嵬瑣，使天下混然不知是非治亂之所存者有人矣。〔註29〕（《荀子・非十二子》）

　　荀子認為，禮樂制度要完善，等級原則要明確，政策措施更要合乎時宜，才能得到百姓的衷心擁戴。如果百姓不遵守禮義而聽信奸言、邪說、淫聲，就會敗壞社會風氣，以致造成天下的混亂。對此，章培恒和駱玉明就曾提到：「荀子對社會文化的態度，是重視政治和倫理上的實用性，要求一切詩書禮樂，都歸於儒家所說的聖王之道。對於不順禮義的文章，一概斥為『奸說』。」〔註30〕顯然，禮義作為統治者維繫國家統治的重要手段，在政治體制、典禮儀式，以及人的言談舉止等多個方面都起到規範的作用。在此背景之下，荀子所要求的制度有序性、禮儀的規範化、言行的優雅又始終離不開對於美的追求，使禮義成為一種建構社會文化秩序的客觀原則，進而極大地豐富了禮義作為制度規範建構的意義。實際上，這種「制度化的規範，亦是儀式化和日常化的『履禮』，

〔註27〕（清）王先謙撰，沈嘯寰，王星賢點校：《荀子集解》，北京：中華書局，1988年，第319頁。

〔註28〕（清）王先謙撰，沈嘯寰，王星賢點校：《荀子集解》，北京：中華書局，1988年，第345頁。

〔註29〕（清）王先謙撰，沈嘯寰，王星賢點校：《荀子集解》，北京：中華書局，1988年，第105～107頁。

〔註30〕章培恒，駱玉明主編：《中國文學史》，上海：復旦大學出版社，1996年，第132頁。

是實現修文踐禮以成人的制度性保障」〔註31〕。所以，文學藝術作為一種具有時代意義的藝術產物，儘管必須借助倫理和政治的形式出現，但它們依舊體現藝術化的審美境界，能夠為建構多元的文藝制度和話語體系提供參考。

就目前的文藝發展形勢來看，社會上存在的急功近利、泥沙俱下的混亂現象，在一定程度上擾亂了正常的文藝秩序，並與中國傳統美學的思想主張漸行漸遠，同時又受到西方過度強調文藝超功利性特徵的影響，已經偏離了健康的發展軌道。對此，有的學者便提出：「審美或文學藝術價值，雖然在現代學科定位中已被規劃為純粹的情感愉悅，以至於美學家或藝術家多習慣於以與現實政治保持距離自我標榜，但由此卻導致了對中國自身偉大傳統的忽略和遺忘。」〔註32〕為了恢復民族文化和傳統文藝的原始氣象和生命活力，就必須對中國傳統美學中的豐富資源與獨到思想進行現代化轉向。在這種形勢之下，荀子的「隆禮貴義」思想也日益受到人們的重視而得以發掘和弘揚。換句話說，荀子禮義美學思想具有能夠適應時代變化的特性，它不僅包括道德規範和倫理教化，而且包括具有法律性質的文藝制度，對於建立現代社會的文化秩序無疑具有借鑒意義。荀子將政治化、倫理化的審美意蘊融合到文化藝術當中，使得禮義與「樂」「詩」「文」作為互相補充的藝術形式共同構成了新的社會組織原則，也就承認了文化藝術存在的合理性和必要性。在荀子看來，無論是維繫社會秩序，還是進行國家治理，都要求生命個體具有一定的道德修養，這與文化藝術發生著密切的關係。文化藝術既是陶冶性情的重要方式，也是規定倫理的基本手段，具有調節人與人、人與社會之間關係的作用。根據荀子的意思，文化藝術的精神內核就在於安頓人的心靈，並追索生命存在的真正意義，最終目的是實現整個社會的和諧穩定。他說：

> 人之於文學也，猶玉之於琢磨也。詩曰：『如切如磋，如琢如磨。』謂學問也。和之璧，井裏之厥也，玉人琢之，為天子寶。子贛、季路、故鄙人也，被文學，服禮義，為天下列士。〔註33〕（《荀子·大略》）

> 故樂者，天下之大齊也，中和之紀也，人情之所必不免也。是

〔註31〕唐啟翠：《〈荀子〉「文學」觀的譬喻化建構及影響》，《文學遺產》2022年第4期。

〔註32〕劉成紀：《中國美學與傳統國家政治》，《文學遺產》2016年第5期。

〔註33〕（清）王先謙撰，沈嘯寰，王星賢點校：《荀子集解》，北京：中華書局，1988年，第600頁。

先王立樂之術也，而墨子非之，奈何！〔註34〕（《荀子・樂論》）

荀子認為，見識短淺的鄙人，一旦經過系統地學習文學和禮樂知識，同樣可以成為有才能的君子。文化藝術的本質就是要通過後天的教化工夫來改造人性中的「惡」，使人具備理性的自覺和道德的自覺，這是完成德才兼修的重要方式。由於重視人的社會作用，荀子把文化藝術修養視為人的素質的重要方面，認為應該是決定其社會地位的核心依據之一，這是對孔子「學而優則仕」思想的發展，也是後來實行徵辟舉薦和科舉制度的階石。〔註35〕所以說，荀子文化思想的根源就是一種倫理秩序，也就是禮義。當具有審美性和藝術特質的禮樂、詩文融合到禮義法度中時，不僅使審美藝術有了規範制度的保障，同時為政治理想的實現提供了有效的途徑。在此意義上，荀子主張至備的禮義，是情文俱盡的，體現著情感和儀式的統一，故曰：「凡禮，始乎梲，成乎文，終乎悅校。故至備，情文俱盡；其次，情文代勝；其下，復情以歸大一也」〔註36〕。在這裡，荀子試圖通過文化藝術來豐富政治制度的多元化，並充分發揮它在道德感化和凝聚民心方面的重要作用，由此實現審美教育和禮法教化的統一。很顯然，並非所有的文化藝術都符合審美道德的要求，所以必須通過禮義的標準加以衡量和規範，才能使不同的元素組合起來，形成一個完整和諧的藝術整體，否則就會擾亂文化秩序，導致文藝作品魚龍混雜的不良現象。

在中國歷史上，歷代君王為了治理國家而採取的強制性禮法措施，並沒有削弱「禮樂」「詩文」等藝術形式的崇高價值，反而使得嚴苛的政治秩序亟需感性藝術發揮調和緩解的作用，更加堅定了儒家美學思想中文化藝術在倫理道德和審美教化方面的重要地位。荀子深刻認識到人是具有情感欲望的生命個體，並且是構成社會秩序的基本單位。在面對殘酷的現實生活時，藝術與美的結合能夠起到緩解人的精神壓力、陶冶性情的作用。所以，弘揚優秀傳統文化，就要充分借助「禮樂」「詩文」等傳統藝術形式來實現對人的自然本性的引導與修正，並能與倫理道德形成和諧統一。傳統的藝術形式與嶄新的政治理

〔註34〕（清）王先謙撰，沈嘯寰，王星賢點校：《荀子集解》，北京：中華書局，1988年，第449頁。

〔註35〕參見涂光社：《荀子的性惡論及其與文學的關係》，《遼寧大學學報（哲學社會科學版）》1995年第4期。

〔註36〕（清）王先謙撰，沈嘯寰，王星賢點校：《荀子集解》，北京：中華書局，1988年，第419～420頁。

念的完美融合，作為一種具有特殊功用的審美形式煥發新生，並且發揮著其他任何形式都不具有的特殊功能。故荀子曰：

> 樂者，聖人之所樂也，而可以善民心，其感人深，其移風易俗，
> 故先王導之以禮樂而民和睦。〔註37〕（《荀子·樂論》）

> 故人一之於禮義，則兩得之矣；一之於情性，則兩喪之矣。〔註38〕
> （《荀子·禮論》）

很顯然，這種必須借助「他律」的方式才能實現的人格美，與孟子所主張的「自律」觀點又是相互對立的。而且，在荀子看來，理想人格的形成是實現個體與社會價值目標的基礎和保障，只有社會中各階層的每個公民都以禮義之道來要求和完善自己，並努力實現人性的轉變，才能達到理想的精神境界和穩定的社會狀態。因而，荀子強調唯有真正領悟了禮義的內涵之後，才能達到「虛壹而靜」的審美境界，從而避免妖冶淫術、險惡邪道的蒙蔽與干擾，並且能夠引導民眾辨別事理的善與惡、是與非，作出理性的判斷，即「推禮義之統，分是非之分，總天下之要，治海內之眾，若使一人，故操彌約而事彌大。」〔註39〕在這種情況下，儘管禮義誕生於兩千多年前，但是現代社會的發展與建設依舊離不開禮義制度。我們探討荀子禮義思想的當代價值，並不是要照搬古代的周禮制度，而是要發掘其中的精華，建立一套符合現代精神的文藝制度和規範，能夠對當下審美實踐和道德建設發揮具體的反思和指導作用。

一方面，禮義作為外在的法律條例能夠起到規範人的言行、維持生命秩序的作用。禮義是制約人性的最高法則，也是審美實踐的根本準則，對於構建良好的文藝制度具有指導意義，故荀子《致士》篇云：「程者，物之準也；禮者，節之準也。程以立數，禮以定倫，德以敘位，能以授官」〔註40〕。在這裡，「程」是度量物的標準，「禮」是衡量法度的標準。一切日常生活和文化活動都要符合禮義的要求，才能更好地實現人的價值。但是隨著世俗音樂的不斷湧現，不

〔註37〕（清）王先謙撰，沈嘯寰，王星賢點校：《荀子集解》，北京：中華書局，1988年，第450頁。

〔註38〕（清）王先謙撰，沈嘯寰，王星賢點校：《荀子集解》，北京：中華書局，1988年，第413頁。

〔註39〕（清）王先謙撰，沈嘯寰，王星賢點校：《荀子集解》，北京：中華書局，1988年，第57頁。

〔註40〕（清）王先謙撰，沈嘯寰，王星賢點校：《荀子集解》，北京：中華書局，1988年，第309頁。

僅衝擊了傳統的禮樂文明，同時也改變了百姓的審美形式。所以，荀子強調要設立專門管理音樂的「大師」，故曰：「修憲命，審詩商，禁淫聲，以時順修，使夷俗邪音不敢亂雅，大師之事也」〔註41〕。大師的職責就是制定相關規範對音樂進行管制，用禮義原則作為審查文藝的基本標準。凡是不符合禮義的文學和音樂，「特別是『淫聲』、『邪音』，要用國家公布的法令加以禁止。同時對上古流傳下來的文學詩歌，則要採取區別對待『以時順修』的態度。就是說，要作具體分析，不能全盤否定，也不能全盤肯定，要根據時勢的變化，順應形勢的要求，隨時進行修訂」〔註42〕，使其適用於新興地主階層的政治需要。誠然，禮義不僅僅彰顯著統治者的政治意識形態，同時也融鑄著個體生命的審美理想，它既立足於個人本位，能夠觀照人的內在精神欲求，又立足於社會群體，努力追求集體的共同利益，體現了荀子普泛的文化審美意識。

　　另一方面，禮義作為內在的審美訴求能夠起到感化人的品性、提高道德修養的作用。聖人創造禮義的目的就在於教化人性，對人之性惡進行不同程度的改造，從而使人性、人情向著「善」和「美」的方向轉化。故曰：「然則從人之性，順人之情，必出於爭奪，合於犯分亂理而歸於暴。故必將有師法之化、禮義之道，然後出於辭讓，合於文理，而歸於治」〔註43〕。在荀子看來，由於人具有好利惡害的本性，如果不加以克制，就會產生不合理的欲望，甚至是貪欲或惡欲。對於自私人性的改造，僅靠道德感化是不行的，必須要依附於強有力的禮義法度的教化作用，才能樹立起正確的審美價值取向。因此，面對當下的文藝管理制度，每一位學習者都要接受和理解，懂得如何節制個人私欲，保持虛靜專心的態度，方能獲得人文素養的提升。這也說明，禮義不僅能夠疏通人的欲望，而且可以化解物與欲的矛盾，因而關乎理想的文化秩序能否實現。如果沒有禮義，人就容易違背規章制度而難以管理，所以要倡導禮教、制定法規，用來陶冶、教化人的性情，從而形成良好的時代藝術風尚。

　　總之，荀子的禮義思想契合了君主既推崇禮法制度，又推崇文化藝術的政治主張，這種齊頭並進的發展策略為解決審美理想和現實政治之間的矛盾衝

〔註41〕（清）王先謙撰，沈嘯寰，王星賢點校：《荀子集解》，北京：中華書局，1988年，第 197～198 頁。

〔註42〕胡玉衡，李育安：《荀況思想研究》，鄭州：中州古籍出版社，1983 年，第 206頁。

〔註43〕（清）王先謙撰，沈嘯寰，王星賢點校：《荀子集解》，北京：中華書局，1988年，第 513～514 頁。

突找到了新的平衡點。荀子認為，治國安民不僅需要道德規範，禮樂、詩文也是必不可少的一部分，都是為治理和教化人性之惡而形成的。良好的文藝氛圍可以強化文藝作品的審美功能，使民眾安樂，天下安寧，使每一位社會成員始終保持和諧有序的生存狀態。可以看出，荀子對文學藝術的看法，不但是以禮義主張為指導的，而且也是他的禮義學說的一個組成部分，旨在適應變革和趨向統一的社會發展的需要。〔註44〕所以說，加快文藝制度的進一步完善，能夠有效地整治文藝作品泥沙俱下的現象，能夠從根本上保證藝術形式與審美標準的建設，並為兩者的融合找到合理性的理論依據，這將有利於形成良好的社會文明風氣、促進文化軟實力的提升。

第三節　「萬物相合」：禮義在生態建設中的體現

從生態文明的角度來看，西方「二元對立」式的思維模式已經無法適應當代社會的發展需求，人與自然的對立關係也導致了掠奪自然、破壞生態、污染環境的嚴重後果，更對人類的生存造成了極大的威脅。這一系列矛盾的根源則在於人在利益的驅動下遮蔽了人與自然和諧共生的生態法則，當務之急就是需要緩解人與自然緊張的關係，改變人的自然觀念和生活方式。荀子認為，人可以在正確認識自然規律的基礎上發揮能動作用，充分地利用自然的資源和功能，使之更好地為人類造福。只有依循嚴格的禮義制度，才能為農業生產提供可靠保障，進而為百姓創造良好的生存環境。誠如韋政通先生所說：「荀子對天這方面的理解，純是由禮義效用的思考中導引而出，禮義是本，是能治者，是正面的，據是而刺出去所理解的天是末，是被治者，是負面的，末，是說荀子的思想重點在禮義之實施，不在對天之探究；被治是說一切天生而自然者，皆欲落在禮義的效用中，始能得其道，得其成。」〔註45〕確切地說，荀子禮義思想不僅為人能正確地處理與自然的平等關係、指導人與自然共榮共生的相處提供了嶄新的美學觀念，同時也適應了當今社會發展的現實需求，符合可持續發展原則的要求，是當代進步的生態文明建設的重要依據。當然，實現荀子生態思想的現代化轉向，就必須將其放到現代乃至後現代的生態文化語境當中加以對照，這就需要我們進一步地批判繼承。

〔註44〕參見谷云義：《荀子的文學主張及其特徵》，《東北師大學報（哲學社會科學版）》1986 年第 4 期。
〔註45〕韋政通：《荀子與古代哲學》，臺北：臺灣商務印書館，1966 年，第 54 頁。

在荀子眼中，「天」是孕育生命的根源，是天地萬物之本，故曰：「天地者，生之本也」〔註46〕，明確指出了生命物種與整個自然界的關係。顯然，他有別於傳統儒家思想中從倫理道德層面所提出的「天生德於予」〔註47〕、「天將降大任於是人也」〔註48〕的天命觀思想，而且也不同於道家所主張的具有形而上性質的「道生一，一生二，二生三，三生萬物」〔註49〕、「萬物與我為一」〔註50〕的天道觀思想。在他看來，「天」是具有物質性和功利性色彩的客觀存在，是有規律可循的、能被人認識的自然界，而非主觀意識中的精神存在，即通過「天行有常」的理論主張消解了傳統天人觀中形而上學的思想根基。甚至可以說，荀子扭轉了以往「畏天命」觀念中人對神秘自然的不可知的狀態，實現了儒家從神秘主義到現實主義的轉化。「天」既是自然之天，包括著宇宙間各種純粹的自然現象，同時也是物質之天，包括自然界當中真實存在的萬事萬物。隨著農業生產的發展和對自然法則的不斷認識，荀子強調自然萬物的生長和發展都是陰陽變化的結果，它不以人的主觀意志為轉移，並由此提出了天地萬物化合相生的理想目標，亦即「萬物相合」。他說：

> 天地合而萬物生，陰陽接而變化起。〔註51〕（《荀子・禮論》）
>
> 皆知其所以成，莫知其無形，夫是之謂天。〔註52〕（《荀子・天論》）

在這裡，荀子通過對天之屬性的重新界定，實現了對傳統觀念中人與自然的混沌關係的釐清。人不能因為羨慕天的創造力而過度誇大天的主宰作用，也不能因為乏於對自然規律的認知而抱怨天的肆無忌憚。天道完全遵循自身的規律而運轉，不受自然以外的客觀力量的干擾。換句話說，萬物生長是依循自

〔註46〕（清）王先謙撰，沈嘯寰，王星賢點校：《荀子集解》，北京：中華書局，1988年，第413頁。

〔註47〕楊伯峻：《論語譯注》，北京：中華書局，1980年，第72頁。

〔註48〕楊伯峻：《孟子譯注》，北京：中華書局，1960年，第298頁。

〔註49〕（魏）王弼注，樓宇烈校釋：《老子道德經注校釋》，北京：中華書局，2008年，第117頁。

〔註50〕（晉）郭象注，（唐）成玄英疏，曹礎基，黃蘭發點校：《莊子注疏》，北京：中華書局，2011年，第44頁。

〔註51〕（清）王先謙撰，沈嘯寰，王星賢點校：《荀子集解》，北京：中華書局，1988年，第433頁。

〔註52〕（清）王先謙撰，沈嘯寰，王星賢點校：《荀子集解》，北京：中華書局，1988年，第365頁。

然規律，播種耕耘則是貴在人為，兩者不能混為一談，更不能互相替代。學者王中江就說：「荀子以天人相分的邏輯，將人為的東西同自然的東西區分開，從而也使人道同天道之間不再具有價值上的內在聯繫。」〔註53〕所以，荀子反對把治世之功歸結於天道、將治世之亂歸因於自然，而是強調要從人的層面來查找原因，總結經驗教訓，這才是合情合理的行為。

如前所述，荀子強調人只有充分把握自然萬物的客觀規律和內在特性，才能「制天命而用之」「應時而使之」「物畜而制之」，也就是順天而行，趨利避害，才能實現生態的可持續發展。在此意義上，荀子消解了天的神聖性，提出了天人相分的觀點，形成了對人的主體地位和主觀作用的清醒認知。在他看來，人可以通過通過自身的努力，完成自己應盡的義務，而不必依賴於自然天道。這種理性認知不僅明確肯定了自然界具有天行有常的客觀發展規律，而且肯定了人具有積極的主觀能動性和創造能力，即人可以認識天道、順應天道、利用天道，由此達到改造自然的目的。換句話說，在保持個體生命獨立的同時，懂得尊重天道自然的法則，更要避免「人定勝天」的錯誤價值觀，才能形成正確的生態理念。荀子認為，人只要專注於農業生產，政策又合理得當，生產自然可以得到充分發展，物質財富便可以與日增加。故曰：

> 今是土之生五穀也，人善治之則畝數盆，一歲而再獲之，然後瓜桃棗李一本數以盆鼓，然後葷菜百疏以澤量，然後六畜禽獸一而剸車，黿鼉、魚鱉、鰍鱣以時別，一而成群，然後飛鳥鳧雁若煙海，然後昆蟲萬物生其間，可以相食養者不可勝數也。夫天地之生萬物也，固有餘足以食人矣；麻葛、繭絲、鳥獸之羽毛齒革也，固有餘足以衣人矣。〔註54〕（《荀子·富國》）

從生態平衡的角度出發，昆蟲、魚鱉、鳥獸、人類等不同物種之間存在食與被食的存在關係，它們相互制約又相互依賴，共同推動著天地萬物的生存和延續，這些觀點都反映出荀子對生態系統中食物鏈的初步認識。天地之間蘊藏著豐富的自然資源，可以滿足人類的物質欲望，足以支撐文明社會的發展。所以，荀子主張要按照萬物的生長規律進行生產，才能實現「人善治之」，才能

〔註53〕王中江：《簡帛文明與古代思想世界》，北京：北京大學出版社，2011 年，第202 頁。
〔註54〕（清）王先謙撰，沈嘯寰，王星賢點校：《荀子集解》，北京：中華書局，1988年，第 218～219 頁。

為人類生活提供充足的物資。在他看來，「自然界的變化及其發展，對人類的生存、發展有著客觀的制約作用，它是人的思想和行為的客觀依據和物質基礎。人只有順應自己生存的需要，從自然界獲取供養之資，得到福利；如果違反自己生存的需要而暴殄天物，就要受到自然規律的懲罰」〔註55〕。可以說，人類通過對天地自然的不斷認知與探索，逐漸超越了過去我們認為不可知的神秘世界，在漫長的歷史過程中歸納出了具有科學意義的禮義法度，既揭開了先民崇天敬地的神秘面紗，同時也為人類文明發展提供了可資借鑒的生存之道。放眼於當下的社會生產實踐，「士、農、工、商都是在利用自然資源，順應天時地利，發展生產，交換產品，推動農業文明不斷走向繁榮」〔註56〕，其中人的能動作用得到了充分地展現和發展。

但不可否認的是，人類既是創造價值的主體，也是誘發禍亂的根源。隨著人對自然敬畏之情的消解，由此產生了踐踏自然法則、濫採生態資源的不良行為。如果不推行禮義，人性慾望便得不到克制，便會造成生態環境的破壞。所以，荀子明確指出維護生態平衡，就必須嚴格遵循禮義原則來辦事，社會治亂與生態失衡都與人相關，故曰：「天地以合，日月以明，四時以序，星辰以行，江河以流，萬物以昌，好惡以節，喜怒以當，以為下則順，以為上則明，萬物變而不亂，貳之則喪也。禮豈不至矣哉！」〔註57〕可見，禮義不僅存在於人文社會，而且通達於天地自然。或者說，禮義統領天地、日月、四時、星辰、江河、陰陽，以及人情，而禮義之所以成為萬事萬物遵循的根本法則，就在於它超越了自然和社會的制約，體現著宇宙的普遍規律。在荀子看來，人類行為不以禮義為根據，就會出現「水旱未至而饑，寒暑未薄而疾，祅怪未至而凶」〔註58〕的結果，致使天地萬物喪失殆盡，唯有合於天而順應天道，方可獲得人與自然的相互融通。為了實現萬物相合的生態理想，荀子繼而指出：「君子大心則天而道，小心則畏義而節；知則明通而類，愚則端愨而法。」〔註59〕也就是說，人不僅

〔註55〕向仍旦：《荀子通論》，福州：福建教育出版社，1987年，第54頁。

〔註56〕牟鍾鑒：《荀學新論》，北京：商務印書館，2021年，第57～58頁。

〔註57〕（清）王先謙撰，沈嘯寰，王星賢點校：《荀子集解》，北京：中華書局，1988年，第420頁。

〔註58〕（清）王先謙撰，沈嘯寰，王星賢點校：《荀子集解》，北京：中華書局，1988年，第364頁。

〔註59〕（清）王先謙撰，沈嘯寰，王星賢點校：《荀子集解》，北京：中華書局，1988年，第49～50頁。

要對自然存有敬畏之心，更要對自身的實踐行為進行反思，要將人的各種積極因素開掘出來，才能實現人與自然的和諧共處，才能使生態系統健康、穩定地發展。

在生態文明視閾之下，人與自然之間是不可分割、相互影響的共存關係。雖然荀子將人的獨立價值從傳統天人關係中解放了出來，但是人依舊脫離不開與天地萬物共生共榮的互動關係，人與天共同構成了一個完整的有機體。誠如學者姚海濤所說：「自然萬物的生與成的場域具有系統性、貫通性與整全性，是包含整體時、空、人、物在內的自然界與人類社會的共同體。」〔註60〕荀子便強調人在認識自然和改造自然的過程中，首先要明確天與人兩者間各自的身份和責任，同時秉承「不與天爭職」的原則，方能實現「天地與人相參」的生態整體觀理想。荀子在《天論》篇說：

> 故大巧在所不為，大智在所不慮。所志於天者，已其見象之可以期者矣；所志於地者，已其見宜之可以息者矣；所志於四時者，已其見數之可以事者矣；所志於陰陽者，已其見和之可以治者矣。官人守天而自為守道也。〔註61〕（《荀子·天論》）

此處的「天」「地」「四時」「陰陽」都是客觀的自然現象，所謂「志」是指期待和認知的意思。聖人在現實生活經驗的基礎之上，通過考察自然現象的演變規律來預測它們的變化，並由此凝練出與之相應的禮義法度，旨在適度地開發自然資源和有效地保護自然環境。這成為荀子效法自然的重要標誌。荀子認識到，自然界作為承載天地萬物生存的基本場域，是人類模仿和效法的對象，也是共建生態共同體的關鍵。所以，荀子主張人要對天地萬物的運行規律加以熟知與掌握，懂得順應自然的規律和社會的原則，制定切實可行的生態保護制度，才能真正實現生態的可持續發展，故曰：

> 聖王之用也，上察於天，下錯於地，塞備天地之間，加施萬物之上，微而明，短而長，狹而廣，神明博大以至約。故曰：一與一是為人者謂之聖人。〔註62〕（《荀子·王制》）

〔註60〕姚海濤：《荀子人本主義群道生態哲學的建構與詮釋》，《中外文化》2023年第13輯。

〔註61〕（清）王先謙撰，沈嘯寰，王星賢點校：《荀子集解》，北京：中華書局，1988年，第366～367頁。

〔註62〕（清）王先謙撰，沈嘯寰，王星賢點校：《荀子集解》，北京：中華書局，1988年，第195～196頁。

上不失天時，下不失地利，中得人和，而百事不廢。〔註63〕（《荀子・王霸》）

所謂「一與一」，是指用禮義原則來統領天地萬物，同時制約人的生產活動，旨在調和人與自然的倫理關係。或者說，人要遵循萬物的生長規律，更要履行對萬物的責任與義務，合理地開發和利用自然資源，才能利於人類的生存與發展。顯然，荀子將重農作為實現富民、富國的重要途徑，認為農業生產既要因地制宜，不斷提升生產技術和改善生產條件，更要對農業生產進行宏觀調控，保證自然資源的合理開採和使用。在他看來，通過禮義對人們生態行為的控制，既能夠實現人與自然的和諧相處，亦能夠滿足百姓「有餘食」「有餘用」「有餘材」的生活需求，〔註64〕這本身也是實現社會穩定與發展的重要途徑。簡言之，禮義對於保護自然和維護生態發揮著不可替代的作用。荀子「萬物相合」的生態主張，在今天看來實質上就是一種理想的生態倫理觀，「這就需要我們在生態文明建設的過程中，建立健全環境保護的法律法規體制和機制」〔註65〕，由此推動人與自然的協同發展。所以說，荀子在汲取先秦各家學派的農業生產經驗的基礎上，形成了人與自然互利與共美的生態智慧，並對動植物資源進行了有效的保護和利用，諸多觀點至今仍具有較強的理論價值和現實意義。

如前所述，荀子禮義視閾下的「萬物相合」思想無疑是一種生態倫理觀，不僅體現著自然界特殊的發展規律和本質特性，即強調自然的功能是無目的、無意識地創造萬物、成就萬物，並能為人類提供生存的必備資源和活動的自然空間，同時也表徵著人區別於其他生物所特有的能動性特徵，即強調人的功能是有目的、有意識地認識自然、改造自然，並能利用天時地利的條件以造福人類社會。人類所具有的自然屬性與社會屬性既相互區別、又相互配合，也就必須通過理性的辨析才能全面認知，這就為獲得理想的生態審美體驗奠定了理論基礎，而且為整治當下扭曲的生態觀有著極其重要的意義。但不可否認的是，荀子對於「天人相參」的認識也受其時代背景和思想認知的局限，更傾向

〔註63〕（清）王先謙撰，沈嘯寰，王星賢點校：《荀子集解》，北京：中華書局，1988年，第271頁。
〔註64〕參見馮慶旭：《先秦儒家生態消費倫理思想研究：以孔孟荀為中心》，銀川：寧夏人民出版社，2018年，第156頁。
〔註65〕徐昌文：《荀子生態倫理思想及其對當今生態文明建設的啟示》，《中華文化論壇》2009年第2期。

於功利性的實用目的，這在其「以時禁發」與「節用御欲」的生態實踐理論主張當中也得到了更加深刻的驗證。

　　總之，在荀子美學思想中，禮義成為人性教化、藝術實踐、社會和諧及生態文明的感性體現，他「著眼於社會統治整體的理性整合及對個體感性的節制與改造，突顯了荀子美學思想重社會、重理性、重人為的理論指向」〔註66〕。越來越多的學者開始關注荀子禮義思想的現實意義，對其進行創造性解讀與分析，並以此構成了儒家美學的現代形態，這本身即說明了探討荀子禮義美學思想的必要性和可能性。對於當下的美學體系建設來說，荀子禮義美學思想憑藉其自身旺盛的生命力和具有現代性的智慧閃光，為儒家美學寶庫提供了豐富的思想資源，值得我們進一步發揚光大。這就需要我們站在現代社會的立場之上對荀子禮義美學思想加以審視、判斷和繼承，在與「前古人、後來者」的思想理論進行對照分析的基礎之上，再加以消化和吸收，杜絕削足適履、生搬硬套的情形發生，唯有如此，才能保證荀子禮義美學思想在當下得以精確化、理想化的詮釋與應用，從而有力地促進儒家美學的現代發展。

〔註66〕馬征：《荀子美學思想研究》，《孔子研究》2001 年第 6 期。

結　語

　　就先秦儒家的時代使命而言，孔、孟、荀有著共同的審美理想，都旨在以周禮為典範來弘揚倫理道德精神，注重禮法規範的教化功能，從而重建理想的社會秩序。荀子繼承了儒家的仁學思想和諸子百家的學說，同時也融合了自己對於「禮」與「義」思想的體識與感悟，形成了「隆禮貴義」的理論主張。在荀子看來，有「禮」無「義」則無內涵，有「義」無「禮」則無標準。「禮」作為一種強制性的法度，與作為道德本質的「義」互為體用關係，體現著內在道德修養和外在禮法制度的融合，使禮義成為一種兼具建構秩序和道德教化的基本原則，這是荀子對儒家禮論思想的一次重要理論提升。從這個意義上說，禮義是一切價值理想的根源，既有約束人的意義，又有成全人的意義，可以達到「化性」「制欲」「治世」「求存」的社會教化效果。荀子將禮義置於其美學思想體系的核心位置，使之成為生命秩序和社會秩序建構的根本原則，而禮義之修身、齊家、治國、平天下的功能價值也由此展開。

　　荀子在人性本惡的基礎上，認為人的本性中充滿著好利、疾惡、好聲色等自然欲望，如若順之而不無節制則會致使性惡泛濫，進而出現偏險而不正，悖亂而不治的現象。唯有依靠禮義法度來「去欲解蔽」「化性起偽」，才能教化人性、成善致治，達到治國、平天下的理想目標。可以說，禮義代表了荀子思想體系的審美指向。禮義法度出於聖人之偽，非人性所固有，故人無師法便不知禮義。人要化性以成善，就必須要充分把握外在的禮義法度，以此來消解人性之惡的傾向，而臻於聖人之境。荀子認為，道德的完善在於生命個體的自身努力，以社會性的倫理規範為準則，通過審美教化，最終得以「化性」而「成人」。

所以，荀子十分重視禮義對於人格精神的塑造、人生境界的建構，以及對治國安邦理想的實現等方面所產生的積極影響，而這一影響直接的表徵就是對修身養性問題的追求。

在荀子的美學視閾中，「樂」「詩」和「文」既有文藝的審美功能，又是感化人的必要手段。荀子將禮義融入到「樂」「詩」「文」等感性藝術形式當中，使其道德觀念與藝術實踐相結合，集中闡述了審美教化的必要性和重要性，形成了獨具特色的美學話語體系。其一，「樂」「詩」「文」可以作用於調整人的外在行為、淨化人的內在心靈，實現人性由惡向善的審美轉化，最終獲得道德修養和文化修養的提高。其二，「樂」「詩」「文」可以激發個體生命的情感追求，並對其個性氣質、精神意趣進行審美教化，從而形成正確的價值判斷與審美指向。其三，「樂」「詩」「文」通過調和人與人、人與社會之間的矛盾衝突，既可以實現複雜與對立事物的有機統一，更可以使君臣和敬、父子和親、長少和順，共同建構起「群居和一」的社會倫理秩序。荀子的禮義思想不僅對實現「樂」「詩」「文」的價值轉向產生了積極的推動作用，同時也對促進社會倫理秩序的穩定，以及傳統文藝美學思想體系的完善奠定了理論基礎。

荀子的「天人之分」思想並不是對傳統「天人合一」哲學觀的簡單否定，他旨在通過對人與自然各自的內在價值和本質屬性的辨析，來消解人在自然面前消極無為的傳統神學觀念，從而凸顯了人在實踐創造中的主體性與能動性。在荀子看來，唯有明確了人與自然之間既相互獨立，又相互融合的存在關係，才能建構起同時包含著人的維度和自然維度的新型合作關係，進而達到「天地與人相參」的理想生態目標。實際上，荀子關於人與自然雙向互動關係的探討，不僅為當下生態倫理思想體系的建構注入了新的活力，同時也為解決人類社會所面臨的生態危機提供了切實可行的理論依據，具有重要的現實意義。

總而言之，荀子之禮義本質上是政治之禮，是一種社會法度，在特定的語境下兼具道德規範與宇宙之道的雙重屬性。荀子期望以禮義的教化作用使人性歸於善，使社會歸於治，從而構築起和諧穩定的生命秩序，實現「朝無幸位，民無幸生」的社會理想。在這個意義上，禮義不僅僅建立在思想文化的形而上層面，更是一種觀照社會現實的具體實踐，完成了由審美個體到社會群體的文化語境轉向。荀子持守「隆禮貴義」的核心要義成為其思想體系的內在依據，也是其追求至高人格境界的根本動力，這一點形成了對儒家倫理文化傳統的

突破和超越。正因為荀子禮義美學思想具有獨特的理論意義與實用價值，所以能夠被廣泛地應用到於當下的審美教育、文藝實踐、生態建設的探究過程中，對於構建天地相參、萬物一統的倫理秩序，有著重要的啟示意義。我們應當立足於現代美學語境對荀子禮義美學思想加以整理和闡釋，使其煥發出新的生命活力，從而為弘揚和建設中華美學精神提供可資借鑒的內容。

參考文獻

一、古籍文獻

1. （戰國）荀況撰，（唐）楊倞注，耿芸校標：《荀子》，上海：上海古籍出版社，1996 年。

2. （漢）司馬遷撰，（宋）裴駰集解，（唐）司馬貞索隱，（唐）張守節正義：《史記》，北京：中華書局，2013 年。

3. （漢）班固撰，（唐）顏師古注：《漢書》，北京：中華書局，1962 年。

4. （漢）王充：《論衡》，上海：上海古籍出版社，1990 年。

5. （漢）毛公傳，鄭玄箋，（唐）孔穎達等正義：《毛詩正義》，上海：上海古籍出版社，1990 年。

6. （漢）孔安國傳，（唐）孔穎達疏，廖名春，陳明整理：《尚書正義》，北京：北京大學出版社，2000 年。

7. （漢）許慎，（宋）徐炫校訂：《說文解字》，北京：中華書局，2013 年。

8. （魏）王弼，樓宇烈校釋：《王弼集校釋》，北京：中華書局，1980 年。

9. （魏）王弼，樓宇烈校釋：《老子道德經注校釋》，北京：中華書局，2008 年。

10. （晉）郭象注，（唐）成玄英疏，曹礎基，黃蘭發點校：《莊子注疏》，北京：中華書局，2011 年。

11. （唐）陸德明，張一弓點校：《經典釋文》，上海：上海古籍出版社，2012 年。

12. （宋）朱熹撰：《四書章句集注》，北京：中華書局，1983 年。

13. （宋）釋契嵩著，邱小毛，林仲湘校注：《鐔津文集校注》，成都，巴蜀書社，2011 年。

14. （宋）洪興祖撰，黃靈庚點校：《楚辭補注》，上海：上海古籍出版社，2015年。

15. （清）王先謙撰，沈嘯寰，王星賢點校：《荀子集解》，北京：中華書局，1988 年。

16. （清）孫希旦撰，沈嘯寰，王星賢點校：《禮記集解》，北京：中華書局，1989 年。

17. （清）蘇興撰，鍾哲點校：《春秋繁露義證》，北京：中華書局，1992 年。

18. （清）王先慎：《韓非子集解》，北京：中華書局，1998 年。

19. 楊伯峻：《孟子譯注》，北京：中華書局，1960 年。

20. 高亨注：《詩經今注》，上海：上海古籍出版社，1980 年。

21. 楊伯峻：《論語譯注》，北京：中華書局，1980 年。

22. 汪榮寶撰，陳仲夫點校：《法言義疏》，北京：中華書局，1987 年。

23. 楊伯峻：《春秋左傳注》，北京：中華書局，1990 年。

24. 吳毓江撰，孫啟治點校：《墨子校注》，北京：中華書局，1993 年。

25. 徐元誥撰，王樹民，沈長雲點校：《國語集解》，北京：中華書局，2002年。

26. 黎翔鳳撰，梁運華注：《管子校注》，北京：中華書局，2004 年。

二、現代著作

1. 楊大膺：《荀子學說研究》，北京：中華書局，1936 年。

2. 葉玉麟：《白話譯解〈荀子〉》，上海：廣益書局，1947 年。

3. 陳大齊：《荀子學說》，臺北：中華文化出版社，1954 年。

4. 郭沫若：《十批判書》，北京：人民出版社，1954 年。

5. 梁啟雄：《荀子簡釋》，北京：商務印書館，1956 年。

6. 侯外廬，趙紀彬，杜國庠著：《中國思想通史》，北京：人民出版社，1957年。

7. 方孝博：《荀子選》，北京：人民文學出版社，1958 年。

8. 杜國庠：《杜國庠文集》，北京：人民出版社，1962 年。

9. 韋政通：《荀子與古代哲學》，臺北：臺灣商務印書館，1966 年。

10. 楊國榮：《中國古代思想史》，北京：人民出版社，1973 年。

11. 北京大學荀子注釋組：《荀子新注》，北京：中華書局，1979 年。

12. 牟宗三：《名家與荀子》，臺北：臺灣學生書局，1979 年。

13. 郭紹虞：《中國文學批評史》，上海：上海古籍出版社，1979 年。

14. 夏甄陶：《論荀子的哲學思想》，上海：上海人民出版社，1979 年。

15. 胡玉衡，李育安：《荀況思想研究》，鄭州：中州古籍出版社，1983 年。

16. 李澤厚，劉綱紀：《中國美學史》，北京：中國社會科學出版社，1984 年。

17. 蔡仁厚：《孔孟荀哲學》，臺北：臺灣學生書局，1984 年。

18. 方克：《中國辯證法思想史》，北京：人民出版社，1985 年。

19. 葉朗：《中國美學史大綱》，上海：上海人民出版社，1985 年。

20. 蔣孔陽：《先秦音樂美學思想論稿》，北京：人民文學出版社，1986 年。

21. 敏澤：《中國美學思想史》，濟南：齊魯書社出版社，1987 年。

22. 周振群：《荀子思想研究》，臺北：文津出版社，1987 年。

23. 向仍旦：《荀子通論》，福州：福建教育出版社，1987 年。

24. 龍宇純：《荀子論集》，臺北：臺灣學生書局，1987 年。

25. 何淑靜：《孟荀道德實踐理論之研究》，臺北：文津出版社，1988 年。

26. 郭志坤：《荀學論稿》，上海：上海三聯書店，1991 年。

27. 陳良運：《中國詩學體系論》，北京：中國社會科學出版社，1992 年。

28. 朱光潛：《朱光潛全集》，合肥：安徽教育出版社，1993 年。

29. 方爾加：《荀子新論》，北京：中國和平出版社，1993 年。

30. 宗白華：《宗白華全集》，合肥：安徽教育出版社，1994 年。

31. 張岱年：《中國唯物論史》，鄭州：河南人民出版社，1994 年。

32. 董治安：《先秦文獻與先秦文學》，濟南：齊魯書社，1994 年。

33. 吳文璋：《荀子的音樂哲學》，臺北：文津出版社，1994 年。

34. 張曙光：《外王之學——〈荀子〉與中國文化》，開封：河南大學出版社，1995 年。

35. 蔣南華，羅書勤，楊寒清注譯：《荀子全譯》，貴州：貴州人民出版社，1995 年。

36. 章培恒，駱玉明：《中國文學史》，上海：復旦大學出版社，1996 年。

37. 惠吉星：《荀子與中國文化》，貴陽：貴州人民出版社，1996 年。

38. 余英時：《中國知識分子論》，鄭州：河南人民出版社，1997 年。

39. 楊華：《先秦禮樂文化》，武漢：湖北教育出版社，1997 年。

40. 傅傑編校：《章太炎學術史論集》，北京：中國社會科學出版社，1997 年。

41. 孔繁：《荀子評傳》，南京：南京大學出版社，1997 年。

42. 馮友蘭：《中國哲學史新編》，北京：人民出版社，1998 年。

43. 徐恒醇：《生態美學》，西安：陝西人民教育出版社，2000 年。

44. 馬積高：《荀子源流》，上海：上海古籍出版社，2000 年。

45. 侯外盧：《中國古代社會史論》，石家莊：河北教育出版社，2000 年。

46. 李澤厚：《華夏美學》，桂林：廣西師範大學出版社，2001 年。

47. 韓德民：《荀子與儒家的社會理想》，濟南：齊魯書社，2001 年。

48. 鄭炯堅：《荀子文學與美學》，香港：科華圖書出版公司，2001 年。

49. 徐復觀：《中國藝術精神》，上海：華東師範大學出版社，2001 年。

50. 郭志坤：《曠世大儒——荀況》，石家莊：河北人民出版社，2001 年。

51. 陳來：《古代思想文化的世界——春秋時代的宗教、倫理與社會思想》，北京：生活·讀書·新知三聯書店，2002 年。

52. 杜維明著，郭齊勇，鄭文龍編：《杜維明文集》，武漢：武漢出版社，2002 年。

53. 周熾成：《荀子韓非子的社會歷史哲學》，廣州：中山大學出版社，2002 年。

54. 余英時：《士與中國文化》，上海：上海人民出版社，2003 年。

55. 蒙培元：《人與自然——中國哲學生態觀》，北京：人民出版社，2004 年。

56. 韋政通：《中國思想史》，上海：上海書店出版社，2004 年。

57. 高春花：《荀子禮學思想及其現代價值》，北京：人民出版社，2004 年。

58. 陸建華：《荀子禮學研究》，合肥：安徽大學出版社，2004 年。

59. 徐復觀：《中國人性論史》，上海：華東師範大學出版社，2005 年。

60. 儲昭華：《明分之道：從荀子看儒家文化與民主政道融通的可能性》，北京：商務印書館，2005 年。

61. 江心力：《20 世紀前期的荀學研究》，北京：中國社會科學出版社，2005 年。

62. 朱良志：《中國美學十五講》，北京：北京大學出版社，2006 年。

63. 夏靜：《禮樂文化與中國文論早期形態研究》，北京：中華書局，2007 年。

64. 劉成紀：《自然美的哲學基礎》，武漢：武漢大學出版社，2008 年。

65. 陳文潔：《荀子的辯說》，北京：華夏出版社，2008 年。

66. 李澤厚：《中國古代思想史論》，北京；生活・讀書・新知三聯書店，2008 年。

67. 張祥龍：《孔子的現象學闡釋九講——禮樂人生與哲理》，上海：華東師範大學出版社，2008 年。

68. 梁啟超等著，廖名春選編：《荀子二十講》，北京：華夏出版社，2009 年。

69. 牟宗三：《歷史哲學》，長春：吉林出版集團，2010 年。

70. 路德斌：《荀子與儒家哲學》，濟南：齊魯書社，2010 年。

71. 王軍：《荀子思想研究：禮樂重構的視角》，北京：中國社會科學出版社，2010 年。

72. 蔡仁厚：《孔子的生命境界——儒學的反思與開展》，長春：吉林出版集團，2010 年。

73. 陳靜美：《荀子的教育哲學：以「成德理論」為進路》，臺北：花木蘭文化出版社，2010 年。

74. 陳禮彰：《荀子人性論及其實踐研究》，臺北：花木蘭文化出版社，2011 年。

75. 陳來：《迴向傳統：儒學的哲思》，北京：北京師範大學出版社，2011 年。

76. 王楷：《天然與修為——荀子道德哲學的精神》，北京：北京大學出版社，2011 年。

77. 胡適：《中國哲學史大綱》，北京：商務印書館，2011 年。

78. 林宏星：《〈荀子〉精讀》，上海：復旦大學出版社，2011 年。

79. 余亞斐：《荀學與西漢儒學之趨向》，蕪湖：安徽師範大學出版社，2011 年。

80. 王中江：《簡帛文明與古代思想世界》，北京：北京大學出版社，2011 年。

81. 李春青主編：《先秦文藝思想史》，北京：北京師範大學出版社，2012 年。

82. 李桂民：《荀子思想與戰國時期的禮學思潮》，北京：中國社會科學出版社，2012 年。

83. 程相占：《生生美學論集——從文藝美學到生態美學》，北京：人民出版社，2012 年。

84. 夏靜：《合內外之道——儒學文藝思想論集》，北京：中國社會科學出版社，2012 年。

85. 陳榮慶：《荀子與戰國學術思潮》，北京：中國社會科學出版社，2012 年。

86. 陳業新：《儒家生態意識與中國古代環境保護研究》，上海：上海交通大學出版社，2012 年。

87. 胡可濤：《「禮義之統」：荀子政治哲學研究》，臺北：花木蘭文化出版社，2013 年。

88. 宋寧寧：《荀子禮樂思想研究——從禮宜樂和看荀子哲學的道德之維》，臺北：花木蘭文化出版社，2013 年。

89. 廖名春：《〈荀子〉新探》，北京：中國人民大學出版社，2013 年。

90. 陳光連：《知識與德性：荀子「知性」道德哲學研究》，南京：東南大學出版社，2014 年。

91. 劉延福：《荀子文藝思想研究》，濟南：山東大學出版社，2015 年。

92. 張岱年：《中國哲學大綱》，北京：商務印書館，2015 年。

93. 楊艾璐：《解蔽與重構：多維視界下的荀子思想研究》，北京：中國社會科學出版社，2015 年。

94. 林桂榛：《天道天行與人性人情——先秦儒家「性與天道」論考原》，北京：中國社會科學出版社，2015 年。

95. 勞思光：《新編中國哲學史》，北京：生活・讀書・新知三聯書店，2015 年。

96. 鄧小虎：《荀子的為己之學：從性惡到養心以誠》，北京：北京大學出版社，2015 年。

97. 陳默：《荀子的道德認識論》，北京：中國社會科學出版社，2016 年。

98. 陳昭瑛：《荀子的美學》，臺北：國立臺灣大學出版中心，2016 年。

99. 金妍妍：《「群居和一」：荀子社會倫理思想研究》，長沙：中南大學出版社，2016 年。

100. 彭歲楓：《禮義、禮法與君子——荀子「群居和一」理解社會的構建》，長沙：湖南大學出版社，2017 年。

101. 陳來：《古代宗教與倫理：儒家思想的根源》，北京：北京大學出版社，2017 年。

102. 強中華：《秦漢荀學研究》，北京：人民出版社，2017 年。

103. 曹興江：《荀子禮思想研究》，北京：中國社會科學出版社，2017 年。

104. 劉延福：《荀子研究》，濟南：山東大學出版社，2017 年。

105. 東方朔：《差等秩序與公道世界：荀子思想研究》，上海：上海人民出版社，2017 年。

106. 王澤春：《回應與發展——荀子對儒家思想重構研究》，上海：華東師範大學出版社，2018 年。

107. 陳修武：《荀子：人性的批判》，北京：九州出版社，2018 年。

108. 陳偉：《荀子「分」思想研究》，北京：中國社會科學出版社，2018 年。

109. 馮慶旭：《先秦儒家生態消費倫理思想研究：以孔孟荀為中心》，銀川：寧夏人民出版社，2018 年。

110. 陳來：《儒學美德論》，北京：生活・讀書・新知三聯書店，2019 年。

111. 魏承思：《荀子解讀：人生修養的儒家寶典》，上海：上海人民出版社，2019 年。

112. 唐端正：《荀學探微》，北京：中國人民大學出版社，2019 年。

113. 楊國榮：《再思儒學》，濟南：濟南出版社，2019 年。

114. 劉延福：《荀子詩學研究》，北京：人民出版社，2019 年。

115. 鄭治文：《道德理想主義與政治現實主義的統一：荀子政治哲學思想特質研究》，濟南：山東大學出版社，2020 年。

116. 蘆莎莎：《荀子的哲學思想研究》，石家莊：河北人民出版社，2020 年。

117. 胡征：《荀子教育思想現代啟示錄》，太原：山西人民出版社，2020 年。

118. 廖名春：《走近荀子》，濟南：濟南出版社，2020 年。

119. 張銀樹：《荀子道德發展思想與教育：積行化性以合天的自主模式》，新北：輔仁大學出版社，2020 年。

120. 方達：《成聖即王道：荀子思想的還原與建構》，北京：學苑出版社，2021 年。

121. 牟鍾鑒：《荀學新論》，北京：商務印書館，2021 年。

122. 吳祖剛：《荀子心論研究》，北京：中國社會科學出版社，2021 年。

123. 李記芬：《荀子成人思想研究》，北京：中國社會科學出版社，2021 年。

124. 李峻嶺：《從荀子到董仲舒：儒學一尊的歷史嬗變研究》，北京：人民出版社，2021 年。

125. 韓偉：《中國古代樂論與文論關係論稿》，北京：中國社會科學出版社，2021 年。

126. 金春燕：《荀子天人分合之哲學思想》，臺北：元華文創股份有限公司，2021 年。

127. 楊國榮：《善的歷程：儒家價值體系研究》，上海：上海人民出版社，2021 年。

128. 胥仕元：《荀子治國思想探微》，北京：社會科學文獻出版社，2021 年。

129. 周熾成：《荀子「性樸」論新探》，北京：人民出版社，2022 年。

130. 東方朔：《權威與秩序：荀子政治哲學研究》，北京：生活·讀書·新知三聯書店，2023 年。

131. 吳飛：《禮以義起：傳統禮學的義理探詢》，北京：生活·讀書·新知三聯書店，2023 年。

三、外國著作

1. （美）柯雄文著：《倫理論辯──荀子道德認識論之研究》，賴顯邦譯，臺北：黎明文化文化事業公司，1990 年。

2. （美）郝大維，安樂哲著：《漢哲學思維的文化探源》，施忠連譯，南京：江蘇人民出版社，1999 年。

3. （美）本傑明·史華茲著：《古代中國的思想世界》，程鋼譯，南京：江蘇人民出版社，2008 年。

4. （日）秋澤修二著，《東方哲學史──東方哲學特質的分析》，汪耀三，劉執之譯，北京：生活·讀書·新知三聯書店，2012 年。

5. （日）佐藤將之著：《荀子禮治思想的淵源與戰國諸子之研究》，臺北：國立臺灣大學出版中心，2013 年。

6. （日）青木正兒著：《中國古代文藝思潮論》，王俊瑜譯，太原：山西人民出版社，2015 年。

7. （日）佐藤將之著：《參與天地之治：荀子禮治政治思想的起源與構造》，臺北：國立臺灣大學出版中心，2016 年。

8. （美）克萊恩，（美）艾文賀編：《荀子思想中的德性、人性與道德主體》，陳光連譯，南京：東南大學出版社，2016 年。

四、期刊論文

1. 梁啟雄：《荀子思想述評》，《哲學研究》1963 年第 4 期。

2. 立早：《從〈天論〉篇看荀子的唯物主義自然觀》，《鄭州大學學報（哲學社會科學版）》1974 年第 3 期。

3. 谷云義：《荀子的文學主張及其特徵》，《東北師大學報（哲學社會科學版）》1986 年第 4 期。

4. 郭志坤：《荀子的文藝思想》，《湖南師範大學社會科學學報》1987 年第 3 期。

5. 蔡仲德：《論孟荀的禮樂思想》，《孔子研究》1988 年第 1 期。

6. 張才興：《荀子禮義之治與性說的關係》，《浙江學刊》1989 年第 3 期。

7. 王長華，張文書：《荀子美學思想述評》，《河北學刊》1989 年第 6 期。

8. 張雲飛：《淺析荀子的生態倫理意識傾向》，《孔子研究》1990 年第 4 期。

9. 卓支中：《荀子文藝美學思想管窺》，《暨南學報（哲學社會科學）》1990 年第 2 期。

10. 陳良運：《論荀子和屈原的詩學觀》，《暨南學報（哲學社會科學）》1993 年第 4 期。

11. 涂光社：《荀子的性惡論及其與文學的關係》，《遼寧大學學報（哲學社會科學版）》1995 年第 4 期。

12. 惠吉星：《四十年來荀子研究述評》，《河北學刊》1996 年第 5 期。

13. 包愛軍：《荀況論聲樂與禮義、天道的關係》，《廈門大學學報（哲社版）》1997 年第 1 期。

14. 陳泳超：《荀子「貴文」思想及其美學意義》，《江海學刊》1997 年第 6 期。

15. 潘小慧：《荀子的「解蔽心」——荀學作為道德實踐論的人之哲學理解》，《哲學與文化》1998 年第 6 期。

16. 韓德民：《論荀子的禮樂觀》，《安徽師範大學學報（人文社會科學版）》1999 年第 1 期。

17. 王建疆：《無萬物之美而可以養樂——荀子修養美學新探》，《西北師大學報（社會科學版）》2000 年第 4 期。

18. 張奇偉：《論「禮義」範疇在荀子思想中的形成——兼論儒學由玄學走向切近》，《北京師範大學學報（人文社會科學版）》2001 年第 2 期。

19. 馬征：《荀子美學思想研究》，《孔子研究》2001 年第 6 期。

20. 趙士林：《「禮」的詩化：從宗教情感到審美情感——荀子美學新解》，《哲學研究》2001 年第 6 期。

21. 張奇偉：《荀子禮學思想簡論》，《中國哲學史》2002 年第 2 期。

22. 曾繁仁：《美學學科的理論創新與當代存在論美學觀的建立》，《美學研究》2003 年第 2 期。

23. 路德斌：《試論荀子哲學的特質及其對儒家道統之意義》，《孔子研究》2003 年第 2 期。

24. 任俊華：《天行有常與生態倫理——荀子的生態倫理思想審視》，《湖南社會科學》2003 年第 4 期。

25. 李春青：《荀子與思孟學派的差異及荀子詩學的獨特性》，《三峽大學學報（人文社會科學版）》2004 年第 2 期。

26. 王志成：《荀子音樂美學思想辨析》，《藝術百家》2004 第 3 期。

27. 蒲沿洲：《荀子的生態環保思想探析》，《中國礦業大學學報（社會科學版）》2004 年第 3 期。

28. 馮耀明：《荀子人性論新詮：附〈榮辱〉篇 23 字衍之糾謬》，《國立政治大學哲學學報》2005 年第 14 期。

29. 陳炎，趙玉：《儒家的生態觀與審美觀》，《孔子研究》2006 年第 1 期。

30. 白奚：《援仁入禮　仁禮互動——對「克己復禮為仁」的再考察》，《中國哲學史》2008 年第 1 期。

31. 馬銀琴：《荀子與〈詩〉》，《清華大學學報（哲學社會科學版）》2008 年第 3 期。

32. 黃磊，陳光連：《群居和一之道——荀子的和諧理念及其現實意義》，《遼寧大學學報（哲學社會科學版）》2008 年第 5 期。

33. 潘小慧：《禮義、禮情及禮文——荀子禮論哲學的特點》，《哲學與文化》，2008 年第 10 期。

34. 廖名春：《荀子「虛壹而靜」說新釋》，《孔子研究》2009 年第 1 期。

35. 徐昌文：《荀子生態倫理思想及其對當今生態文明建設的啟示》，《中華文化論壇》2009 年第 2 期。

36. 蔣穎榮：《荀子的「禮樂」教化思想與現代道德傳播》，《哲學動態》2010 年第 5 期。

37. 曾繁仁：《生態存在論美學視野中的自然之美》，《文藝研究》2011 年第 6 期。

38. 李春青：《〈荀子·樂論〉與儒家話語建構的文化邏輯》，《江海學刊》2011 年第 3 期。

39. 白奚：《道德形上學和禮法互補——戰國儒學的兩個重要理論推進》,《中國哲學史》2011 年第 4 期。

40. 張宏亮：《荀子的天人觀及其生態美學價值》,《中南民族大學學報（人文社會科學版）》2012 年第 1 期。

41. 楊秀宮：《荀子「統類」及其哲學》,《邯鄲學院學報》2012 年第 4 期。

42. 郭衛華：《論荀子「禮以養情」的性情觀》,《廣西社會科學》2013 年第 2 期。

43. 祁海文：《論荀子的禮樂教化美育觀》,《東嶽論叢》2013 年第 4 期。

44. 程相占：《論生態審美的四個要點》,《天津社會科學》2013 年第 5 期。

45. 楊國榮：《荀子的規範與秩序思想》,《上海師範大學學報（哲學社會科學版）》2013 年第 6 期。

46. 劉延福：《論荀子與儒家文質觀的情感轉向》,《江西社會科學》2013 年第 10 期。

47. 劉延福：《論荀子與儒家禮樂觀的情感論轉向》,《湖南師範大學社會科學學報》2014 年第 1 期。

48. 林素英：《荀子詩教觀及其對傳統文論之影響》,《河北師範大學學報（哲學社會科學版）》2014 年第 6 期。

49. 鄭炳碩：《從天生到人成——荀子的天生人成與尊群體思想論析》,《孔子研究》2014 年第 1 期。

50. 李晨陽：《是「天人合一」還是「天、地、人」三才——兼論儒家環境哲學的基本構架》,《周易研究》2014 年第 5 期。

51. 趙法生：《荀子人性論辯證》,《哲學研究》2014 年第 6 期。

52. 程相占：《論生態美學的美學觀與研究對象——兼論李澤厚美學觀及其美學模式的缺陷》,《天津社會科學》2015 年第 1 期。

53. 韓星：《荀子：以仁為基礎的禮義構建》,《黑龍江社會科學》2015 年第 1 期。

54. 趙法生：《荀子天論與先秦儒家天人觀的轉折》,《清華大學學報（哲學社會科學版）》2015 年第 2 期。

55. 吳光：《荀子的「仁本禮用」論及其當代價值》,《孔子研究》2015 年第 4 期。

56. 張越：《荀子音樂美學思想探析》,《東嶽論叢》2015 年第 5 期。

57. 邵顯俠：《荀子〈樂論〉中的藝術哲學思想探析》,《江海學刊》2015 年第 5 期。

58. 劉亮：《「禮義惡生」與〈荀子〉的人性觀》，《鄭州大學學報（哲學社會科學版）》2015 年第 6 期。

59. 沈順福：《試論中國早期儒家的人性內涵──兼評「性樸論」》，《社會科學》2015 年第 8 期。

60. 李記芬：《荀子總萬物思想的生態倫理價值》，《道德與文明》2016 年第 4 期。

61. 劉成紀：《中國美學與傳統國家政治》，《文學遺產》2016 年第 5 期。

62. 謝君直：《發乎情，止乎禮義──〈荀子·禮論〉與禮義之道的禮學思想》，《淡江中文學報》2016 年第 35 期。

63. 周維山：《中國當代生態美學需要解決的三對關係》，《鄱陽湖學刊》2017 年第 3 期。

64. 賀衛東：《荀子人「性」美育思想與其現實性價值》，《長安學術》2017 第 2 期。

65. 王月穎：《荀子的音樂教化思想芻議》，《社會科學戰線》2017 年第 7 期。

66. 李紅麗：《論荀子禮樂思想的情感基礎》，《漢語言文學研究》2018 年第 3 期。

67. 王楷：《美善相樂：生命哲學視閾下的荀子樂論精神》，《北京師範大學學報（社會科學版）》2018 年第 4 期。

68. 石征宇：《荀子哲學與美學的邏輯關聯》，《學術交流》2018 年第 7 期。

69. 王楷：《論荀子道德主體性的生成和活動》，《社會科學》2019 年第 1 期。

70. 吳祖剛：《荀子論樂教的可能性》，《中州學刊》2019 年第 3 期。

71. 匡釗：《論荀子的「解蔽」之方與「治氣養心」之術》，《安徽師範大學學報（人文社會科學版）》2019 年第 4 期。

72. 朱志榮：《荀子的性情論美育觀》，《美術研究》2020 年第 1 期。

73. 金妍妍：《論荀子生態倫理思想及其現代價值》，《武陵學刊》2020 年第 6 期。

74. 祝東：《論儒家仁、禮關係：基於符號學的考察》，《孔子研究》2020 年第 6 期。

75. 廖曉煒：《性惡、性善抑或性樸：荀子人性論重探》，《中國哲學史》2020 年第 6 期。

76. 桑東輝：《〈荀子‧樂論〉的音樂倫理思想體系探賾》，《道德與文明》2021
    年第 2 期。

77. 鄭治文：《禮法、君子與秩序——荀子禮法思想論析》，《管子學刊》2021
    年第 3 期。

78. 沈順福：《善性與荀子人性論》，《求索》2021 年第 4 期。

79. 施凱文，梁濤：《荀子思想新論綱》，《清華大學學報（哲學社會科學版）》
    2021 年第 6 期。

80. 李晨陽：《荀子欲物關係新解》，《中州學刊》2021 年第 10 期。

81. 姚海濤：《荀子人本主義群道生態哲學的建構與詮釋》，《中外文論》2022
    年第 2 期。

82. 唐啟翠：《〈荀子〉「文學」觀的譬喻化建構及影響》，《文學遺產》2022 年
    第 4 期。

83. 陳鑫，吳先伍：《荀子「不夭其生，不絕其長」的生態意蘊》，《哈爾濱工
    業大學學報（社會科學版）》2022 年第 5 期。

84. 許春華：《「詩」與「儒」——荀子論詩思想旨趣探奧》，《燕山大學學報
    （哲學社會科學版）》2022 年第 5 期。

85. 鄭治文：《荀子崇「偽」論對孔子禮學意義的開顯及其倫理意蘊》，《齊魯
    學刊》2022 年第 6 期。

86. 程政舉：《荀子自然法思想研究》，《甘肅社會科學》2023 年第 1 期。

87. 張革華，王慧敏：《荀子道德教育思想的內涵及當代價值》，《深圳社會科
    學》2023 年第 2 期。

88. 吳飛：《文質論視野下的荀子人性論——兼評性樸論之爭》，《孔子研究》
    2023 年第 2 期。

89. 馮達文：《荀子的知識論與禮義觀》，《中山大學學報（社會科學版）》2023
    年第 4 期。

90. 李巍：《「性樸」即「性惡」——由〈莊〉觀〈荀〉的新辯護》，《人文雜誌》
    2023 年第 8 期。

91. 王楷：《禮義教化：荀子倫理——政治共同體文化理想的精神》，《哲學研究》
    2023 年第 9 期。

92. 王堃：《荀子「詩性倫理」思想研究》，《四川師範大學學報（社會科學版）》
    2024 年第 1 期。